金融科技系列丛书

Digital Currency
数字货币

主　编　崔时庆　刘全宝
副主编　邹　祥　施亚东　刘富潮

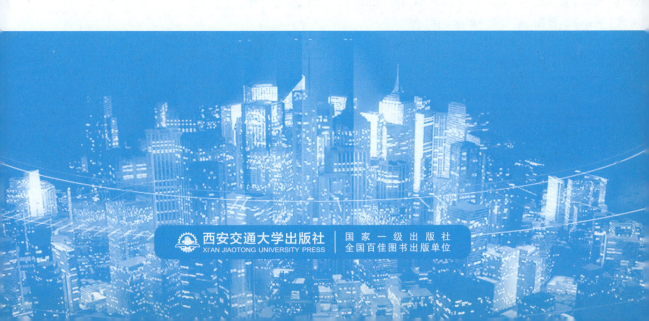

西安交通大学出版社
XI'AN JIAOTONG UNIVERSITY PRESS
国家一级出版社
全国百佳图书出版单位

图书在版编目(CIP)数据

数字货币/崔时庆,刘全宝主编.—西安:西安交通大学出版社,2022.6
ISBN 978-7-5693-2545-4

Ⅰ.①数… Ⅱ.①崔… ②刘… Ⅲ.①数字货币-研究 Ⅳ.①F713.361.3

中国版本图书馆 CIP 数据核字(2022)第 034369 号

Shuzi Huobi

书　名	数 字 货 币
主　编	崔时庆　刘全宝
责任编辑	郭鹏飞
责任校对	李　佳

出版发行　西安交通大学出版社
　　　　　(西安市兴庆南路1号　邮政编码 710048)
网　　址　http://www.xjtupress.com
电　　话　(029)82668357　82667874(市场营销中心)
　　　　　(029)82668315(总编办)
传　　真　(029)82668280
印　　刷　陕西龙山海天艺术印务有限公司
开　　本　787mm×1092mm　1/16　印张 14　字数 346千字
版次印次　2022年6月第1版　2022年6月第1次印刷
书　　号　ISBN 978-7-5693-2545-4
定　　价　49.00元

如发现印装质量问题,请与本社市场营销中心联系。
订购热线:(029)82665248　(029)82667874
投稿热线:(029)82669097
读者信箱:21645470@qq.com

版权所有　侵权必究

纵观经济金融发展史,货币作为经济金融的微观内涵,一直伴随着经济金融活动和技术驱动而发生形态演进。近年来,数字经济和数字技术的发展改变了传统货币形态,衍生出来的数字货币新形态将成为未来货币体系变革的新增变量,从而推动数字货币理论与实践进入全新的发展阶段。这就要求在数字货币方面加强对人才的培养,以适应和促进数字货币的有效运行,更好地服务于我国数字经济和数字金融的稳健发展。

鉴于当前市面上数字货币的相关教材较少,无锡商业职业技术学院与北京知链科技有限公司联袂合作,实施产教融合,支持高职高专新型专业——金融科技应用专业的建设和发展,在数字货币方面进行有益的尝试和探索,着力打造了《数字货币》这本校企合作示范性教材及其配套实训平台。

《数字货币》主要采用理实一体化的方式,系统地帮助读者理解和掌握数字货币的基本知识、基本原理和基础技术。

本教材按照高职高专课程要求,体现出以下特色。

一、体系完整

本教材按照模块与单元设置,包括货币基础知识、数字货币概述、数字货币的技术基础、央行数字货币、数字货币的政策监管、数字货币的未来等模块。所选内容较为成熟,具有通识性、一般性,是高职高专金融科技应用等相关专业必须掌握的专业基础知识。

二、编写规范

各模块设计层次分明,条理清晰。每个模块开头有明确的导读和引例思考,文中穿插了若干的知识链接,文后有复习思考题和讨论题等,便于学生理解、复习和掌握相关知识。

三、内容新颖

内容紧密联系国内外数字货币领域当前的现状、问题与发展趋势。

四、理实配套

理论知识作为引导,实训平台进一步强化所学知识,二者相得益彰。

本教材编写人员及其分工如下：无锡商业职业技术学院崔时庆副教授、北京知链科技有限公司刘全宝总裁担任主编，负责拟订本教材的编写大纲，以及总纂定稿；无锡商业职业技术学院邹祥博士、江苏知链科技有限公司施亚东总经理、北京知链科技有限公司刘富潮产品总监担任副主编，负责提供本教材的资料来源；具体编写由无锡商业职业技术学院教师团队完成。全书共两部分：理论篇、实验篇。其中模块一、模块二由崔时庆编写，模块三由邹祥编写，模块四由刘慧凤编写，模块五由赵梦楠编写，模块六由邹楚君编写；在整个编写过程中，江苏联合职业技术学院（徐州财经分院）孙静副教授、（南京财经分院）徐晓云高级讲师负责了教材配套的数字资源。实验内容由邹楚君组织完成。

数字货币是一个新兴的课题，涉及许多新知识、新技术，理论创新、各家争鸣。我们在编写的过程中，参考并借鉴了许多中外专家和学者的研究成果，涵盖著作、文献和案例等。由于部分作者信息不详，有可能未全部列出这些成果的出处，谨在此向大家表示真挚的歉意、崇高的敬意和由衷的谢意！

因本教材编写团队主要由年轻成员组成，学识、能力和水平有限，经验、视野和实践不足，其中定有很多不足之处，我们恳请大家批评指正，以便今后对教材不断修改、完善。

编者
2021 年 10 月

目录

第一部分 理论篇

模块一 货币基础知识 (3)
  单元一 货币认知 (3)
    1.1 货币的起源 (3)
    1.2 货币的演进 (5)
    1.3 货币的含义 (10)
    1.4 货币的职能和作用 (11)
    1.5 货币的供应 (14)
  单元二 货币制度 (16)
    1.6 货币制度的基本内容 (16)
    1.7 货币制度的演进 (17)
  课后练习题 (20)

模块二 数字货币概述 (21)
  单元一 数字货币认知 (21)
    2.1 数字货币的产生 (21)
    2.2 数字货币的概念与特征 (27)
    2.3 数字货币的比较 (32)
  单元二 数字货币类型 (34)
    2.4 数字货币的分类 (34)
    2.5 常见的数字货币 (37)
  课后练习题 (40)

模块三 数字货币的技术基础 (41)
  单元一 区块链技术 (41)
    3.1 系统框架 (41)
    3.2 数据结构 (42)
    3.3 分布式网络 (47)

3.4　广播与验证机制 …………………………………………………… (48)
　　3.5　共识机制 …………………………………………………………… (49)
　单元二　加密技术 ………………………………………………………… (54)
　　3.6　哈希算法 …………………………………………………………… (54)
　　3.7　对称加密 …………………………………………………………… (56)
　　3.8　非对称加密 ………………………………………………………… (56)
　　3.9　椭圆曲线加密算法 ………………………………………………… (57)
　单元三　数字签名技术 …………………………………………………… (59)
　　3.10　数字签名的原理 …………………………………………………… (59)
　　3.11　数字签名的特点 …………………………………………………… (60)
　　3.12　数字签名的过程 …………………………………………………… (60)
　单元四　移动支付技术 …………………………………………………… (61)
　　3.13　分布式账本的原理 ………………………………………………… (62)
　　3.14　分布式账本的技术路径 …………………………………………… (64)
　课后练习题 ………………………………………………………………… (65)

模块四　央行数字货币 …………………………………………………… (67)
　单元一　央行数字货币概述 ……………………………………………… (67)
　　4.1　央行数字货币 ……………………………………………………… (67)
　　4.2　我国央行数字货币 DCEP 概述 …………………………………… (79)
　　4.3　其他央行数字货币 ………………………………………………… (82)
　单元二　数字货币的应用场景 …………………………………………… (85)
　单元三　央行数字货币实验 ……………………………………………… (86)
　　4.4　央行数字货币发展概述 …………………………………………… (86)
　　4.5　央行数字货币的运行原理 ………………………………………… (90)
　　4.6　央行数字货币的目的与影响 ……………………………………… (99)
　课后练习题 ………………………………………………………………… (104)

模块五　数字货币的政策监管 …………………………………………… (106)
　单元一　数字货币风险 …………………………………………………… (106)
　　5.1　数字货币风险含义 ………………………………………………… (106)
　　5.2　数字货币的风险分析 ……………………………………………… (107)
　单元二　数字货币政策监管的意义 ……………………………………… (114)
　　5.3　对私人数字货币进行政策监管的意义 …………………………… (114)
　　5.4　对法定数字货币进行政策监管的意义 …………………………… (115)
　单元三　数字货币的监管措施 …………………………………………… (116)
　　5.5　国际监管现状 ……………………………………………………… (116)
　　5.6　国内监管现状 ……………………………………………………… (121)
　　5.7　全球主要监管创新模式 …………………………………………… (123)

5.8　法定数字货币监管理念 ………………………………………………… (125)
　　5.9　法定数字货币监管制度构建 …………………………………………… (126)
　课后练习题 ……………………………………………………………………… (128)

模块六　数字货币的未来 ………………………………………………………… (129)
　单元一　数字货币的发展愿景 …………………………………………………… (129)
　　6.1　数字货币的发展方向 …………………………………………………… (130)
　单元二　数字货币面临的挑战与机遇 …………………………………………… (133)
　　6.2　数字货币面临的挑战 …………………………………………………… (133)
　　6.3　数字货币面临的机遇 …………………………………………………… (134)
　单元三　数字货币发展的建议 …………………………………………………… (136)
　课后练习题 ……………………………………………………………………… (137)

第二部分　实验篇

模块七　数字货币实验场景 ……………………………………………………… (141)
　7.1　中国人民银行生成数字货币实验 …………………………………………… (142)
　7.2　中国人民银行发行数字货币实验 …………………………………………… (155)
　7.3　开通数字货币钱包 …………………………………………………………… (165)
　7.4　向商业银行兑换数字货币 …………………………………………………… (177)
　7.5　定制数字货币追踪方法 ……………………………………………………… (184)
　7.6　关联存管账户 ………………………………………………………………… (188)
　7.7　筹资人/投资人完成合同签订 ……………………………………………… (192)
　7.8　投资双方签署智能合约 ……………………………………………………… (195)
　7.9　支付数字货币 ………………………………………………………………… (198)
　7.10　更新智能合约状态 ………………………………………………………… (206)
　7.11　向工商局完成公司变更 …………………………………………………… (209)

参考文献 ……………………………………………………………………………… (211)

第一部分

理论篇

货币基础知识

本模块导读

本章将沿着科学的路径,踏着历史的足迹,系统地介绍货币起源、货币形态演变、货币职能与作用,以及数字货币的起源与发展现状,为后续数字货币相关知识的学习打好基础。

引例思考

在一个只有三人的微型社会中,果园主生产苹果,农场主生产玉米,牧场主饲养猪羊。如果果园主需要玉米,农场主需要猪羊,牧场主需要苹果。

请思考:(1)在没有其他媒介的情况下,这三人之间会发生交易吗?
(2)如果将货币媒介贝壳引入,他们又将怎样满足自己的需要?

单元一 货币认知

货币是商品经济的产物,商品交换的需要是货币产生的前提。随着人们对货币本质认识的深化和科学技术的发展,货币形态也从实物逐步演化成我们熟悉的纸币和电子货币。

1.1 货币的起源

在社会分工的条件下,每个人只生产整个社会分工体系中的一种或少数几种产品,而整个社会却需要多种多样的产品。但是,由于私有制的存在,每个人生产什么、生产多少、何时生产、怎样生产,都由自己来决定,生产出来的产品也归自己支配,也就是说劳动具有私人劳动的性质。这样就产生了私人劳动和社会劳动的矛盾。私人劳动要转化为社会劳动,只有通过产品交换,而货币就是用于商品交换的媒介。

商品是为交换而生产的劳动产品,具有使用价值和价值双重属性,从而也就具有两种表现形式:①使用价值的表现形式,即商品的自然形式;②价值的表现形式,它只有和其他商品相互交换才能表现出来,并在其他商品上相对独立地表现出来。随着商品生产的扩大和商品内在矛盾的发展,价值形式经历了一个由低级到高级,从简单到复杂的历史发展过程。而在商品交换发展过程中,价值形式经历了四个发展阶段,即简单价值形式、扩大价值形式、一般价值形式和货币价值形式。

1.1.1 简单价值形式

由于原始社会末期的生产力水平低下,人们生产的产品只有少量剩余产品偶然在部落之间进行交换。与这种物物交换相适应,就产生了简单价值形式。简单价值形式是指一种商品的价值偶然地以另一种商品来表现的价值形式,它是价值形式发展过程中的原始阶段。如:

$$1 把铲子 = 1 把石斧$$

在简单价值形式的公式中,两端的商品处于不同的地位,起着不同的作用。等式左边的铲子起着主动的作用,它主动地要求表现自己的价值,它的价值相对地表现在石斧上。所以,铲子处于相对价值上。等式右边的石斧起着被动作用,它被动地作为铲子价值的表现材料,成为铲子的等价物。所以,石斧处于等价形式上。在这种价值关系中的等价物,还是个别的等价物,商品的价值表现还很不充分。因为从简单价值形式上,只能看到一件商品和另一件商品相等,还看不出它是否在质上和所有商品都相等,也看不出它能否在量上和所有商品相比较。这种情况表明,在简单价值形式下,价值作为无差别的人类劳动的凝结物的这种性质,交换的比例以价值量为基础这一本质,还没有能够充分地显示出来。

1.1.2 扩大价值形式

随着社会生产力的发展和第一次社会大分工的出现,劳动生产率提高了,剩余产品的增多产生了私有制。于是,原始部落之间的交换逐渐地为个人与个人之间的交换所代替,交换行为和参与交换的商品种类与数量增多,一件商品已不再是偶然地与另一件商品相交换,而是经常地与许多商品相交换。于是就出现了扩大价值形式。扩大价值形式是指一种商品的价值表现在和它相交换的一系列商品的价值形式。如:

$$1 把铲子 = 1 把石斧(或 1 袋面粉、或 1 匹布)$$

在扩大的价值形式中,一种商品要表现自己的价值,会使许多商品成为它的等价物。这样每一种商品的自然形态就成为一个特殊的等价物,并和其他许多商品相并列,成为一个特殊的等价形式。扩大价值形式相比简单价值形式,当然是一个进步。但是,扩大价值形式,也有其不可解决的矛盾,即交换者对商品的特殊需要和物物交换形式的矛盾。比如,铲子的所有者需要面粉,但面粉的所有者在此时此地却不需要铲子,而需要布匹,等等。只要交易双方需要对方产品的时间、地点、数量不同,商品交换就遇到了困难,价值难以实现。可见,在物物直接交换的条件下,即使是客观存在可以最终解决的需求"锁链",要把它一步一步解开还是要花费极大精力的,更何况现实中总是限定在一定的时间和空间范围内。显然这种价值形式不能适应商品交换进一步的发展。

1.1.3 一般价值形式

商品交换的进一步发展,使交换的商品日益增多,交换行为日益频繁,物物交换的矛盾日益突出。在日益增多的物品进入市场频繁交易的过程中,必然会有某种物品交换的次数较多,其使用价值较多地为市场中的人们所需要。于是各种产品先与这种商品交换,再用它与自己需要的其他物品相交换。这时该种物品成为所有其他产品价值的表现形式,成为所有商品的等价物。马克思称之为一般等价物。这样,物物的直接交换就让位于通过媒介的间接交换。于是扩大价值形式便过渡到一般价值形式。一般价值形式是指所有商品的价值同时表现为一种商品的价值形式。如:

$$1 把石斧(或 1 袋面粉、1 匹布)=1 把铲子$$

一般价值形式的出现,是价值形式发展史上质的飞跃。每一种商品的价值都表现在唯一的同一商品上,或者说,只有一种商品作为等价物去表现其他一切商品的价值。由于一切商品的价值都通过一种商品来表现,所以价值作为无差别的人类劳动凝结物的这种性质,便完全且充分地表现出来了。既然一切商品在质上表现为共同的东西,那么在量上它们也是可以相互比较的,这样商品交换就由原来的物物直接交换转化为以一般等价物为媒介的间接交换。

一般价值形式虽然克服了扩大价值形式的缺点,但是一般等价物还没有固定在某一种商品上。它在不同地区、不同时期是不一致的,还不能成为整个商品世界的一般等价物。因此,一般等价物的不固定限制和阻碍了商品交换的扩大和发展。

1.1.4 货币价值形式

随着社会生产力的进一步发展,交换商品的数量增多,范围进一步扩大,商品世界就要求一般等价物固定地由某一种商品来充当,从而克服一般等价物的不固定给交换带来的困难。当一般等价物最终固定在某种特殊商品上时,这种商品就成为货币,一般价值形式就转化为货币形式。货币价值形式是指一切商品的价值都只表现在货币上的价值形式。如:

$$1 把石斧(或 1 袋面粉、1 匹布)=5 枚铜钱$$

历史上虽然有许多商品充当过特殊商品,成为货币材料,但最终人们选择了金银。这是由于金银在自然界早已存在,具有质地均匀、体积小、价值大、便于分割、便于携带等自然特性,它们天然具有充当货币材料的优点。所以,马克思说:"金银天然不是货币,但货币天然是金银。"

综上可知,货币产生的原因是私人劳动与社会劳动矛盾,货币是商品经济发展到一定阶段的产物。货币出现后,商品内部使用价值和价值的矛盾就表现为商品和货币的矛盾。商品换成了货币,商品的使用价值和价值的矛盾就解决了。

1.2 货币的演进

货币自产生以来已有数千年的历史,随着人们对货币作用认识的深化和科学技术的进步,货币形态不断丰富。根据材料不同,货币形态经历了实物货币、金属货币、纸币、存款货币、电子货币这样一个演变过程。

1.2.1 实物货币

实物货币是指以自然界存在的某种物品或人们生产的某种物品来充当货币。历史上,实物货币的种类最多,如贝壳、牲畜、农具、布等都是实物货币。这个时期的货币刚脱离了普通商品,主要特征是能代表财富,是普遍的需求对象,但并不是理想的货币形态。因为实物货币有不少自身难以克服的缺点,如体积大、价值小、不易分割、不便携带且易腐烂变质等,不适于作为价值标准和价值储藏手段,因而随着经济的发展和时代的变迁逐渐被金属货币所替代。

6　数字货币

> **知识链接 1-1**
>
> **中国最早的货币——贝币**
>
> 　　中国最早的货币是一种由天然海贝加工而成的贝类货币,出土于河南省殷墟五号墓(妇好墓)等地,时间为公元前19世纪至公元前16世纪,距今3500年以上。经过加工的天然贝币一面有槽齿,贝币光洁美观,小巧玲珑,坚固耐磨,便于携带。这类贝币主要出产于我国的东海、南海等地,反映了商代商业交流的情况。
>
> 　　在商代中期以前贝币价值很高,臣下若能获得商王用贝币的赏赐那可真是极大的荣耀。随着当时商品经济的发展,天然贝币渐渐出现了供不应求的局面,故在当时又出现了许多仿制贝币,有石币、骨币、蚌币、绿松币等。这类贝币形体都较小,其长度为1.2~2.4厘米。在商代晚期又出现了铜质货币,形制也仿贝币形式。铜币出土于河南省安阳和山西省保德等地的商代晚期墓葬中,时间约为公元前14世纪至公元前11世纪。铜币堪称是我国最早的金属货币了,其中有一种表面包金的铜币是作为大额货币使用的,现存世量极少。蚌币因其一出土就容易损坏,现保存完好的不多。
>
> 　　目前存世的普通天然贝币大多呈乳白色,表面无光泽。由于天然贝币出土了很多,现基本上没人作伪,而用其他材料所制的贝币就有不少赝品了,集币爱好者在收藏时应小心谨慎。

1.2.2　金属货币

　　凡是用金属做成的货币均称为金属货币。历史上曾经充当过货币的金属主要是金、银、铜等,其他金属如铁、锡也曾用于货币,但使用的时间很短,范围也很小。金属作为货币材料,有实物货币无可比拟的优势:一是价值比较高,可用较少的货币完成较大量的交易;二是易于分割,即分割后不会降低单位价值;三是易于保存,在保存过程中价值不会受到损失,且不必为之付出成本;四是便于携带,有利于在更大范围内进行交易。因此金属货币是比实物货币更适合交换的货币。中国是世界上最早使用金属货币的国家,商代出现的铜贝是历史上最早的金属货币。

　　金属货币的演化沿着两个方向进行。一方面,随着交易规模的不断扩大,经历了由贱金属到贵金属的演变。货币金属最初是贱金属,多数国家和地区使用的是铜。随着生产力水平的提高,参加交换的商品数量增加,需要包含价值量大的贵金属充当货币,币材由铜向银和金过渡。到19世纪上半期,世界上大多数国家处于金银复本位货币制度时期,货币形态主要是金、银等贵金属。

　　另一方面,金属货币经历了从称量货币到铸币的演变。称量货币是指货币直接表现为没有固定形态的金属块,每一块货币的价值取决于该金属块的重量。这从货币单位名称中就可看出,如英镑的货币单位是"镑",中国古代货币白银的单位是"两",铜钱的单位是"文",这些都是重量单位。在金属称量货币时期,每次交换都必须经过称量重量、鉴定成色、进行分割的过程,这就非常麻烦,使商品交易的时间延长,增加了成本和风险,越来越难以适应商品交换的发展。在这种情况下,一些经常参加交易的商人开始在自己称量过重量、鉴定过成色的金属块上打上印记,以方便交换,从而出现了最初的铸币。当商品交换的地域范围越来越大时,单凭商人的信用并不能让异地的交易者相信金属块上的标记,于是要求更具权威的标记。而权威最大的莫过于国家,于是国家开始充当货币的管理者,对金属货币的铸造进行管理。这种由国家印记证明其重要性和成色的金属块就称为铸币。国家印记包括形状、花纹、文字等。铸币最初产生时形状各异,如中国最早的铸币有贝壳形的、刀形的、铲形的等,最后逐渐过渡到了圆形,因为圆形是最便于携带的,也是最不容易磨损的。中国最早的圆形货币是战国中期出现的圜钱(又称环线),在全国流通的则是秦始皇为统一货币而铸造的"秦半两"钱。这种铸币为圆形,中间有一方孔,以便用线穿起携带,一直沿用至清末。西方国家的金属货币也为圆形,但中间无孔,多在币面上铸有统治者头像。清末,受流入中国的外国银元的影响,方孔铸币被圆形无孔铸币所取代,一直流通到 1933 年。

1.2.3 纸币

纸币是指流通中的纸质货币符号。公元 10 世纪末,在我国四川地区出现的交子是世界上最早的纸质货币。交子是由大商人为克服金属货币携带不便的缺点而联合发行的,其可以兑换成金属货币。交子后来因为发行人破产而改为官办,流通范围也由四川地区扩大到全国,此后很长一段时间在我国流通。北宋灭亡后,金朝仿造交子发行了金交钞,有大钞、小钞,大钞称贯,小钞称文。南宋时期发行的纸币叫做会子。元朝也有纸币流通,叫做中统元宝交钞,是元世祖忽必烈中统元年(1260 年)发行的。明朝发行的纸币叫大明通行宝钞,流通了 100 多年。这一时期的纸币流通多伴随金属货币的流通。到明代以后,一方面由于白银流通增多,另一方面由于宝钞滥发导致贬值,最终结束了中国自宋朝以来的纸币流通。

纸币产生的原因主要是人们对货币流通规律认识的不断深入。事实上,作为媒介物的金属货币,在流通中会发生磨损,成为不足值的铸币。但这种不足值的铸币在一定限度内仍然可以像足值的货币一样充当流通手段,从而使铸币有了可用其他材料代替的可能性。统治者有意识地利用这种特点,降低铸币的成色或重量,甚至用贱金属取代原来的铸币,进而利用国家政权发行并强制流通没有内在价值的纸币来代替铸币,强制流通则使纸币作为货币象征或符号得到了社会公认。与金属货币相比,纸币的优势是更易于携带保管,印刷成本也低于铸造成本。

目前世界各国普遍流通的货币也是纸币,但不再是由政府发行,而是由中央银行发行,被称为银行券。银行券经历了可兑现的银行券和不可兑现的银行券两个阶段。

最初,人们只将银行券作为兑换金银铸币的凭证。如商人可以将金属货币存放在银行,自己开出汇票进行支付。银行见到汇票要求提现时,将其兑换为金属货币。当银行拥有了大量的金银铸币作保证时,又以此为信用发行自己的银行券。最初是在一张空白的字据上临时填写金额,后来发展为印制好的不同面额的钞票。这种最初的可以随时提取金属货币的银行券属于可兑现的银行券,实质就是代表一定数量金属货币的债权凭证。19 世纪下半期,各国可兑换金币的银行券广泛流通。一直到第一次世界大战前,银行券都是可兑现的。第一次世界大战以后,欧洲资本主义国家的金本位制大大削弱。1929—1933 年的世界性经济大危机后,金属货币制度彻底崩溃,银行券也不再兑现。这种不可兑现的银行券又称法定货币或现钞,它不以金、银作为发行保证,是纯粹的信用货币。现在,世界上绝大部分国家流通使用中的货币都是这种不可兑现的银行券,且银行券的发行权由国家授权的中央银行所垄断。表 1-1 所示为纸制货币与金属货币的区别与联系。

8 数字货币

表 1-1 纸制货币与金属货币的区别与联系

区别与联系		金属货币	纸制货币
区别	是否是商品	是	否
	有无价值	有	无
	职能	价值尺度、流通手段、支付手段、贮藏手段、世界货币	流通手段
	本质	一般等价物	价值符号
	产生	商品交换长期发展的产物	国家发行
联系		(1)纸币由金属货币发展而来； (2)纸币的发行量必须以流通中所需要的金属货币量为限度	

1.2.4 存款货币

存款货币是指能够发挥货币作用的银行存款,主要指能够通过签发支票办理转账结算的活期存款。20世纪50年代以来,由于信用制度的发展,银行结算业务在中间业务中所占的比例越来越大,现金流通量逐渐减少,货币形式主要采取存款形式。货币的范围不断扩展,不仅流通中的现金是货币,可以转账的活期存款是货币,而且不能随时转账的定期存款和储蓄存款也能在一定程度上发挥货币的作用。存款货币的出现打破了实体货币的观念,将货币由有形货币引向无形货币。

1.2.5 电子货币

电子货币是一种通过银行的电子计算机自动转账系统进行收付的货币。这种货币储存于银行电子计算机系统中,可利用银行卡随时提取现金或支付。运用存款货币进行支付,虽然具有快速、安全和方便的优点,但是随着支付额度的增大和次数的增加,签发支票的成本也随之增加。银行为降低这些成本,必须寻找新的出路。为此,人们利用电子计算机创造了一种更为方便快捷且节约成本的支付方式,即电子货币。电子货币以各种银行卡为代表,可以部分替代现金和支票进行支付,对传统的货币发行和流通产生了重要影响。人们可以用银行卡在自动柜员机上取款或者存款,而无须进入银行;也可以在销售点终端机上刷卡消费,而不必支付现金;银行卡中的信用卡还有消费信用功能,可以透支,相当于银行向客户提供的短期贷款。银行卡的出现给人们带来了很多方便,银行卡的发卡量非常大,使用频率也越来越高,甚至有人认为银行卡的迅速发展最终会取代现金,这样就会真正出现无现金社会,货币实体将消失,货币将成为一种单纯地用数字表示的价值符号。

知识链接 1-2

"电子钱包":现钞会过时吗?[①]

今天,消费者在支付商品和劳务费用时,至少可以有四种方法:现金、支票、信用卡和借记卡。1995年,许多金融机构宣布,计划开发一种新的工具——价值贮藏卡,即"电子钱包"。外

[①] 迈克尔·G.哈吉米可拉齐斯,卡马·G.哈吉米可拉齐斯.货币银行与金融市场[M].聂丹,译.上海:上海人民出版社,2003.

观与信用卡相似的电子钱包可能很快会在许多交易中取代现金。

预付卡在美国已经使用了 10 多年的时间,用于各类专门交易中。这种卡在大学校园里很普遍。例如,学生们在自助食堂、书店和复印机房使用预付卡。美国许多城市的大众传媒系统也使用预付卡。与这种有使用局限性的"封闭系统"卡相比,"电子钱包"则是一种"开放式的系统",可以广泛地用于采购。

银行发行价值保存卡,消费者可以用个人电脑或电话从他们的支票账户把资金转到卡里。购置商品时,消费者通过售货终端机刷卡,不用信用验证也不用签字,资金从卡中直接扣除再转到卖方的电脑终端。商人可以选择任何时候通过电话把资金转入他们的银行账户里。

电子钱包的使用越来越多,已发行的现金被重新存入了银行,从流通中消失了。像 20 美元面值的金币和私人发行的银行券一样,货币和硬币在未来的某一天也会沦为货币历史的有趣复制品。

1.2.6 虚拟货币

广义的虚拟货币是指没有实物形态的货币,相对于生活中使用的法定货币,甚至包括电子货币和数字货币等。

狭义的虚拟货币又被称为网络货币,是基于网络虚拟性由网络运营商发行并应用在网络虚拟空间的类法币,它是真实世界货币体系的一种映射模拟。如腾讯公司发行的 Q 币,各大网游公司发行的游戏币,论坛为奖励网民参与贡献而设计的积分等。有些虚拟货币如 Q 币,不仅能够购买发行商的虚拟商品,而且能够购买其他网络企业的商品,成为国内互联网上的硬通货。

虚拟货币最大的特点是发行主体为互联网企业,使用范围也常常限定在该企业经营领域之内,目的是方便网民衡量、交换、享用互联网服务。

虚拟货币的局限性是政府出于稳定金融体系的要求规定其不可双向流通,它的单向流通特性决定了虚拟货币无法充当真实世界里的现金或电子货币,它只能是互联网企业用来服务于自身用户的一种商务模式。人们对虚拟货币的信任完全来自对互联网发行企业的信心,这也就注定了虚拟货币只能局限于单个领域。

1.2.7 数字货币

随着区块链、云计算、分布式记账等金融科技的应用,数字货币开始逐渐兴起,并快速演化,在全球的接受程度不断提高,交易范围也日益扩大,引起了人们的广泛关注和讨论。但作为一种新生的事物,目前对数字货币并无统一的定义,国内学者从技术的层面对数字货币逐渐形成了共识,即数字货币是基于区块链技术或分布式记账技术而产生的一种新型加密货币。表 1-2 所示为数字货币、虚拟货币和电子货币的比较。

表 1-2 数字货币、虚拟货币和电子货币的比较

比较项目	电子货币	虚拟货币	数字货币
发行主体	金融机构	网络运营商	无
使用范围	一般不限	网络企业内部	不限
发行数量	法定货币决定	发行主体决定	数量一定

续表

比较项目	电子货币	虚拟货币	数字货币
储存形式	磁卡或账号	账号	数字
流通方式	双向流通	单向流通	双向流通
货币价值	与法币对等	与法币不对等	与法币不对等
信用保障	政府信用	企业信用	网民信念
交易安全性	较高	较低	较高
交易成本	较高	较低	较低
运行环境	内联网、外联网、读写设备	企业服务器与互联网	开源软件以及P2P网络
典型代表	银行卡、公交卡、支付宝等	Q币、盛大币、各论坛积分等	比特币、莱特币等

1.3 货币的含义

1.3.1 货币的本质

对于货币本质的认识,历来存在着两种对立观点,即"货币金属论"和"货币名目论"。货币金属论强调货币的内在价值,将货币与贵金属混为一谈;货币名目论则否定货币具有内在价值,认为货币只是一种符号或票券。这两种学说显然具有片面性,都只看到货币的某些特点,没有形成全面客观的认识。而马克思提出"一般等价物"理论,科学完整地概括了货币本质。马克思在对价值形态发展的历史长河的研究中揭示了货币的本质,把货币定义为:货币是从商品世界中分离出来的固定充当一般等价物的商品,并能反映一定的生产关系。

1.3.2 货币的基本特征

1. 货币是商品

货币是商品,它与商品世界的其他商品一样,都是人类劳动的产物,是价值和使用价值的统一体。正因为货币和其他一切商品具有共同的特性,即都是用于交换的人类劳动产品,它才能在交换、发展的长期过程中被逐渐分离出来,成为不同于一般商品的特殊商品,即货币。

2. 货币是一般等价物

货币是商品,但却不是普通的、一般的商品,它是从商品世界中分离出来的、与其他一切商品相对立的特殊商品。货币商品不同于其他商品的特殊性,就在于它具有一般等价物的特性,发挥着一般等价物的作用,这是货币最重要的本质特征。货币商品作为一般等价物的特性,具体表现在以下两个方面:

(1)它是表现和衡量一切商品价值的材料或工具;

(2)它具有与其他一切商品直接相交换的能力,成为一般的交换手段。

货币商品不同于一般商品,还在于其使用价值的两重性特点。一方面,货币商品与其他商品一样,因其自然属性而具有特殊的使用价值,如金可作为饰物的材料等;另一方面,更重要的是,货币商品还具有其他商品所没有的一般使用价值,就是发挥一般等价物作用的商品。

3. 货币是固定充当一般等价物的商品

人类社会价值形态发展的历史长河,包括由简单的、偶然的价值形态到总和的、扩大的价值形态,再到一般价值形态。在一般价值形态中充当一般等价物的商品很多,但它们不是货币,因为它们只是在局部范围内临时性地发挥一般等价物作用;货币则是固定充当一般等价物的商品,是在一个国家或民族市场范围内长期发挥一般等价物作用的商品。

4. 货币是生产关系的反映

固定充当一般等价物的货币是商品经济社会中生产关系的体现,即反映商品由不同所有者生产、占有,并通过等价交换实现人与人之间社会联系的生产关系。因此,货币体现一定的社会生产关系,这是马克思货币本质学说的核心。

由于商品经济存在于迄今为止社会历史发展的不同阶段,货币也就成为不同社会形态下商品经济共有的经济范畴。不能把特定社会形态中货币职能的发挥视同货币的本质,如不能因货币转化为资本而把货币本质定格为资本家剥削工人阶级的工具,因为毕竟货币不是资本。商品经济的基本原则是等价交换,不论是什么样的人,持有什么样的商品,在价值面前一律平等,都要按同等的价值量相交换。同样的货币,不管在什么样的社会形态中,也不论是存在于谁的手中,都是作为价值的独立体现者,具备着转化为任何商品的能力。

1.4 货币的职能与作用

1.4.1 货币的职能

货币的职能是货币本质的表现,是货币作为一般等价物所固有的功能。货币具有价值尺度、流通手段、贮藏手段、支付手段、世界货币五大职能,其中价值尺度和流通手段是货币的基本职能,其他是货币的派生职能。

1. 价值尺度

货币在表现商品价值并衡量价值大小时,发挥价值尺度的职能。这是货币最基本、最重要的职能。货币之所以能够充当价值尺度,是因为它本身也是商品,也具有价值。货币和商品一样都凝结了一般人类劳动,它们在本质上是相同的,在量上是可以相互比较的。这样一切其他商品都可以作为一般等价物的货币商品去衡量,表现自己的价值,这个一般等价物的货币商品便成了衡量其他一切商品共同的价值尺度。商品价值的大小,是由凝结在该商品中的社会必要劳动时间决定的。所以劳动时间是商品的内在价值尺度,但商品价值不可能由单个商品生产者耗费的劳动时间来表现,只能借助于货币外化出来,所以货币是商品的外在价值尺度。但是"货币在执行价值尺度职能时,只是想象的或观念的货币"。

货币执行价值尺度职能要通过价格标准这个中间环节来完成。因为不同的商品有不同的价值量,这就要求借助于价格标准表现为数量不等的单位货币。所谓价格标准就是人们规定的货币单位及其等份。价格标准最初同衡量货币金属的重量单位是一致的。例如,我国过去长期使用"两"为价格标准,也是货币单位。后来随着历史的演变,价格标准和重量标准逐渐分离,如英镑的"镑"。

价值尺度和价格标准是两个完全不同的概念。第一,价值尺度是在商品交换中自发形成的,而价格标准是国家法律规定的。第二,价值尺度是人类劳动的体现,是用来衡量商品价值的;而价格标准是表示货币商品本身的重量,并以此来衡量不同商品的价值量。第三,作为价值尺度,货币的价值量随着社会劳动生产率的变化而变化;而价格标准是货币单位本身的重量,它与劳动生产力的变化没有关系。尽管存在这些区别,价值尺度与价格标准两者之间还是有密切联系的,价格标准是使货币发挥价值尺度职能作用而作出的技术规定,是货币发挥价值尺度作用的前提。

2. 流通手段

在商品交换中,当货币作为交换的媒介实现商品的价值时就执行流通手段的职能。这种以货币为媒介的商品交换叫做"商品流通"。

充当流通手段的货币不能是观念上的货币,而必须是现实存在的货币。因为只有商品生产者出卖商品所得到的货币是现实的货币,才能使他的私人劳动获得社会承认,成为社会劳动的一部分。

充当流通手段的货币不一定是具有十足价值的货币,因为货币作为流通手段时只是一种交易的媒介。商品所有者出售商品、换取货币,其目的是为了用货币去购买自己所需的商品,只要货币能购得自己所需要的商品,货币本身的价值对商品所有者而言并不重要。货币作为流通手段只是一种媒介,所以单有货币的象征就够了。

3. 贮藏手段

当货币退出流通领域,被人们保存、收藏起来时,货币就执行贮藏手段职能。货币之所以有贮藏手段职能是因为货币是一般等价物,是社会财富的一般代表,人们贮藏货币就意味着可以随时将其转变为现实的商品。作为贮藏货币,它必须既是现实的货币,又是足值的货币。

货币贮藏在不同历史阶段的表现形式是不同的。在金属货币制度下,货币贮藏的方式是窖藏货币,其特点是足值货币,具有自发调节货币流通的作用。当流通领域所需要的货币量增加时,被贮藏的货币就会加入流通领域发挥流通手段职能;而当流通中所需要的货币量减少时,有一部分货币就会自动退出流通领域成为贮藏货币。在金属货币与可兑换银行券同时流通的条件下,充当贮藏手段的货币应是金属货币。在当代不兑现信用货币制度下,贮藏货币的方式、特点和作用已经发生了变化,其贮藏方式一是货币沉淀,即持币人将信用货币保存起来,使之处于暂歇状态,如果暂歇期限不超过一年,可称为货币沉淀,成为潜在货币。由于纸币本身没有价值,窖藏既不安全,也没有经济意义,所以这种货币贮藏所占的比例已不是很高。二是银行存款,这种手段对企业和个人来说是货币价值积累和保存,但从整个社会角度来看,则并不意味着有对应数量的真实价值退出流通过程。在这种情况下,贮藏手段的"蓄水池"功能已丧失殆尽。三是利用金融资产贮藏价值,其特点是不足值货币。

4. 支付手段

货币在清偿债务时充当延期支付的工具,这就是货币的支付手段职能。支付手段最初是由于赊买、赊卖引起的,逐步发展到许多支付领域。同作为交易媒介时货币与商品同时反向运动有所不同,货币发挥支付手段职能的一个重要特征是,在偿还赊买的账款时,或者说,在延期支付时,没有商品与货币同时、同地发生的反向运动。因此,货币充当支付手段时,与最初的"一手交钱、一手交货"的方式有很大的不同。

货币作为支付手段,一方面克服了作为交易媒介要求"一手交钱、一手交货"的局限性,使买和卖的过程相互分离,促进了商品生产和商品流通的发展;另一方面也扩大了商品经济的矛盾。由于信用关系的过分扩张,或某些企业生产流转过程出现问题,导致到期不能支付的"脱节"问题。

5. 世界货币

随着世界贸易的发展,货币会越出国界,在世界上发挥一般等价物作用时,就会在国际范围内执行价值尺度、流通手段、支付手段职能,成为世界货币。

在第二次世界大战之前,各国实行金本位制,银行券可以兑换黄金,黄金可以自由输出、输入。黄金不仅在国内市场上是货币,在国际市场上也是货币,当它在国际市场上执行货币职能时,称为世界货币。当前的世界货币是信用货币,如美元、欧元、日元某些经济发达并实行自由外汇制度的国家的纸币。它们在国与国之间具有普遍接受性,发挥着价值尺度、流通手段等职能。

1.4.2 货币的作用

对货币的作用可以从货币作为一般等价物与经济变量和政策变量两个角度来理解。

1. 作为一般等价物的作用

货币作为一般等价物的作用表现在以下几个方面:

(1)实现经济核算的工具,是货币在执行价值尺度职能时发挥的作用;

(2)发展商品生产和商品流通的工具,是货币在执行流通手段职能时发挥的作用;

(3)实现国民收入分配与再分配的工具,是货币在执行支付手段时发挥的作用;

(4)反映和监督社会经济活动的工具,是货币执行上述四种职能的综合作用。

2. 作为经济变量和政策变量的作用

货币作为经济变量和政策变量的作用表现在以下几个方面。

(1)对经济发展的启动作用。货币资本是社会再生产的第一要素,推动着社会生产加速发展,这就是马克思的"货币资本是第一推动力"思想的基本要点。资本循环的始终,都表现为货币的形态,并且每一次循环的终端,又表现为下一循环的始端(具体过程见下式)。从单个企业来看,预付货币资本的多少,决定着企业生产规模的大小;从全社会的角度来看,社会再生产过程必须是连续不断的,这就要求不断地把货币投入到流通中去。而预付货币资本的数量和比例,决定着社会再生产的规模、社会总产品的数量和不同生产部门之间的比例等宏观经济问题。就这一意义而言,货币资本不仅是第一推动力,而且还是持续推动力。因此,货币对国民经济的发展具有一定程度的启动作用。

$$\text{货币资本} \rightarrow \text{商品资本} \begin{matrix} \rightarrow \text{生产资料} \\ \rightarrow \text{劳动力} \end{matrix} \cdots \text{生产过程} \cdots \text{商品资本}' \rightarrow \text{货币资本}'$$

(2)对经济稳定制约的作用。就总体而言,经济稳定与否取决于社会总需求与总供给的均衡状况。社会总需求与总供给都是在社会再生产过程中形成的。在社会经济条件下,商品本身价值和使用价值的二重比,必然表现为商品与货币的二重比。因此,社会总供给表现为社会总产品的价格形态,即GDP或GNP,它是由社会再生产规模所决定的;社会总需求则表现为以货币形态出现、通过货币的多次周转而实现的社会购买力,它是由投入流通界的货币数量所决定的。社会再生产的每一个周期,都必须以预付一定数量的货币资本为前提,即表现为向流通界投入相应的货币量。预付货币资本的数量,即构成了本期社会购买力,又决定着下一周期的社会再生产规模。货币资本的职能是购买生产要素,而不同生产部门的生产要素需求是不同的。就这一意义而言,预付货币资本的数量,既决定着社会购买力的大小,又制约着商品供应量的多少;按一定比例将货币资本分别投入不同生产部门,既形成了对不同商品的购买能力,又决定着商品供应的结构比例。因此,投入流通的货币数量直接影响社会总需求与总供给的总量均衡与结构协调,从而使货币对国民经济的稳定发展发挥着制约作用。

(3)对经济的发展和稳定的消极影响。货币对经济的发展和稳定的促进作用,是由预付资本货币的数量和结构的变化来实现的。而这两方面的作用存在着向相反方向发展的可能。预付货币在数量或结构上的不合理,会导致社会总需求与总供给的失衡,产生经济停滞,甚至衰退的现象,从而把国民经济带入极度紊乱的状况之中。

1.5 货币的供应

货币供应量是指一国在某一时期内为社会经济运转服务的货币存量,它由包括中央银行在内的金融机构供应的存款货币和现金货币两部分构成。

由于货币在现代经济中扮演着极其重要的角色,货币的定义和划分非常具有现实意义。世界各国中央银行对货币划分的估计口径不完全一致,下文将详细介绍货币层次的划分。

1.5.1 货币供应量层次的划分

货币供应量层次划分是针对金融资产的货币供应量而言的,一定的货币供应量之所以存在结构特征,是因为其被划分为不同的层次,每一层次所反映的与经济活动相关的内容以及所体现出来的货币职能是不一样的。各层次货币以有序的方式相互关联,历史、辩证地发挥着作为整体货币供应量对社会经济发展的必要功能,任何部分的变化都会影响整体的平衡状态,进而影响货币功能的发挥。

为货币供应量划分层次的目的是要考察具有不同货币性质的货币供应量对社会经济的不同影响,并选定一组与经济发展关系密切的货币作为货币流通管理的依据和中央银行货币控制的重点。每一层次的货币供应量都有特定的经济活动和商品运动与之对应。充当货币划分标准的就是金融资产的流动性,它指的是各种货币资产转化为现款而不受损失的能力,也就是转化为现实流通手段和支付工具的能力。流动性不同的货币在单位时间内流转的次数不同,进而形成不同的购买力,从而对商品交换和商品流通产生不同的影响程度。例如,现金和活期存款不用转换为别的资产就可直接进入市场用于购买,引起商品市场供求发生变化,因而被认为是流动性最强的资产;居民和企业的储蓄存款、定期存款虽然迟早也会形成一定的购买力,但对商品市场的影响不如现金和活期存款那么直接和迅速,因而被认为是流动性较低的货币。

1.5.2 国际货币层次的划分

对货币供应量进行层次划分是世界各国的普遍做法,其划分遵循流动性标准,但是一方面流动性的具体形式深受各国实际经济金融活动特征的影响,另一方面各国的货币资产构成并不完全一样,因此目前各国所划分的货币层次的构成不完全相同。"不完全相同"意味着除了一些细微处的差别外,其他大致相同,即都根据流动性差别、变现能力强弱把货币资产划分为由低到高的几个层次,如 M0、M1、M2 等,层次越靠前意味着流动性越强,层次越靠后则流动性越弱。

国际货币基金组织为了提高成员国货币金融统计对风险的敏感性,增强不同国家之间主要金融指标的可比性,曾于 1996 年制定并颁布了《货币与金融统计手册》(以下简称《统计手册》),随后分别于 1997、2000 年进行了两次修改。《统计手册》为货币供应量统计提供了概念框架体系和基本方法,是当今指导各国货币供应量统计的重要文件。1997 年版的《统计手册》提出并推荐的货币供应量统计口径如下。

(1) M0:现金,本币流通中的现金;
(2) M1:狭义货币,即 M0+可转让本币存款和在国内可直接支付的外币存款;
(3) M2:包括狭义货币和准货币,即 M1+一定期限内(三个月到一年之间)的单位定期存款和储蓄存款+外汇存款+CD(定期存单);
(4) M3:广义货币,即 M2+外汇定期存款+商业票据+互助金存款+旅行支票。

之所以将 M0 列为货币供给量的第一个层次,是因为现金是流通中最活跃的货币,它构成对消费品的直接需求,是反映消费品市场当期供求状况的一个重要指标。第二个层次的货币供应量 M1,构成对消费品和投资品的直接需求,是反映消费品和投资品市场当期供求状况的一个重要指标。第三和第四个层次的货币供应量 M2 和 M3,分别在不同程度上反映了一定时期的社会总需求。

1.5.3 我国货币层次的划分

改革开放后很长一段时间里,由于我国实行的是以信贷规模控制为主的金融直接控制,没有进行相应的货币统计和货币层次的划分。这种状况一直持续到了 1994 年,从这一年起中国人民银行开始探索以货币供应量为中介目标的新的货币调控体系。从 1994 年第三季度开始,中国人民银行按月向社会公布货币供应量,并将其作为金融宏观调控的重要参考指标。货币供应量以 1990 年起开始编制的统计口径,按照流动性的高低被划分为三个层次。

(1) M0=流通中的现金,即银行体系以外各个单位的库存现金和居民的手持现金之和;
(2) M1=M0+单位活期存款(包括企业活期存款、农村集体存款、机关团体存款);
(3) M2=M1+单位定期存款(包括企业定期存款、建筑单位先存后用的自筹基建存款)+储蓄存款+其他存款。

2001 年 6 月我国对货币供应量统计口径进行了第一次修订。根据最新修订的统计口径,我国目前的货币供应量层次为:

(1) M0=流通中的现金;
(2) M1=M0+可开支票进行支付的单位活期存款;
(3) M2=M1+居民储蓄存款+单位定期存款+单位其他存款+证券公司客户保证金。

在这三个层次的货币供应量中,M0 是最活跃、流动性最强的货币。我国之所以将现金单独划为第一个层次(M0)是出于管理和控制的需要,因为与发达国家相比,中国的现金在交易中所占比例较高,影响范围较广泛,单独对其进行监测有特殊意义。M1 是狭义货币,反映经济中的现实购买力,流动性仅次于 M0。M2 为广义货币,不仅反映社会现实的购买力,还反映潜在购买力,能较好地体现社会总需求的变化。其中,M2 与 M1 的差额,即单位定期存款、居民储蓄存款与其他存款之和,通常称为准货币(QM)。

单元二　货币制度

1.6　货币制度的基本内容

货币制度简称"币制",是一个国家依据法律规定的货币流通的结构和组织形式。一般而言,货币制度的构成要素包括四个方面:货币材料;货币单位;本位币与辅币的铸造、发行及流通程序;准备制度。

1.6.1　货币材料与货币单位

货币材料就是规定一国货币用什么材料制成,确定货币材料是构成一种货币制度的基本要求。我们可以根据不同的本位货币材料来区分不同的货币制度。如果用黄金作为本位货币材料,那就是金本位制度;如果用白银行作为本位货币材料,那就是银本位制度;如果同时用黄金和白银作为本位货币材料,那就是金银复本位制度;如果不用金属而是用纸作为主要货币材料,那就是纸币制度。使用哪种材料制作本位币不是任意规定的,而是由客观经济条件所决定的。

货币单位包含两个内容:一是规定货币的名称是什么。目前世界上货币名称有100多种,其中用元、镑、法郎作为货币名称的较多。据统计,用"元"作货币名称的国家有52个,例如:中国人民币元、美元、日元等;用"镑"作货币名称的国家有12个,例如:英镑、苏丹镑等;用法郎作货币名称的国家有32个,例如:法国法郎、瑞士法郎、马里法郎等。二是规定单位货币的价值。在1973年之前,是通过规定单位货币含金量来表示该货币的价值,1973年以后各国都相继取消了货币含金量。

1.6.2　本位币和辅币

用法定货币金属按照国家规定的货币单位经国家造币厂铸成的铸币称为本位币。本位币是一国流通中的基本通货。现在流通中完全不兑现的钞票,也称为本位币,其含义不过是用以表示它是标准的、基本的通货。

本位币具有四个特点。

(1)在金属货币制度下,本位币的实际价值和名义价值是相等的,是足值货币。

(2)本位币具有无限法偿能力,即只要支出的本位币的若干整数倍,交易的对手只能接受,不能拒绝。

(3)金属货币制度下本位币可以自由铸造,自由融化。

(4)信用货币体系下,货币没有实际价值只有名义价值,不能自由发行,是国家垄断发行。

辅币是指主币以下的小额通货,供日常零星交易与找零之用,多由贱金属铸造。

辅币的特点有三个。

(1)辅币所包含的实际价值低于其名义价值,属于非足值货币。

(2)国家以法定形式规定在一定限额内,辅币可与主币自由兑换,这就是辅币的有限法偿性。

（3）辅币只能由国家铸造，辅币收入为国家所有，是财政收入的重要来源。

中国在金属货币流通时一直未形成规范的辅币制度。当铜钱与银两流通时，铜钱可解决小额支付问题，但银两与铜钱并无固定比价：比价因银铜各自本身价值的高低变化而变化。清末曾铸铜元（圆形无孔），企图建立辅币制，但未成功；铜元与银元的比价仍随银铜各自的贵贱而波动。1935 年法币改革后，确定辅币为"角"，1/10 元；为"分"，1/100 元。但在通货膨胀局面下，未起作用。直至 1955 年新人民币发行后，角票与硬分币的制度才真正确立起来。

1.6.3　自由铸造与限制铸造

所谓自由铸造，是指公民有权把经法令确定的货币金属送到国家的造币厂铸成铸币。造币厂代公民铸造，或不收取费用，或收取很低的费用。公民也有权把铸币熔化，但对私自铸造则严格禁止。而且由于精密的铸造技术，私人铸造合乎法定标准的铸币，极不合算；铸造伪劣币，既犯重罪，又很容易被辨认出来。

自由铸造制度的意义，是可以使铸币价值与其所包含的金属价值保持一致。因为铸币的市场价值如偏高，人们会把贵金属输向造币厂，增加铸币数量；如偏低，人们会把铸币熔化成金、银锭。这实质上是利用了货币贮藏作为调节流通货币量的蓄水池的作用。随着流通中贵金属铸币的日益减少乃至完全退出流通，这种制度也就不存了。

1.6.4　无限法偿与有限法偿

所谓无限法偿，即法律规定的无限制偿付能力，其含义是：法律保护取得这种能力的货币，不论每次支付数额如何大，不论属于何种性质的支付，即不论是购买商品、支付服务、结清债务、缴纳税款等，支付的对方均不得拒绝接受。

而有限法偿是指国家以法定形式规定在一定限额内，辅币可与主币自由兑换，这就是辅币的有限法偿性。

1.6.5　金准备制度

这一制度就是国家规定把贵金属集中到国库或中央银行，是货币制度的一项重要内容，也是一国货币稳定的基础。在金属货币制度下，金属储备有三项用途：第一，作为国际支付手段的准备金，也就是作为世界货币的准备金；第二，作为时而扩大、时而收缩的国内金属流通的准备金；第三，作为支付存款和兑换银行券的准备金。在信用货币制度下，当前世界各国已无金属货币流通，纸币不再兑换黄金，金准备的后两项用途已经消失。

1.7　货币制度的演变

在货币制度发展史上曾存在四种不同的货币制度，依次为银本位制、金银复本位制、金本位制（包括金块本位制和金汇兑本位制）、不兑现纸币本位制。

1.7.1　银本位制

银本位制是历史上最早出现的，也是实施时间最长的一种货币制度。它是以白银为货币金属,以银币为本位币的一种货币制度。

银本位制最大的缺点是白银价值不稳定。到1816年,银本位制逐渐被金本位所代替,随着资本主义经济的发展,商品交易规模日益扩大,大宗商品交易日益增多,用白银这种价值相对较低的货币进行支付,就产生许多不便,如一笔大宗交易往往需要支付大量的白银,对交易商来说,在参与交易时,要携带大量的白银。而在交通不发达、信用制度比较落后的条件下,携带大量白银既不方便、也不安全。

1.7.2 金银复本位制

在金银复本位制度下,法律规定金银两种贵金属都是铸造本位币的材料。金币和银币可同时流通,都可以自由铸造,都具有无限法偿力。金银都可以自由地输出输入。

金银复本位制前后经历过如下三种形态。

1. 平行本位制

平行本位制即金币和银币是按照它们所包含的金银实际价值进行流通的,也即金币和银币是按市场比价进行交换的。例如,英国1663年铸造的金基尼和原来流通的银先令并用,两者按它们所含有的生金、生银的市场比价进行交换。这种货币制度的缺点是显而易见的。因为在金银复本位制下,商品具有货币表示的双重价格。金银市场比价波动必然引起商品双重价格比例波动,使商品交易遇到很多麻烦。

2. 双本位制

为克服平行本位制带来的问题和困难,国家便以法律规定金币和银币之间的固定比价,即金币和银币是按法定比价进行流通和交换的。例如,法国曾规定:1金法郎=15.5银法郎。

"格雷欣法则"即"劣币驱逐良币"规律。在金属货币流通条件下,当一个国家同时流通两种实际价值不同,但法定比价不变的货币时,实际价值高的货币(亦称良币)必然被人们熔化、收藏或输出而退出流通,而实际价值低的货币(亦称劣币)反而充斥市场。金币是良币,银币是劣币。银币(劣币)驱逐金币(良币)的过程为:

$$1元金币 \xrightarrow[退出流通]{熔化} 1元金块 \xrightarrow[兑换]{市价1:16} 16元银块 \xrightarrow[兑换]{铸造} 16元银币 \xrightarrow[+1元银币]{法定比价} 1元金币$$

如此循环一周,便可得到1元银币的利润。这种情形发展的结果是,金币敛迹,而银币充斥市场。

这一规律的发现告诉我们:一个国家在同一时期内只能流通一种货币。如果同时使用两种货币,在金属货币流通条件下就会出现"劣币驱逐良币"的现象。

3. 跛行本位制

为了解决"劣币驱逐良币"现象,资本主义国家又采用跛行本位制度,即金银币都是本位币,但国家规定金币能自由铸造,而银币不能自由铸造,并限制每次支付银币的最高额度。金币和银币按法定比价交换。这种货币制度中的银币实际上已成了辅币。这种跛行本位制度是复本位制向金本位制过渡的形式。

1.7.3 金本位制

金本位制又称金单本位制,它是以黄金作为本位币的一种货币制度。金本位制有三种形式。

1. 金币本位制

金币本位制是一种相对稳定的货币制度。这种相对稳定性主要表现在如下两个方面：一是在实行金本位制的国家内，货币数量适当；二是在实行金本位制的国家内，其货币的对外汇率相对稳定。金币本位制的主要特征：

(1) 黄金可以自由铸造和熔化；

(2) 金币可以自由流通，黄金在各国之间可以自由地输出输入；

(3) 一切价值符号（辅币和银行券）可以自由兑换为金币。

2. 金块本位制

金块本位制又称生金本位制，是没有金币流通的金本位制度。它废除了金币可以自由铸造、自由流通的规定。在这种本位制下，银行券代替金币流通。虽然在金块本位制下，规定银行券的含金量，用银行券可以兑换为金块，但这种兑换的起点都很高。例如，英国在1925年实行金块本位制时宣布，居民用银行券兑换黄金的最低起点是1700英镑。法国在1928年实行金块本位制时规定，用银行券兑现黄金的起点是21500法郎。这么高的兑换起点，等于剥夺了绝大多数人的兑现权利。

实行金块本位制可以节省黄金的使用，减少了对黄金的发行准备量的要求，暂时缓解了短缺与商品经济发展之间的矛盾，但并未从根本上解决问题。

3. 金汇兑本位制

金汇兑本位制又称虚金本位制。在这种货币制度下，规定银行券不能直接兑换黄金，银行券只能与外汇兑换，然后用外汇在外国兑换黄金。实行这种制度的国家的货币同另一个实行金本位制的国家的货币保持固定比价，并在国内保持大量的外汇，以备随时出售外汇。实行这种制度的国家对外贸易和财政金融必然受到与其相联系的国家的控制，所以金汇兑本位制度实质上是一种附庸的货币制度，一般为殖民地和附属国所采用。第一次世界大战之前，殖民地国家如印度、菲律宾等实行这种制度。第一次世界大战以后，法国、意大利、奥地利、中国、波兰等都实行这种制度。

布雷顿森林体系是第二次世界大战结束前夕，在美国的新罕布什尔州布雷顿森林召开的国际货币会议上确立的，实际上是一种全球范围的金汇兑本位制度。这一体系规定的"各国货币与美元挂钩，美元与黄金挂钩"以美元为中心的货币制度，把各国货币都变成了美国货币的依附货币。直到1973年，由于美国宣布美元与黄金脱钩，金汇兑本位制才正式停止。

金本位制、金块本位制还是金汇兑本位制都属于金本位制。但金块本位制和金汇兑本位制是残缺的金本位制。

在商品经济发展速度大大超过贵金属产量增长速度的情况下，金属铸币不能满足商品流通和支付的需要，于是出现了银行券和纸币。17世纪，商品经济发展到一定阶段，由于信用交易产生了商业票据，一些持票人因急需现金而到银行要求贴现，银行就付给他们银行券。银行券的发行有票据保证和黄金保证。1929—1933年世界经济危机后，各国中央银行发行的银行券都不能兑现，它的流通已不再依靠银行信用，而是单纯依靠国家政权的强制力量，从而使银行券纸币化了。

1.7.4 不兑现纸质本位制度

纸币是银行和政府发行并依靠其信誉和国家权力强制流通的价值符号。

发展到现代，各国由其中央银行垄断货币发行，通过信用程序进入流通；由银行对货币流通实施管理，货币制度演变为典型的不兑现的信用货币制度，即以不兑换黄金的银行券或纸币作为本位币的制度。

无论是国家政权曾发行的纸币，还是不能兑现的银行券，以及现代信用的货币都是纸制本位的货币制度，它们的共同特点是与黄金完全脱离，国内既不流通金币，也不兑现黄金，也无须金准备。货币本身没有实际价值，而作为一种价值的符号来充当商品交换的媒介，发挥货币的基本职能。纸制本位条件下，货币流通必须遵循纸币流通的客观规律。纸币的发行和回流，由国家授权银行来进行，因而，货币政策日益成为国家干预经济，调控宏观目标的重要的基本手段。

课后练习题

一、复习思考题

1. 货币是怎样产生的？
2. 货币的本质是什么？
3. 货币经历了那几种形态？
4. 货币的有哪些职能及其含义是什么？
5. 我国的货币层次是如何划分的？
6. 货币制度的含义及其内容有哪些？

二、讨论题

1. 钱、货币、通货、现金是一回事吗？银行卡是货币吗？
2. 金钱是万能的吗？社会经济生活中为什么离不开货币？为什么自古至今，人们又往往把金钱看做是万恶之源？

数字货币概述

本模块导读

技术变迁推动了货币形态从商品货币、金属货币、纸币到电子货币的演化,并使货币内涵不再囿于金属论,而延展到信用货币、高流动性金融资产等更广义的货币层次。随着区块链、大数据、云计算和人工智能等数字技术的快速发展,技术对货币演化的影响进一步深入,出现了不同于传统货币的新型货币——数字货币。

引例思考

一说起数字货币,可能很多人首先想到的是日常生活中接触到的银行卡,以及支付宝、微信等支付方式,但这些其实都不是数字货币。

请思考:(1)什么是数字货币?

(2)数字货币有什么特征?

单元一 数字货币认知

2.1 数字货币的产生

在信息化时代背景下,移动互联网、大数据、云计算、云存储等信息化衍生技术获得了快速发展,其应用范围也在不断地扩展。信息化技术的发展使得社会各领域都发生了很大变革。金融领域在信息化技术的影响下,支付方式发生了巨大的变革,随之也改变了硬币形态。数字货币是金融领域在信息化时代背景下的必然产物,其自身的诸多信息化特性可以更好地适应社会发展的需求。

2.1.1 数字货币产生的背景

数字货币的产生是货币流通进入更高层次的表现,其交易更方便,使用更安全。实际上,纸币就是价值符号的一种载体,其本身的价值是"装载"货币所代表的财富的价值或价格。纸币以特殊防伪纸为材料,而现代意义上的数字货币以磁性材料为载体,从传统的实体形式向信息形式(即没有实体的数字形式)转化。从数字货币的发展路径看,当前的数字货币将会全面走向信息式货币(数字货币)而成为人类所发明的这一交易工具和价值符号的最终归宿,这一货币形态将完全抛弃其直接的载体,而完全以价值符号的数字式信息形式存在。

数字货币是实物货币、金属货币、信用货币之后的第四种货币形态,是不同于传统货币生态的"新物种",它的产生属于货币发展史中的"突变"。

数字货币的发展包括两个阶段:非数字式数字货币阶段和数字化数字货币(数字货币)阶段。非数字化数字货币是以某种介质为载体,存储于指定账户,代表一定量的现行法定货币(纸币)的一种交易工具。数字化数字货币则是一种狭义的数字货币,其基本特征是用于网络投资、交易和储存,并代表一定量财货的数字化信息。因此,非数字化数字货币是联结传统货币与数字化数字货币(即狭义的数字货币)的一种过渡形式,而狭义的数字货币才是货币发展的根本方向。非数字化数字货币是以磁性材料为载体,需要通过电子设备及其网络系统存储和进行功能实现的,用于核算、投资、交易(定价、标价、商价和支付)、预防不时之需和财货贮藏或财货积累的价值工具。而数字化数字货币产生的根本原因是顺应了技术的变革及社会发展的需求。

 2-1

非实物型货币的概念界定

1. 电子货币(electronic money)

电子货币在支付与市场基础设施委员会(CPMI)2015 年的《付款和结算系统中使用的术语表》中被定义为"以电子方式存储在诸如芯片卡或个人计算机硬盘设备中的价值"。在我国,电子货币通常被认为是以电子化的形式存储和转移,通过电子工具来进行支付的交易手段,如银行卡、支付宝、财付通等,其背后交易的仍然是银行存款货币。电子货币是法定货币的电子化或数字化形式,而电子钱包则是用于保存其支付价值的物理介质。

2. 虚拟货币(virtual currency)

国际货币基金组织认为,虚拟货币是"价值的数字表现形式,由私人机构发行并且使用各自的记账单位计价"。欧洲中央银行(ECB)2012 年将虚拟货币界定为"一种不受管制的数字货币,通常由其开发者发行和控制,在特定虚拟社区的成员中使用和接受"。金融行动工作组(FATF)2014 年将虚拟货币定义为"价值的数字表示,可以进行数字交易,并执行交换媒介、记账单位、价值储存等职能,不受任何司法管辖区的发行或保证,仅通过虚拟货币用户社区内的协议来履行上述功能"。虚拟货币包括基于互联网技术产生的比特币等加密货币,也包括在某些情况下可以作为货币替代物的价值的数字表现,如游戏币、Q币等。

3. 加密货币(cryptocurrency)

cryptocurrency 一词由 crypto-(隐蔽的、秘密的)和 currency(货币)复合而成,可翻译为"加密货币"或"加密数字货币"。《牛津英语大词典》2019 年 9 月收录 cryptocurrency 一词,定义为"任何独立于中央当局运作并采用加密技术在一个独特的账户单位内控制和验证交易的数字支付系统"。加密货币存在去中心化、匿名化的特点,无国家主权信用背书。

4. 稳定币(stablecoins)

稳定币是一种价格相对稳定的数字货币,它通过模型设计保证其价格在所对标的法币上下小幅波动,从而发挥交易中介、支付结算、避险保值等货币功能。稳定币具有即时交易、可编程、开放和匿名等特点,挂钩链外价值,发行方为非官方机构且不受国界限制。稳定币大致可以分为三类:一是中心化稳定币,通过抵押法币,发行与法币价值锚定的稳定数字货币,如USDT、USDC等;二是去中心化稳定币,通过在区块链(blockchain)的智能合约(smart contract)上质押数字资产,从而发行锚定法币价格的数字货币,如DAI、sUSD等;三是算法稳定币,通过事先设定的算法机制,实现对稳定币供给数量的调节,从而使稳定币价格与法币锚定,如AMPL、BASIS等。

2.1.2 数字货币产生的必然性

1. 现实需要:数字经济的发展对新货币形态产生需求

回顾货币形态的演变历史,其经历了实物货币、金属货币和信用货币(纸币)三个发展阶段。随着生产力的发展和互联网时代的到来,传统的纸币已远不能满足人们对交易效率的追求,以支付宝、PayPal为代表的移动支付逐渐成为支付方式的主流,纸币的使用数量和频率大为减少,无现金、无支票社会成为大势所趋。随着信息通信技术的发展,许多复杂多变的信息转变为可以度量的数字、数据,再以这些数字、数据建立适当的数理模型,就可以通过计算机进行统一处理,这个过程就是数字化的过程。随着经济社会数字化进程不断加快,传统的支付手段乃至电子货币的弊端逐渐显现,存在高成本、低效率、高安全风险等诸多问题。由经济社会数字化而带来的内生动力推动了数字社会对于新货币形态的需求,低成本、便捷性、匿名性等优势使得数字货币应运而生,数字货币成为货币的新形态。

2. 技术可行性:技术创新使得数字货币的出现成为可能

每一次货币形态的重大演进都离不开生产力的进步和科学技术的发展,数字货币的出现也是建立在信息通信技术发展基础之上的。大数据、区块链、云计算、人工智能与金融的深度融合推动了金融的数字化转型,也催生了货币形态的变革。区块链技术的出现直接导致了比特币等私人数字货币的产生,推动数字货币成为现实。分布式账本技术和密码算法等日趋成熟,为数字货币的研发和应用提供了强大的技术支持。因此,数字货币是随着人类生产力发展、科技不断创新所产生的新货币形态,是社会发展需求和技术创新供给相互作用的结果。

知识链接 2-2

数字货币缘起的技术大事件[①]

1976年,迪菲(Diffie)和赫尔曼(Hellman)发表了一篇题为"密码学的新方向"的论文,文章提出了一种完全不同于对称密码体系的新思路。他们构造了这样一种密码方案:原来对称密码体系下的一把钥匙一分为二,一个是加密密钥,被用来加密信息;另一个是解密密钥,被用来从密文中恢复明文。加密密钥可以公开,为公钥;解密密钥则由个人维持其机密性,为私钥。从私钥可以推导出公钥,但从公钥很难逆推出私钥。这一对(加密/解密)密钥还具有以下功能:私钥持有者可以通过私钥给自己发出的信息签名,任何获得公钥的人均可经由公钥对其验签。因为加密与解密的密钥不同,所以该思想被称为非对称密码体系,亦称公钥密码体系。

[①] 姚前. 中国金融四十人看四十年[J]. 中国金融四十人论坛,2018.

1978年美国麻省理工学院(MIT)的三位学者(李维斯特、萨莫尔和阿德曼)发表了题为"获得数字签名和公钥密码系统的方法"的论文,构造了基于因子分解难度的签名机制和公钥加密机制,这就是著名的 RSA 密码算法。

1985年厄格玛尔(ElGamal)基于有限域上的离散对数问题,提出了厄格玛尔公钥密码体制。同年,科布利茨(Koblitz)和米勒(Miller)基于椭圆曲线上的离散对数问题,提出椭圆曲线密码体制(elliptic curve cryptosystem, ECC)。此外还出现了其他公钥密码体制,这些密码体制同样基于计算的复杂性问题。目前应用较多的包括 RSA(非对称加密算法)、DSA(数字签名密码算法)、DH(迪菲和赫尔曼密码算法)、ECC(椭圆加密算法)等。

非对称密码体制解决了开放系统中密钥大规模分发的问题,不仅可以加密信息,还可以对信息发送者验明正身,这是密码学的一次重大革命。密码学的应用因此从军事领域扩展至民用领域。鉴于密码学的重要性,美国政府一度限制密码技术的出口,因为密码技术曾被认为是一种武器。现在这种限制已被废除。

2.1.3 数字货币产生的影响

数字货币的出现已经产生了广泛而巨大的影响,不仅深刻影响货币金融体系,而且影响国民经济、社会治理和国际经贸金融往来。对中央银行、商业银行和其他市场主体来说,数字货币既产生了积极影响,也带来了消极影响;既是一种机遇,也是一种挑战;既有利也有弊。从总体上讲,从长远来看,是利大于弊,我们要趋利避害。

1. 数字货币对货币体系的影响

(1)数字货币加速了货币替代,甚至有可能引发新型货币战争。一种货币代替另一种货币,一种外币代替本国货币或作为本国货币的补充,这都是货币替代(currency substitution)的过程。当一种货币币值不太稳定或功能弱化,在条件允许时就可能被币值更稳定、功能更优的货币所取代,即良币替代劣币。当美元被用作取代货币时,这一货币替代过程被称为美元化(dollarization)。电子货币可以替代现金,数字货币也可以替代现金发挥货币的职能。央行数字货币首先是作为现金的替代物出现的,央行数字货币将代替现金活跃在金融交易的各个场景中。数字货币不仅在替代现金,而且正在改变支付生态。尽管数字货币会与现金并存,甚至会并存相当长一段时间,但现金终究会被替代。货币替代是货币战争的结果,因技术进步引起的货币替代可称为新型货币战争。新型货币战争可以发生在数字货币与传统货币之间,也可以发生在私人数字货币与央行数字货币之间,还可以发生在国家之间。

(2)数字货币的出现使货币非国家化成为可能。早在1976年,经济学家哈耶克(Hayek)的《货币的非国家化》一书提示了现有主要信用货币体系的弊端,提出用竞争性私人货币来取代国家发行的法定货币。私人数字货币的出现颠覆了国家对货币发行权的垄断,意味着国家向民众分享铸币权,意味着货币的非国家化,也意味着货币与国家信用的分离。

(3)数字货币对传统货币理论形成挑战。数字货币对现金的替代,会降低现金漏损率,加快货币流通速度,改变货币乘数和货币供给模型。数字货币的发行将加快基础货币和金融资产之间的转变,货币需求规模的估算模型需要重构。传统或经典的货币理论是以信用货币为关注对象的,是基于中心化思想构建起来的,这对于数字货币显然不适用。传统的货币理论解释不了数字货币及其有关的一切,数字货币时代需要货币理论创新。

(4)数字货币正在重构国际货币体系。当今国际货币体系仍然是美元主导,美元无论是在各国官方储备、国际结算、金融资产交易,还是在大宗商品计价体系中,均占据主导地位。在这种情况下,世界各国在使用美元的同时,也在向美国缴纳铸币税,承担着美元风险,甚至有可能面临美国"长臂管辖"的金融制裁。数字货币的产生有可能在一定程度上打破美元的垄断地位,国际货币体系面临重塑的机会,有可能向更加公正、包容和多元化的方向发展。

2. 数字货币对中央银行的影响

(1)私人数字货币对中央银行的影响。

第一,私人数字货币具有潜在的信用创造能力,削弱央行货币政策的有效性。尽管私人数字货币目前主要应用于支付场景,但由于私人数字货币的发行方不具备类似中央银行的国家信用支撑,信用创造能力十分有限。这并不排除某些将来广泛使用的私人数字货币(如 Libra)尝试开展带有信用创造性质的服务活动,如在某些场景中提供小额消费信贷等。如果它们所提供的服务具有灵活性、便利性、匿名性等特点,可能会在一定程度上替代以主权货币为依托的信贷服务,从而形成实质上的信用创造,导致央行的货币发行权旁落,对央行控制货币发行量和流动性造成不利影响。私人数字货币对小型经济体主权货币和央行货币政策的冲击则可能更为显著,可能引发主权货币的快速贬值,造成恐慌性的"挤兑",甚至导致该经济体丧失其货币政策的独立性。

第二,私人数字货币的广泛应用将削弱央行对支付体系的控制力。私人数字货币天生就带有互联网基因,这使私人数字货币在支付上可以采用区块链技术,其运行不依赖于央行的结算、清算体系或国际资金清算系统(SWIFT),去中心化的清算方式使得体系中的各个节点都能为支付体系提供有效支撑,进而为用户提供更为稳定、高效的支付和清算服务。私人数字货币的这一优势在跨境支付中表现得更为明显,因为出于管制、反洗钱等目的,央行一般会在主权货币用于跨境支付时设置较多的限制,进而导致清算成本高、效率低,而私人数字货币的跨境支付是基于区块链地址而非银行账户地址,支付节点遍及全球,且基本上不受央行的管控。正是由于这种优势,私人数字货币越来越多地应用于跨国支付领域。此外,私人数字货币的发展或将对金融稳定构成潜在威胁,可能增加中央银行维护金融稳定的难度。尽管私人数字货币目前仍存在一些问题和不足,但不可否认的是,私人数字货币对中央银行实现其目标也具有多方面的积极意义。例如:以区块链技术为核心的私人数字货币支付网络,将降低结算风险,提高支付效率;私人数字货币可以实现跨国界、跨平台流通,触达更加广泛的受众,进而实现低门槛开户和零成本接入,提高金融服务的可获得性和普惠水平。

(2)央行数字货币对中央银行的影响。

第一,降低货币发行和流通成本。纸币的发行和流通也是有成本的,存在生产设计、防伪、存储、流通、销毁等成本。中国人民银行发布的货币当局资产负债表显示,2020年末我国货币发行余额为89823.29亿元,近9万亿元的流通中现金,其发行和流通成本不是一个小数字。根据美国铸币厂年度报告,2016年1美分硬币的铸造成本是1.5美分,1美元硬币的铸造成本为几美分。假如央行数字货币全部代替纸币,纸币的全流程变成了数字运算,其创造、流转、维护成本相比纸币应该会节省不少。

第二,提升支付系统的效率。央行数字货币继承了现钞的优点,具有"双离线支付"功能,即脱网也能实现点对点支付,避免了因没有网络而出现的交易失败问题。央行数字货币的运行基于完善的移动支付架构,可在多种交易介质上进行,解决了现金无法进行便捷的远程和大规模支付的缺陷。分布式账本技术使得更多交易者可以参与央行资金交易,从而使支付和结算系统更高效。央行数字货币与其他金融基础设施进行耦合,如对金融衍生品、非标准化债权等方面的支付进行整合,有助于降低金融体系的交易结算成本,提升其效率。

第三,提高货币政策的精准度和有效性。央行数字货币发行时可以应用智能合约等技术,内嵌或预设投向、使用的触发条件,这样有可能使货币政策更加精准,直达实体经济。由于央行数字货币可以提供可追溯的、完整的、实时的账户和交易数据,使得央行能精准监控央行数字货币的流向,及时调整政策。如果央行数字货币替代现金,央行可将央行数字货币的利率设为负值,则即便资产预期收益率小于零,人们仍然会愿意持有资产而非数字货币,从而解决了"零利率下限约束"问题。尽管央行数字货币具有诸多优点,但不可否认的是,它仍存在一些弊端。央行数字货币可能会冲击现有的金融体系,使得中央银行和商业银行在某些方面形成竞争。如果社会公众普遍地将存款从商业银行转移到央行数字货币,这会削弱商业银行的信用创造能力,从而弱化商业银行对实体经济的信贷支持。央行数字货币的发行也可能使央行承担许多不必要的商业性职能,从而加重央行的负担。

3. 数字货币对商业银行的影响

对商业银行来说,数字货币的发展机遇与挑战并存。数字货币对商业银行影响的大小一方面取决于数字货币的发行设计、技术应用等因素决定的数字货币功能的大小,另一方面取决于商业银行在货币数字化(digitisation of money)进程中如何参与和应对。数字货币的发展会加快金融脱媒(又称金融非中介化)的趋势,必将对商业银行的信用中介职能和传统运营模式形成挑战。数字货币通过共识算法、非对称加密等技术可在完全陌生的节点间建立信用,所有的信用数据都在区块链上,相关信息难以被篡改、安全可靠、公开透明,价值的转移不再依赖于信用中介,这将对商业银行的传统业务产生巨大的冲击。商业银行吸收存款特别是活期存款的压力增大,负债端付息成本率会被推升,资产负债管理难度会加大,客户"去柜台化"进程加快,客户"离柜率"逐渐增高。央行数字货币虽然一般都采用"二元体系"、双层运营,这比"一元体系"、单层运营对商业银行的冲击会小很多,但也不能排除商业银行的客户将其存款转换为央行数字货币。数字货币在发行、流通、存储、投资、跨境流动等所有环节都可以变成"数据",这使金融科技公司可以利用大数据、区块链、人工智能、云计算、物联网等来链接和处理这些数据,使商业银行面临来自金融科技公司更大的竞争压力。数字货币的发展也为商业银行创造了难得的发展机遇。金融科技的发展和数字货币的推出推动商业银行加快数字化转型,这将有助于商业银行根据客户的个性化特点有针对性地推出个性化在线综合金融服务,进一步巩固金融服务能力,提高客户服务体验,增强客户黏性。数字货币的发展催生了一条新的产业链,对商业银行来说,这是一片可以拓展业务的"蓝海"。在有的国家,商业银行甚至推出自己的私人数字货币,摩根大通、花旗银行、瑞银集团等就是如此。几乎无一例外,商业银行都参与到了央行数字货币的研发中,商业银行是央行数字货币"二元体系"中的"一元"。在我国,工、农、中、建、交、邮储六家国有大型银行和网商银行、微众银行都被确定为数字人民币的第二层运营机构,均已出现在数字钱包中。其中,中国工商银行和中国移动联合成立了"工银数字货币公司",中国银行和中国联通、中国电信合资成立"中电联",均以独立的公司为主体参与数字人民币的系统开发、试点和运营。

4. 数字货币对金融稳定的影响

数字货币的发展肯定会对金融稳定产生影响。至于从总体和长远看,是促进金融稳定还是对金融稳定构成威胁,现在还难以判断。

(1)私人数字货币的出现有可能不利于金融稳定。

私人数字货币缺乏有效规制,容易成为投机或炒作的对象,其价格的剧烈波动会严重威胁到金融稳定。私人数字货币大都存在去中心化与匿名化特点,可能给洗钱、恐怖融资和其他非法的金融活动创造沃土。私人数字货币的发展可能影响小型经济体的货币主权地位,进一步影响其金融系统的稳定。私人数字货币一般采用非对称加密机制,即使用一个"密钥对",公钥和私钥成对出现,发送方使用公钥进行加密,接收方通过配对的私钥解密和签名。私钥的丢失即意味着私人数字货币的丢失,私钥的泄露或被破解可能导致私人数字货币被盗却难以追偿,因此私人数字货币存在安全性问题。

(2)央行数字货币的发展有可能有利于金融稳定。

央行数字货币的可追踪性和可编程性可以让央行追踪和监控数字货币的流转情况,央行数字货币可实现"有限匿名",即对社会公众匿名,对经过授权的执法机关显名,有助于执法机关追踪洗钱、恐怖融资等违法犯罪行为,可以有效抑制犯罪活动。央行数字货币有可能降低商业银行挤兑发生的概率,有助于提高银行体系的稳定性。央行数字货币可提升金融包容性,推动普惠金融发展。央行数字货币是智能化交易的优质载体,很可能成为各类智能交易的重要组件。基于代币无账户的央行数字货币设计可以为商户提供更为便捷的金融服务,使更多人享受到支付的便利,可以弥补传统金融机构金融服务的不足和不便。央行数字货币可以完善征信机制,减少信息不对称,有助于提高中小企业和个人的信贷可得性。

2.2 数字货币的概念与特征

数字货币作为近十年来的新兴概念,是基于互联网技术高速发展下的新型金融产物。不同于一般意义上的电子货币和虚拟货币,数字货币的概念更加深化,更具有技术深度和技术广度。在可预见的将来,数字货币必然成为深入广大普通人群的实际应用,甚至改变全球的支付体系及金融体系。

2.2.1 数字货币的概念

数字货币(digital currency)是对货币进行数字化,简称为 DIGICCY,在不同语境下,有着不同的内涵和外延。目前数字货币并没有统一的定义,人们通常所说的数字货币,实际上是指数字加密货币。数字加密货币是指不依托任何实物,基于密码学和网络 P2P 技术,由计算机程序产生,并在因特网上发行和流通。随着虚拟货币的演进、区块链技术的发展、稳定币和央行数字货币的陆续面世,数字货币的内涵在不断延伸和扩张。

1. 狭义定义

狭义上的数字货币是指以比特币为样本的虚拟"货币",狭义的定义要求数字货币不依靠特定货币机构发行,依据数字加密算法通过大量的计算产生,同时交易过程需要分布式数据库的认可。而满足上述定义的区块链技术是在数字货币中应用最为广泛的技术,因而数字货币与区块链在一段时间内几乎成为孪生词。

2. 广义定义

广义上,数字货币是以数字形式表示的资产,可以包含以数字方式表示价值的任何东西。

数字货币不像人民币钞票、硬币或黄金那样具有物理形式,而是以电子方式存在的,可以使用计算机或互联网等技术在用户和实体之间传输,以电子的形式实现价值尺度、流通手段、贮藏手段、支付手段等货币职能。

2.2.2 数字货币的特征

区块链技术蓬勃发展,数字货币作为最成功的落地应用之一,也继承了区块链本身去中心化、点对点交易、不可篡改、公开透明等特征。

1. 去中心化

(1)去中心化定义。

去中心化,是互联网发展过程中形成的社会关系形态和内容产生形态,是相对于"中心化"而言的新型网络内容生产过程。在一个分布有众多节点的系统中,每个节点都具有高度自治的特征。节点之间彼此可以自由连接,形成新的连接单元。任何一个节点都可能成为阶段性的中心,但不具备强制性的中心控制功能。节点与节点之间的影响,会通过网络形成非线性因果关系。这种开放式、扁平化、平等性的系统现象或结构,我们称之为去中心化。

(2)去中心化原理。

数字货币基于区块链技术的特点决定了它的去中心化特征。区块链是分布式数据存储、点对点传输、共识机制、加密算法等计算机技术的新型应用模式,它本质上是一个分布式的共享账本和去中心化的数据库,作为数字货币的底层技术,是一串使用密码学方法相关联产生的数据块,每一个数据块中包含了一批次数字货币网络交易的信息,用于验证其信息的有效性(防伪)和生成下一个区块。

区块链使用分布式储存与算力,使得整个网络节点的权利与义务相同,系统中数据本质为全网节点共同维护,从而区块链不再依靠中央处理节点,实现数据的分布式存储、记录与更新。而每个区块链都遵循统一规则,该规则基于密码算法而不是信用证书,并且数据更新过程都需用户批准,由此奠定区块链技术下的数字货币不需要中介与信任机构背书。

区块链的去中心化就是去中介化,在互联网时代,人们对中心化机构有着绝对信任,而区块链则是把用户对于第三方机构的信任转化为用户对于代码的绝对信任。例如在数字货币的交易或支付过程中,区块链的去中心化特性,可以让交易双方在没有任何中介机构参与的情况下,完成双方互信的转账。

(3)去中心化评估。

由于对"去中心化"的理解存在差异性,因此在评估数字货币"去中心化"程度时,其实很难找到一个完全客观的评价标准。在这里,主要列举三个大多数人认为对于"去中心化"最重要的因素作为评估指标。

一是参与激励:这个指标主要考察"是否对共识的参与者有激励措施"。在这里共识的参与者是指参加记账的人,例如 PoW 共识中的"矿工"、PoS 共识中的见证人、投票人等。评估这个指标的原因也很直观:我们认为有设置参与激励机制的网络,会激励更多节点参与共识,从而使得区块链去中心化;而没有参与激励的网络,往往参与共识的节点就会很少,共识也就越中心化。

二是记账权集中度:这个指标考察需要多少个人或组织联合才能控制 50% 以上的记账权。比如在 PoW 里考察多少个矿池加起来会超过 50% 的全网算力。这个指标直观地反映了通过51%攻击控制某个数字货币的难度。我们认为越去中心化的区块链,就应当越不容易通过控制少数的几个个人或组织来控制整个区块链。

三是代币集中度:这个指标考察代币数量前100的地址,加起来的代币占整个区块链代币量的百分比。我们认为去中心化的区块链应该财富也是去中心化的,而代币越中心化意味着那些掌握大量代币的机构或者个人越容易操纵代币价格。这是比较有争议的一个指标,因为看起来代币数量很多的地址有可能是交易所所有,但那些代币并不属于交易所,只是暂存在交易所而已。然而由于币安被黑客攻击导致比特币价格重挫、MT.Gox(日本东京的比特币交易商)破产信托大量出售比特币导致价格大幅下跌等事件,使得代币的去中心化依然被认为是一个数字货币真正去中心化的重要因素。

2. 点对点交易

(1)点对点技术。

点对点技术(peer-to-peer,P2P)又称对等互联网络技术,它依赖网络中参与者的计算能力和带宽,而不是把依赖都聚集在较少的几台服务器上。P2P技术优势很明显,点对点网络分布特性通过在多节点上复制数据,也增加了防故障的可靠性,并且在纯P2P网络中,节点不需要依靠一个中心索引服务器来发现数据,因此系统也不会出现单点崩溃。近年来,比特币、以太坊等众多数字货币都实现了属于自己的P2P网络协议,P2P技术在数字货币领域得到了广泛应用。

(2)点对点交易模式。

点对点交易是指双方直接交易,资金可以走线下。与传统的撮合交易不同,首先它们的交易渠道不同,撮合交易是通过平台进行撮合的交易方式,而场外交易则是可以私人的交易,交易的对象也不相同;还有就是交易的价格、时间、地点都不相同,因为这些都是可以交易双方自行决定的。

以比特币为例,与大多数货币不同,比特币不依靠特定货币机构发行,它依据特定算法,通过大量的计算产生,比特币经济使用整个P2P网络来确认并记录所有的交易行为,并使用密码学的设计来确保货币流通各个环节安全性。通俗理解,区块链技术可以实现数据的点对点传输,双方直接建立信任,不需要中间环节的监管,没有层层审计,并且整个过程的信息不可篡改,也是匿名交易。如此一来,就大大节省了交易成本,提高了交易效率,能快速完成交易支付,并且能保证交易数据的安全。

具体交易流程如下。

第一步 通过平台走流程,需要提交自己的钱包地址和数字签名。

第二步 在平台上挂单后,买家就能看见。

第三步 接到订单后,卖家可选择接受或拒绝,如果选择接受就可以直接交易。

第四步 通过双方到第三方转账,还要经过系统确认等多重验证。

第五步 中间需要双方协商,可能交易更早阶段,买卖就无法进行;可能交易到此,买方又要退货;可能买方不想给币,想用人民币支付,想拿回BTC;怎么转账,买卖双方说了算;想提前转也可以,只要双方同意就行。

第六步 系统给出两种解决方案,可选择,确定后再签字。

第七步 签字完成后再对协议进行检查,确认无误后提交给平台,最终交易成功。

(3) 点对点交易优势。

点对点交易就是场外交易，指交易双方直接成为交易对手的交易方式。在使用比特币进行提现、转账的时候，只需要知道对方的地址，就可以直接进行支付，而不需要经过一个中心化机构的审核或控制。比特币第一次让普通个人真正完全掌握了自己的财富，不再依赖于任何的权威部门或者中间机构。

首先，场外交易市场是一个分散的无形市场。它没有固定的、集中的交易场所，而是由许多各自独立的经营机构分别进行交易，并且买卖双方主要是依靠各种方式来联系成交的。

其次，场外交易市场的组织方式采取做市商制。场外交易市场与交易所的区别在于不采取经纪制，买方与卖方直接进行交易。

第三，场外交易市场是一个自由的市场。未能在交易所上线交易的币种，可以在场外市场与买卖方协议成交。

第四，场外交易市场是一个以议价方式进行交易的市场。在场外交易市场上，买卖采取一对一交易方式，对同一币种的买卖可能同时出现众多的买方和卖方，不存在公开竞价的机制。但场外交易市场的价格决定机制不是公开竞价，而是买卖双方协商议价。具体地说，买卖双方不用根据交易所的价格实时成交，最终的成交价是在交易所牌价基础上经双方协商决定的不含佣金的净价。

第五，场外交易市场的管理比交易所宽松。由于场外交易市场分散，缺乏统一的组织和章程，不易管理和监督，其交易效率也不及交易所。但是，借助互联网将分散于全国的场外交易市场联成网络，在管理和效率上都有很大提高。

知识链接 2-3

比特币点对点交易流程

比特币交易流程如图 2-1 所示。

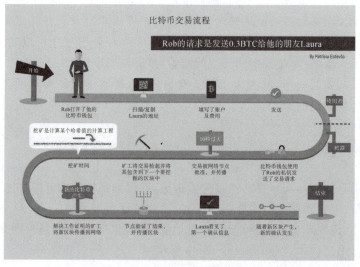

图 2-1 比特币交易流程

1. Nick 打开他的比特币钱包。这意味着 Nick 间接创建了自己的比特币地址。他应该会得到一些比特币。

2. Nick 想把比特币转给 Rose。所以,他扫描或复制了 Rose 的比特币地址。

3. Nick 填写了他想要转移的比特币数量和他愿意支付的费用。因此,一笔交易包括输入、输出以及将被转移的比特币数量。

4. 在将新事务发送到区块链之前,使用 Nick 的私钥签名的钱包。

5. 现在,交易被发送到比特币网络上最近的节点。然后将其传播到网络中并进行验证。当成功通过验证后,就会进入"Mempool"(内存池的简称)中,并耐心等待,直到"矿工"将它捡起并将其包含到下一个要挖掘的块中。

6. 现在是挖掘时间,挖掘人员开始处理事务(首先是支付更多事务费的事务),并将它们分组,试图解决工作证明(或 PoW——一种协商共识的算法),并计算某个哈希值函数。

7. 获取该块的挖掘程序将新块传播到网络。

8. 节点验证结果并传播块。

9. 现在 Rose 看到了第一个确认。

10. 创建和链接的每个新块都会出现新的确认。

3. 交易不可逆

(1) 交易不可逆性。

一直以来金融体系都做着可逆的交易业务。即便是传统的民间经济,想要实现不可逆也是不可能的,因为人类社会的交易一直是基于信用基础的,这就导致信用提供方拥有绝对的仲裁权。一旦发生了问题,大家可以聚到一起协商或者强制仲裁。比如你的工资卡上突然多了几千元,咨询后才知道是银行业务员弄错了,这时银行是可以通过回滚交易把钱转走。

由于要维护庞大的信用仲裁,所以交易成本会很高。区块链技术的出现彻底改变了这一局面,数字货币试图从根本上推翻第三方信用交易体制。只要代码上没有漏洞,任何两个陌生人都可以在不依赖第三方信用机构的情况下迅速实现数字货币支付。整个网络的算力保证了买家和卖家的绝对安全和公平,并且实现了不可逆的支付模式。

(2) 不可逆性的优缺点。

数字货币的交易不可逆性既是优点也是缺点,一旦交易信息经过验证并添加至区块链,就会永久的储存起来,除非能够同时控制住系统中超过 51% 的节点,否则单个节点上对数据库的修改是无效的。这虽然极大地提高了交易的稳定性和可靠性,但如果转账地址填错,会直接造成永久损失且无法撤销,此外秘钥丢失也一样会造成无法挽回的损失。

4. 匿名性

(1) 货币非实名。

匿名的单词是 anonymous,而在比特币的白皮书中,中本聪用的是 pseudonymous(非实名)这个词汇,也就是说比特币从来都不是匿名,而是非实名。加密货币也做不到完全匿名,甚至自始至终没有提及过匿名。

从字面意思理解,匿名应做到每个人的身份无法与虚拟账户联系起来,隐藏账户中的资产,甚至隐藏转账记录、转账时间等。但在比特币中,只要将虚拟账户和现实中某个人联系起来,就变成了完全透明。尽管,将账户与现实中某个人联系起来很难,但是只要这个人将账户中资产转移,进行线下交易,就很有可能找到这个人。

(2)货币匿名。

在数字货币领域,做到较为高级匿名性的有达世币和门罗币。即使你查到了此类产品转账地址背后的人是谁,也无法知道其他的信息。还有把匿名性做到更高等级的,就是ZCASH,它苛刻的资产匿名性要求只有拥有私钥的人才能查到转账的所有信息。然而,在实际运用中,匿名性太高也会导致一系列问题。尤其在商务合作中,是无法完全匿名的,否则信任构建将极为困难。

此外还有审查监管需求,也是实际运作中不可忽略的一部分,完全去第三方的理想主义在现实应用中是行不通的,区块链仅仅保障了线上数据的不可篡改、真实可信,落到线下的承兑环节,这一切还需要国家法律来保障执行,因此数字货币的非匿名性也较为符合监管要求。

2.3 数字货币的比较

2.3.1 数字货币与电子货币、虚拟货币的比较

数字货币的概念在一段时间内一直与电子货币、虚拟货币混同,研究者在使用这些概念时常根据自身需要来对数字货币进行定义。但随着技术的不断创新,数字货币的定义也越来越明晰。事实上,关于电子货币,各大官方机构已给出具体的定义。2009 年我国中央人民银行第 7 号公告中首次给出了电子货币的具体含义:电子货币是存储在客户拥有的电子介质上、作为支付手段使用的预付价值。按照收到的资金不低于发行的货币价值来发行;被发行人之外的其他企业(包括在工商注册成立的任何经营单位及个人)当作支付手段。换句话说,电子货币就是法定货币的电子化形式。随着计算机技术的不断发展,在电子货币的基础上又出现了虚拟货币,狭义上的虚拟货币即代币,仅指在网络空间上,由网络服务运营企业发行并提供的网络虚拟货币,比如 Q 币、游戏币等,并非所有带有"币"字样的物品均是货币,一些虚拟币在一定时间和空间范围内才能执行等价物功能,因此只能称之为代币。数字货币源自电子支付,由电子货币、虚拟货币演化而来,并逐渐与电子货币和网络虚拟货币分离。数字货币则是依托于区块链技术,包括 P2P 网络、密码学、共识算法等数字技术,不依赖特定中介,可直接进行点对点的交易,由货币当局或者私人发行的货币。数字货币是价值的数字表现形式,与实物货币相对应,泛指所有以数字形式存在、可以作为支付手段的法定货币和替代货币,是电子货币、虚拟货币、加密货币的统称。

本质上,电子货币、虚拟货币和数字货币三者都是属于非实物货币,都是建立在信息技术基础之上的,基于各自服务的目标不同,选择不同的技术,以代码或信息的形式存储在虚拟空间中。但是三者又并非同一事物,它们的不同点主要有以下几方面。

1. 发行主体不同

电子货币的发行主体主要是金融机构以及一些大型企业,例如,银行卡、储蓄卡等是由各大商业银行发行,而通过支付宝、微信等手机支付方式的电子货币则由阿里巴巴、腾讯等大型网络企业开发。虚拟货币的发行主体较为单一,是由网络运行公司发行,使用范围也仅在其网络社区范围内。例如 Q 币是由腾讯公司研发,仅能与在 QQ 的相关虚拟空间内使用,同类型的还有脸书信用币等。游戏币也由各大游戏公司发行,通过充值兑换,在游戏软件内使用。数字货币的发行主体则依据数字货币的类型而定。未来的法定数字货币是由各国中央银行发行

的,而目前流行的私人数字货币则主要由私人主体发行。但是私人数字货币根据发行机制的不同,又有一定的区别。例如比特币采用去中心化的发行机制,由各个节点挖矿奖励产生并发行。也就是说,比特币没有特定的发行机构。不同于比特币,瑞波币则是一开始设好的一定的数额,并在每次交易中销毁一定比例的数量,因此瑞波币的发行主体是瑞波公司。2019年,Facebook发布了Libra白皮书,根据其发行原理Libra由专门的机构负责并发行,该白皮书指出Libra锚定一揽子货币,用户需要通过法定货币以指定汇率兑换Libra。

2. 支付方式不同

电子货币、虚拟货币的支付方式都必须依赖中介进行交付。其中比较典型的中介是银行。消费者刷卡时需要通过银行系统进行操作,将金额从消费者账户转移到商家的账户上。随后兴起的第三方支付方式如支付宝等,同样也是经过支付宝转账系统进行操作。他们的关系是客户、商家、银行三者的模式。而数字货币采用分布式账本,可以直接进行点对点的交易,无须通过第三方的协助。与传统的支付相比,点对点的支付方式可以大幅度节省交易成本,同时分布式账本可以实现数据计算和存储的分离,通过信息保密和权限控制建立不同的保护层次。实际上,三者支付方式不同本质上应为所运用的底层技术的不同。电子货币和虚拟货币是以传统的计算机技术为基础,通过二进制存储方式存储在计算机系统网络中的。而数字货币是信息技术的革新之后所带来的突破性技术,尤其是区块链技术的应用。

3. 法律属性不同

电子货币与虚拟货币本质上是一种支付方式,而非货币本身。其背后仍然锚定法定数字货币,以法定数字货币作为基础,以国家信用为保证。但是二者又有区别,电子货币作为法定数字货币的电子化形式,其支付效力得到法律保障,本质上仍然是法定数字货币,具有法偿性。而虚拟货币则仅能在特定的虚拟社区中使用,实际上属于虚拟财产的范畴,适用我国民法体系中关于虚拟财产保护的规则,并不适用货币的特殊法律规则。虚拟货币也不具有强制支付效力,在特定虚拟空间外,任何人均有权拒收该货币。数字货币不同于前两者。数字货币类型不同,定位也不同。目前对私人数字货币的本质属性仍有较多争议,法律属性不明确。而针对法定数字货币,我国央行已明确表示现阶段法定数字货币的定位是对现金替代,属于M0的范畴。由此可见,数字货币是属于法定货币的范畴,原则上也适用货币所使用的法律规则。

2.3.2 数字货币与微信、支付宝的比较

当前,微信、支付宝等相关的互联网支付平台得到日益广泛的应用和普及,属于典型的第三方支付平台,其资金十分雄厚,有着良好的信誉背景,与传统的银行业进行深入的合作和交流,以信息化技术和计算机技术作为支撑,为消费者和商家提供相对应的资金流和商品流,并完成相对应的支付结算交易,是一种相对较为独立的中介服务机构,独立于商家和银行,以中转单位的形式提供对应的支付服务。数字货币与支付宝和微信有本质区别,并且在使用范围、便捷程度、服务费等方面也存在差异。

首先,用一个简单的比喻来说明数字货币与微信、支付宝的本质区别。数字货币是"钱",也就是说我们用数字货币去买商品时相当于拿着一把"电子钱"直接支付给商家;而微信、支付宝则是"钱包",里面既能装银行存款货币,也能装数字货币,付款时从"钱包"里间接拿钱给商家。

其次,使用范围不同。姚前曾提出"一币、两库、三中心"的央行数字货币体系。其中"一

币"即央行数字货币,是由央行担保并签名发行的代表具体金额的加密数字串,具有独特的法律偿付能力,全面推广后任何商家都不能拒收数字人民币。反观第三方支付服务,商家是可以拒绝消费者使用微信、支付宝的。

再次,便捷程度不同。穆长春在《科技金融前沿:Libra 与数字货币展望》中提到,央行数字货币能够像纸钞一样实现"双离线支付",即在收支双方都离线的情况下仍能进行支付。未来只要两个人都安装了央行数字货币的数字钱包,不需要网络,也不需要信号,只要手机有电,两个手机相互碰一碰就能实现实时转账。而目前支付宝、微信的离线支付是"单离线",即对用户离线、对商户在线。其做法是在支付宝、微信客户端上生成一段标识码(通常是二维码),可以标识该支付宝用户。商户获取该标识码,并向支付宝后台申请在该标识码对应的支付宝账户中扣款。支付宝、微信支付是单离线支付,商户为了确保用户的支付结果可信赖,必须要在自己的终端或者从支付公司获得支付结果,而不能以消费者的支付凭证作为结果,且微信、支付宝在没有网络的情况下是无法使用的。

最后,服务费用有差异。从使用场景的角度来看,中央银行的数字货币不计息,无须支付利息,可用于小型零售和高频业务场景,与纸币相比没有区别。因此数字货币兑换纸币是无服务费的。但微信、支付宝在提现的过程中可能产生服务费。

单元二　数字货币类型

2.4　数字货币的分类

2.4.1　根据发行主体分类

由于数字货币能否承担交易媒介、价值尺度、贮藏手段等真正货币职能,取决于其发行主体。根据发行主体不同,数字货币可以分为央行数字货币和私人数字货币两类(周小川,2018)。

1. 央行数字货币

央行数字货币(DCEP),也被称为法定数字货币,是指由中央银行发行,受到国家主权信用背书的数字货币,属于中央银行主权信用货币。可以用来替代纸质货币以及电子货币。它的本质是一段加密数字,是纸币的替代。国际清算银行在关于中央银行数字货币的报告中,把法定数字货币定义为中央银行货币的数字形式。法定数字货币和区块链不存在直接联系,区块链只是存在的多种技术路线中的一种。法定数字货币既可以借助区块链发行,同时又可以在传统央行集中式账户体系基础上发行。因为法定数字货币是通过中央银行发行,因此法定数字货币不仅具有计价手段,交易媒介等货币属性,而且具有内在价值的稳定性。

2. 私人数字货币

私人数字货币,私人数字货币也被称为民间数字货币或者私营数字货币,例如比特币、瑞波币等都是私人数字货币的代表。私人数字货币不存在集中的发行方,任何人都能参与制造,不具备法偿性和强制性等货币属性。因为私人数字货币没有锚定任何资产,它的价格很容易波动,因此,它的价值目前没有获得普遍认可,当前私人数字货币的发行模式一般采用 ICO(首次发行代币),也就是通过发行加密代币来融资,从而支持项目的发展。因为私人数字货币缺少监管,具有较大的风险,我国把私人数字货币定性为虚拟商品,不具有法定货币的法律地位。

虽然央行数字货币与私人数字货币具有相类似的技术基础,但在其发行主体、货币职能、内在价值等方面有诸多的不同。而且但私人数字货币之间也有很大差异。表 2-1 所示为央行数字货币与私人数字货币比较。

表 2-1 央行数字货币与私人数字货币比较

货币类型	发行机制比较						价值机制比较				
	由央行发行	发行量	决定因素	发现成本	受央行调节	底层技术	内在价值	是否为央行负债	交易媒介	价值尺度	贮藏手段
央行数字货币	是	灵活	货币政策目标	低	是	区块链密码学	无	是	是	是,替代纸币	是,有通胀风险
私人数字货币	否	固定	电脑程序、挖矿者	高	否	区块链密码学	无	否	小范围	否,地下数字货币	是,有波动风险和信用风险

2.4.2 根据应用方式的不同分类

市场上数字货币种类较多,单纯的根据其获得方式进行区分,不利于根据单种数字货币的情况进行有效监管,因而数字货币应当根据其应用方式分为三类,一是支付型数字货币,二是应用型数字货币,三是资产型数字货币,以便于根据具体的应用场景、应用方式发现潜在风险并进行有效监管。

1. 支付型数字货币

比特币是典型的支付型数字货币。当前,越来越多的商家接受使用比特币进行支付,而比特币从问世的第一天起,其开发者就寄希望于其能代替传统货币成为一种新型货币,类似的还有莱特币等数字货币。判断一种数字货币是否属于支付型数字货币,既要看发行方发行、创建该数字货币时意图实现的效果,也要看其实际的应用场景。当特定人群接受某种数字货币用于支付对价、购买相应商品或服务时,该种数字货币就实际上承担了交易媒介的功能,这就是此处所定义的支付型数字货币。同样的数字货币还包括莱特币等,主要是作为一种支付手段或价值传递的工具。

2. 应用型数字货币

应用型数字货币是由单一或特定的数字货币发行方发行,持有该类数字货币的用户可以使用或凭借这些数字货币享受数字货币发行方或其关联方提供的特定服务,即该种数字货币为用户提供的是对于产品或者服务的访问权或使用权。例如数字货币交易平台币安网(Binance)发行的平台币 BNB 就是典型的应用型数字货币,BNB 的持有者可以使用该数字货币抵扣在币安网平台上的交易手续费或是获得相应的折扣,同时可以在币安平台进行投票以决定新上平台的数字货币的种类,在这种情况下如果有新发行的数字货币希望在币安网平台进行发行,则新的数字货币发行方需要在市场中购买一定数量的 BNB 用以在币安网上发行数字货币前的投票,BNB 的投票及抵扣机制便是应用型数字货币典型的应用过程。

3. 资产型数字货币

资产型数字货币,也有人称其为证券型数字货币。其由特定的发行方来发行,代表着发行人所拥有的资产,包括但不限于股权、债权、房地产等资产,而当持有者拥有资产型数字货币时,便相当于拥有了资产型数字货币所代表的发行人的权益或是底层资产的权益,此时资产型数字货币根据其代表的权益的不同,分别与股票、债券或衍生品相类似。

从技术的层面来看,国内学者对数字货币逐渐形成了共识,即数字货币是基于区块链技术或分布式记账技术而产生的一种新型加密货币。根据取得方式和表现形式的不同,可以分为"加密货币"和"代币",例如俄罗斯联邦《数字金融资产法》草案中,将"数字金融资产"分为两类:一是"加密货币"、二是"代币",又称非加密数字货币或者企业币。

(1) 加密数字货币。

根据所依赖的技术,数字加密货币可以分为以下三种:一种是以比特币为典型的第一代区块链技术,将数据及信息存储于共享数据库中,基于互联网 P2P、加密技术、区块链技术等架构电子资金系统;另一种是围绕智能合约的以太坊(Ethereum)技术,通过搭建具有开放源的公共区块链平台,及其智能合约功能,运用专用加密货币——以太币处理点对点合约;最后一种是以物联网区块链交易为代表的 IOTA 技术,即新型大数据架构,设定基于 AI 生态下的标准数据模型,并据此提高整体计算效率。

(2) 非加密数字货币。

俄罗斯联邦《数字金融资产法》草案中将"代币"定义为"由法人或者个体经营者(发行人)为了融资而发行的,并在数字交易登记簿中登记的一种数字金融资产,其目的是吸引投资"。据此,非加密货币是指由公司或者私人自我固定发行的,可无限发行,不需要通过计算机的显卡 CPU 运算程序解答方程式获得。因为其依据市场需求可无限发行,所以其不具备收藏以及升值的价值。最著名的非加密货币是腾讯公司的 QQ 币。非加密数字货币因其取得的方式无法实现去中心化,无法在国际交易平台交易。

2.4.3 根据是否使用区块链技术分类

随着近 30 年来密码技术的发展,数字货币方案也得到了不断优化。主流数字货币大致分为以下两种类型。

1. 未使用区块链技术的数字货币

未使用区块链技术的数字货币是在 E-cash 系统基础上进行扩展的未使用区块链技术的数字货币。1996 年,出现的 E-gold 电子货币系统完全独立于常规金融机构,其发明者力求创建一个私人黄金货币体系,其表现优于国家货币。然而 E-gold 最后演化成一种被犯罪分子利用的传销手段,已经被各国政府封杀。

1997 年,Adam Back 发明了 HashCash,用到了工作量证明(PoW)。1998 年 Szabo 所发明的 BitGold,利用 PoW 将困难问题解答结果用加密算法串联在一起公开发布,构建出一个产权认证系统。同年 Dai 提出了匿名的、分布式电子现金系统 B-money。1998 年还曾出现过两个生命十分短暂的数字货币 BEENZ 和 FLOOZ,二者十分相似,它们都声称将创造一种用于网络消费的统一货币,并且将挑战传统货币。然而,在与信用卡的竞争中,它们都于2001年后宣布败下阵。

在比特币出现之前的所有数字货币中,Q币比较特殊,它一开始是作为腾讯公司开发的仅能用于购买腾讯内部虚拟商品和服务的虚拟货币。但随着Q币被越来越多的人接受,许多线下的商品和服务也开始接受Q币支付,Q币的使用范围大大超越了虚拟货币的范畴。随之而来的是,市场的混乱和被不法分子的利用,Q币最终被政府限制了使用范围,恢复了虚拟货币的身份。

2. 使用区块链技术的数字货币

区块链是一种源于比特币但又超越了比特币的可信技术。区块链技术创新不仅催生了各类私人数字货币,同时也引起了各国中央银行广泛的兴趣和探索。可以这样说,目前大多数国家的央行数字货币实验都是基于区块链技术展开的。

使用区块链技术的数字货币是使用区块链技术的分布式记账数字货币。以比特币为诞生起点。2013—2014年,程序设计师维塔利克·巴特瑞恩受比特币启发,提出了以太坊的概念,并在其写下的《以太坊白皮书》中提到以太坊与比特币类似,但是以太坊具有开源智慧合约功能的公共区块链平台。2015—2018年,这四年诞生了大量的币种,也可以称之为传销币。2019年Facebook发布白皮书,宣布推出名为Libra的基于区块链的数字货币。

2.4.4 根据有无币值稳定机制分类

1. 无币值稳定机制数字货币

比特币的信任来源是公众的共识,其价格通常取决于市场流动性、投资者对其的信心以及各国政府监管的力度,这就造成了比特币价格起伏较大。比特币的价格无涨跌幅的限制,价格难以预测,2010年价值30美元的披萨饼被程序员用1万枚比特币价格换得,比特币价格约为0.003美元,仅十年后,比特币价格已经超过7500美元,价格实现了数百万倍的增长。同时,比特币交易可以每天24小时随时随地连续交易,比特币的价格瞬息万变。截至2021年底市场上有超过2000种数字货币,很多数字货币没有与法币直接兑换的机制,需要借助比特币这样的主流加密货币,但主流加密货币的价格的高波动性为交易带来了较大的风险,给交易者带来了很高的成本。因此对货币价格稳定的数字货币的需求得以凸显,促使了稳定币的产生。

2. 稳定币

稳定币(stablecoins)是指相对于目标价格(通常是美元)保持稳定价格的加密货币,通过流动性抵押品(如黄金或美元)或稳定算法机制,或者用其他的数字资产作为抵押品为数字币价格提供计算基础。稳定币具有与其他数字货币相同的编程性、可兑换性、支付效率高等优点。在此基础上,稳定币的稳定机制能够最大限度地降低稳定币与法币之间的兑换波动幅度。从数字货币市场的角度看,稳定币的出现有助于数字货币服务于货币的根本目的,在发挥着价值储存手段、交换媒介和记账单位功能的同时,能够在币值波动剧烈的数字货币市场发挥交易中介、资金避险、支付结算的作用,成为加密资产生态体系中的基础层。

2.5 常见的数字货币

在当今的数字货币中,其中以Libra和比特币最具有代表性,我们对这两种数字货币做一个阐述和比较。

2.5.1 比 特 币

2008年11月中本聪首先提出比特币这一概念,比特币在2009年1月正式诞生。比特币是一种虚拟加密数字货币,不存在中心服务器,不需要依靠专门的货币机构发行,运用网络中许多节点组成的分布式数据库来确定以及记录全部交易行为。网络中全部的节点相互对等、相互联通。所有的节点遵守相同协议规则,协作共同处理交易,各个节点不仅提供对外服务,而且与此同时也接受其他节点提供的服务。

比特币的优点主要表现在以下几个方面。

首先,在安全方面,比特币解决了货币存在的真伪和双重支付的问题。比特币充分利用P2P网络结构,同时公共交易账簿处于区块链技术的保护之下,分布式记账技术使得各个节点都进入到交易有效性监督之中,修改过去的交易记录要求很高,这使得修改交易记录难度极大。从2009年比特币诞生以来,比特币没有发生过交易记录被修改以及比特币被非法转移等问题。

其次,比特币大大提升了交易效率。比特币不需要开户,价值转移的完成不用借助第三方清算机构,同时交易有效性的保证无需借助中间机构,这在很大程度上降低了交易成本。与此同时,比特币以互联网为基础,无需换汇,也无需通过银行以及国际清算组织,在节点上可以实现直接转账,进而使得跨地区之间的交易能够更加高效。

除此之外,比特币还较好地解决了银行过量印发钞票引起的恶性通胀问题。

尽管比特币的出现具有很多积极影响,但是其还存在一些问题。

首先,比特币价格变动幅度较大。因为比特币缺少真实资产背书,没有价值锚定,市场博弈和投资者预期都会影响均衡价格。自从比特币开始交易,它相对于法币具有超万倍的上涨幅度。比特币巨大的上涨幅度既是因为用户数量不断增加,同时也因为它比较适合投机的制度设计。比特币由于存在价格变动剧烈的问题,这使得它不能承担价值尺度的货币职能。

其次,比特币在监管方面有所欠缺。由于比特币的匿名性以及去中心化,这导致了比特币缺少有效监管。因而一些勒索软件会利用比特币作为其支付手段,最后导致出现非法交易问题。

知识链接 2-4

第一笔比特币现实交易[①]

2010年5月18日,美国佛罗里达州一名为拉斯勒·汉纳克(Laszlo Hanyecz)的程序员在比特币论坛Bitcoin Talk上发帖称:"我愿花10000枚比特币购买两份披萨,最好是大披萨,这样我还可以留下一些放到明天吃。你可以自己做披萨,做好之后送到我家来或者帮我从外卖公司订两份披萨,但是我只想用比特币付费,这样我就不需要自己去下订单或者亲自动手做披萨,就像酒店的早餐一样,把食物给你送来,你会觉得很快乐。如有兴趣,请联系我,我们可以谈谈交易的事。洋葱、胡椒、香肠、蘑菇等,什么奇怪的鱼肉披萨就算了"。

之后的三天,陆续有人围观。但很少有人会询问他的住址。大部分是质疑和嘲讽。汉纳

---

① 资料来源:比特币咨询.现实世界第一笔比特币交易[EB/OL](2010-05-22)[2022-02-26]. https://bitcointalk.org.

克发帖询问,是因为我提供的比特币数量过低吗?汉纳克出手的10000比特币,要价50美元——但是没有人买。最后,一个位名叫Jercos的英国小伙子表示,愿意用25美元的比萨饼优惠券换这10000比特币,汉纳克答应了。

2010年5月22号,汉纳克发出了交易成功的炫耀贴,用10000枚比特币买了两个"约翰爸爸"(Papa John)的披萨优惠券,该笔交易成了比特币历史上的第一笔交易,这一天被比特币界确定为比萨日。此后,比特币的价格便一发不可收拾的一路上涨。当时1枚比特币价值仅为0.0025美分,而2017年底的时候,1枚比特币价格约20000美元(2017年12月18日,比特币的价格曾达到19371.00美元,2020年10月16日,比特币的价格为11569.91美元)。

2.5.2 Libra

天秤币Libra是脸书公司(Facebook)于2019年6月18日宣布推出的加密货币,其使命是建立一套简单的、全球流通的货币和为数十亿人服务的金融基础设施。天秤币与之前发行的数字货币的区别是它具有发行主体,具有信用基础并以真实资产作为储备。此外比特币可以自由买卖,但是天秤币只能在会员平台上进行购买。Libra将以区块链为底层技术,以一揽子强势货币计价的资产作为信用支持,由总部设在瑞士日内瓦的独立非营利性组织Libra协会进行管理,协会成员由Libra区块链的验证者节点组成。Libra协会成员涵盖了美国支付业、电信业、区块链业、风险投资业的主流公司,以及各大交易平台、非营利性组织和学术机构。Libra的提出解决了之前私人数字货币普遍存在的无主权信用背书、价格波动剧烈等问题,但也随之带来了超主权监管、冲击货币政策等监管上的挑战,由于其未来僭越监管的可能性,发行受到了一系列的质疑。脸书公司在白皮书中描绘了Libra的三个组成部分:一是建立在安全、可扩展和可靠的区块链基础上;二是以赋予Libra内在价值的资产储备为后盾;三是由独立的Libra协会治理,该协会的任务是促进这个金融生态系统的发展。相对于比特币、以太币等传统数字货币,脸书的创新点在于,"对于每个新创建的Libra加密货币,在Libra储备中都有相对应价值的一篮子银行存款和短期政府债券,以此建立人们对其内在价值的信任"。在面对较大的监管压力之后,脸书公司在2020年发布了白皮书2.0版,主要作出了四个关键修改,特别提出"除了多货币稳定币系统外,新增单货币稳定币支持""以稳健的合规框架提高Libra支付系统的安全性",都是着眼于维持币值稳定。

2020年4月16日,脸书公司发布了Libra2.0,与Libra1.0相比,Libra2.0的愿景没有变,依然是建立一个为数十亿人服务的金融基础设施,但措辞上出现微妙变化。不再提"无国界的货币",用了"全球支付系统"提法。最大的改变是Libra2.0将Libra定位为结算币,更多地强调其支付职能。首先,弱化了计价尺度职能,Libra2.0将Libra分为两类,一是与单个法币按照1:1锚定的单货币Libra,用于国内交易,以本国货币计价,不具有计价功能,相当于本国货币的"影子货币";二是多货币Libra,是通过智能合约按固定权重以多种单货币Libra为抵押生成的,仅用于跨境交易,避免对货币主权产生挑战。另外,价值贮藏职能也被弱化了,Libra1.0提出储备资产收益可分红给初期投资者,Libra2.0则提到初期投资者与用户同样不能得到回报。因此,经功能弱化,Libra2.0"蜕化"成了简单的支付工具,呼应白皮书开篇的"全球支付系统"定位。此外,Libra2.0对Libra的风控。业务合规以及与监管方的关系进行了改善。

总结起来看,相比于比特币,Libra的创新主要体现在以下几个方面:一是通过线下一篮子货币资产背书确保币值稳定,避免币值波动幅度过大;二是形成了中心化和去中心化相结合的运作结构,独立的 Libra 协会,实际上具有"中心化"的特点,同时 Libra 用于区块链技术,又是"去中心化"的;三是在发行数量上,Libra 突破了比特币 2100 万个的上限;四是从流通范围来看,Libra 具有遍布全球的数十亿用户,在跨境支付上拥有规模庞大、遍布全球的用户基础。表 2-2 所示为比特币与 Libra 对比。

表 2-2 比特币与 Libra 对比

	比特币	Libra
发行机构	无特定发行机构,有计算机算法生成,基于 PoW 协议	Libra 协会
发行数量	算法决定,总量固定,每年发行量递减,上限 2100 万个	无限
发行模式	数字挖矿	用户充值
价值锚定	买卖供求	1∶1 兑换一揽子货币
兑换方	交易所	Libra 会员单位
交易透明度	匿名交易、完全保密	交易长期记录和跟踪
技术路径	公有链	联盟链
结算途径	钱包/交易所	钱包
清算	无许可区块链	许可区块链、授权节点验证
流通范围	全球	全球(前期主要为 Facebook 用户)
用途	投资	支付、转账

课后练习题

一、复习思考题

1. 数字货币的定义是什么?
2. 数字货币的基本属性是什么?
3. 数字货币的常见类型都有哪些?
4. 数字货币的主要特征是什么?

二、讨论题

1. 数字货币的匿名性特征会对法律监管带来什么影响?
2. 国家层面的数字货币应用能完全做到去中心化吗?

数字货币的技术基础

本模块导读

近年来,随着数字货币热潮兴起,与之相关的一些底层技术,如区块链技术以及分布式记账方法也显示出广阔的应用场景。数字货币从理论走向现实,其技术性、可靠性和安全性正在接受市场检验。理念与技术的创新推动了金融结构演进,也为整个金融业的发展带来了机遇与挑战。

引例思考

在物理世界中,现金的交易非常简单,其具有防伪功能,一般人很难伪造。在数字世界中,情况开始变得复杂。数字世界中的货币就是一个数字文件,而电子文件可以被无数次完美复制。把这个电子文件给你之后,我还可以再把这个电子文件给另一个人。

请思考:(1)数字货币可能面临的安全性问题有哪些?
(2)区块链技术能否完全解决数字货币的安全性问题?

单元一 区块链技术

与名噪一时的比特币等数字货币一起声名鹊起的,莫过于区块链技术。也正因为区块链经常与数字货币一起出现,所以很多人容易将两者混淆,更有甚者认为区块链就是数字货币。事实上,数字货币只是区块链技术的一个具体应用,区块链不仅可应用于比特币等数字货币,还可以应用于所有数字化的领域,如数字票据、征信、政务服务、医疗记录等。

3.1 系统框架

区块链是一个去中心化的网络账本,它的架构也具备网络的相关特点,其中最基础、最底层的是数据结构,即信息和数据采取什么样的格式组织起来输入区块链系统并最终由区块链系统进行处理。当统一格式的数据进入区块链系统后,通过网络层进行链接,在全网的节点之间进行广播、验证,并在全网节点之间达成共识的基础上构建出区块,所有的区块进行链接"组装",最终构筑出各种系统产品的运行平台,包括公有链、联盟链及私有链。而像比特币、智能合约等,都是在区块链平台上运行的应用产品,是面对用户的最终产品,用户无需关注底层的构造逻辑,只需要熟悉应用产品即可。

在区块链的系统框架(见图 3-1)之中,各层之间并不是割裂的,而是构造了一个以交易为中心的完整循环结构。首先,应用产品在面向底层网络时,传输的是数据,所以应用层相当于是数据层的输入源。无论是数字货币还是其他产品,如果要引入到区块链之中,其数据必须进入数据层,按照区块链的格式进行封装。其次,数据封装完成后,就进入 P2P 网络进行全网广播,由全网的服务机构(比如比特币的"矿工",采用工作量证明机制等)进行确认。最后,当获得全网的确认,也即形成了"共识"后,区块构造完成,并链接到主链上,完成了一次交易的流程,全网开始下一个交易的循环。

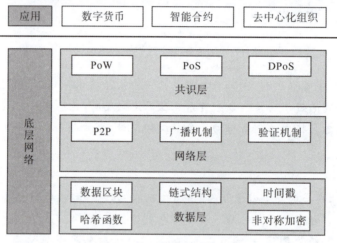

图 3-1 区块链的系统框架

3.2 数据结构

区块链的基本组成单元就是区块(block)。区块不断地由各个"矿工"节点计算出来,并链接到区块链上,从而构成了区块文件,一旦链入成功就很难被修改或移动。一个区块的基本数据结构如表 3-1 所示。

表 3-1 区块的基本数据结构

大小等数据	字段	描述
4 字节	区块大小	用字节表示的该字段之后的区块大小
80 字节	区块头	区块头的组成字段
1~9 可变整数	交易计数器	记录交易数量
可变的	交易	记录在区块里的交易信息

在这个数据结构中,能够与其他区块联系和链接起来的信息被存放在"区块头"中,它由三组区块头元数据组成:首先是一组引用前一区块哈希值的数据,通过这一数据可以链接到前一

个区块;其次是一组元数据,表示难度、时间戳和随机数(nonce),表示本区块生成过程的信息;第三组元数据是 Merkle 根,用来有效总结区块链中所有交易的数据结构。区块头的数据结构见表 3-2。

表 3-2 区块头的数据结构

大小/B	字段	描述
4	版本号	用于跟踪软件或协议的更新
32	父区块哈希值	引用上一区块的哈希值
32	Merkle 根	本区块中所有交易的 Merkle 根的哈希值
4	时间戳	该区块产生的近似时间(精确到秒)
4	难度目标	本区块工作量算法的难度目标
4	随机数	用于工作量证明算法的计数器

区块链的数据结构,是在哈希算法 SHA-256 的算法支持下实现的;而在进行区块对交易的封装过程中,采用高效的默克树(Merkle tree)算法一步一步地将繁杂的信息进行归纳和简化;同时,为了保证区块的顺序链接,必须采用"时间戳"(time stamp)机制在区块中写入时间参数;最后,为了保证共识机制达成,使全网参与的"挖矿"工作顺利进行,系统在共识机制 PoW 下采用了难度目标(difficulty target)和随机数两种设计,保证系统在一个可靠的区间内运转。

3.2.1 哈希值

哈希算法是密码学里的经典技术,它是一种单向密码体制,是从明文到密码的不可逆过程,即只有加密没有解密过程。哈希算法将任意长度的二进制值映射为较短的固定长度的二进制值,这个固定长度的二进制值称为哈希值。哈希值是一段数据唯一且极其紧凑的数值表示形式。如果对一段明文采用哈希算法处理后,哪怕只更改该段落的一个字母,随后都将产生不同的哈希值,这就产生了哈希算法的一个重要特点:要找到哈希值相同的两个不同的输入,在计算上是不可能的。所以数据的哈希值可以检验数据的完整性。

哈希算法的这种单向特征和输出数据长度固定的特征使得它可以生成消息或者数据。正是由于这一特点,哈希算法和哈希值一般被用于快速查找和加密算法。典型的哈希算法包括 MD2、MD4、MD5 和 SHA-L,在区块链的第一个也是目前最经典的应用比特币中,采用了 SHA-256 的哈希算法。

哈希表是根据设定的哈希函数和处理冲突方法将一组关键字映射到一个有限的地址区间上,并以关键字在地址区间中的镜像记录在表中的存储位置,这种表被称为哈希表或散列,所得的存储位置被称为哈希地址或散列地址。

在区块链技术中,哈希算法本质上是一个数据压缩的过程,即原始的任意长度的数据经哈希算法被压缩成为固定长度的二进制值。其具有不可逆性,即可以通过哈希值访问到原来的数据。将哈希算法应用在区块中,既减小了区块存储的数据量,也不影响对数据的链接访问,所以其成为区块链中的一项重要基础技术。

3.2.2 Merkle 根

Merkle 根是指 Merkle tree 的根。Merkle tree 是一种用来保持大型数据库中数据一致性的高效方法,其采用哈希散列的算法来实现这种功能。具体来说,就是对比网络中两个节点的数据是否完全一致时,不需要耗费大量的资源去比较全部数据,只需要简单比较存在差异的部分,而对于完全一致的内容不再进行比较。如果网络采用了 Merkle tree 算法,可以很快找到差异所在。

假设有两个节点,节点 1 和节点 2,它们保存的数据如下:

节点 1　1,2,3,4,5,7,8,9,10,11(缺失 6)

节点 2　1,2,3,4,5,6,7,8,9,10(缺失 11)

要比较这两个节点的数据一致性,并找出缺失的数据,使用 Merkel tree 方法的操作如下所列。

第一步　把每个节点的这些数据分为 4 个区,每个分区储存 5 个数据,如图 3-2 所示。

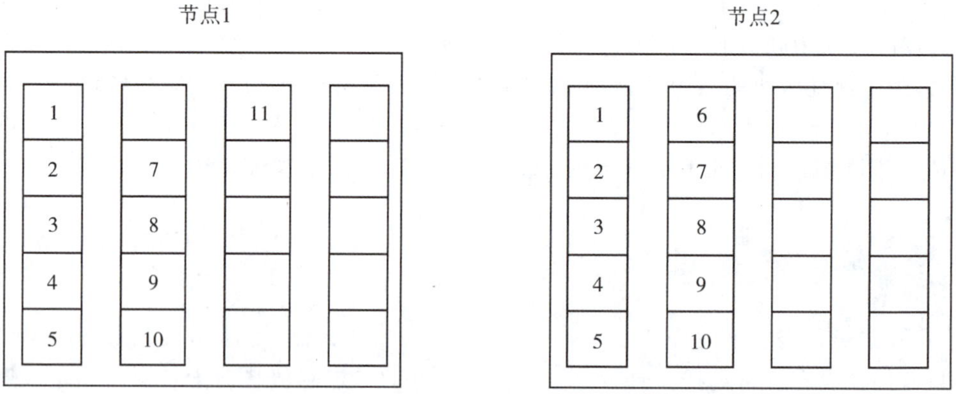

图 3-2　节点的基础数据示意图

第二步　对每一个储存的数据采用相同的哈希值算法进行计算,得出其哈希值,缺失的数据无哈希值,结果如图 3-3 所示。

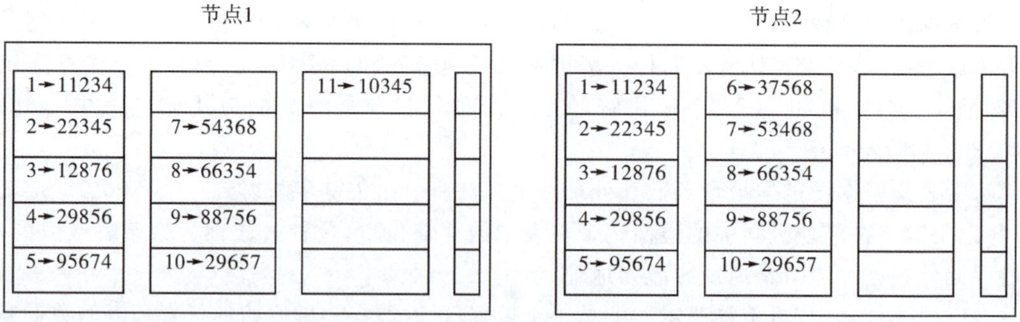

图 3-3　节点数据的哈希计算

第三步　计算每个分区的哈希值,由于哈希算法的单向性、唯一性,相同的数据得到的哈希值相同,有差异的数据得到的哈希值不同,结果如图 3-4 所示。

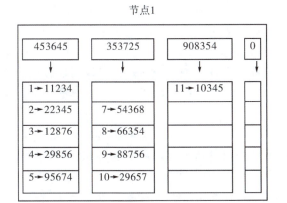
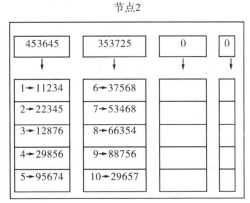

图 3-4 分区哈希值的计算

第四步 把两个分区结合到一起,作为 Merkle tree 的"叶子",向上计算其哈希值,过程如图 3-5 所示。

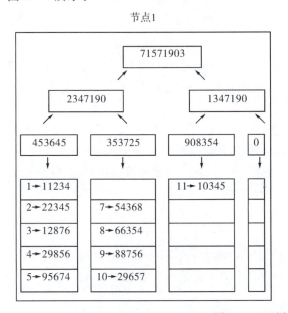
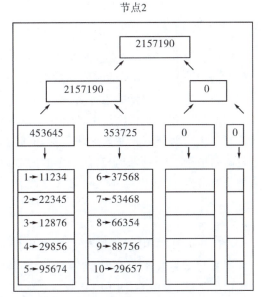

图 3-5 逐层向上计算值

完成以上步骤,就把每两个节点的数据用 Merkle tree 方式进行了处理,最后得到的一个哈希值就是"Merkle 根"。

此后,在对这两个节点进行数据同一性校验时,不需要比对全部数据存储区域的每一个数据,而只需要从 Merkle 根开始校验。

① 比对两个节点的 Merkle 根。如果完全一致,说明全部数据是统一的,直接同步即可。如果两个节点的 Merle 根不相同,如同本例中图示的情况,说明两个节点的数据存在差异,需要进一步比较。

② 各个节点从根节点向下访问子节点,节点1左侧的子哈希值(2347190)与节点2左侧的子哈希值(2157190)不同,说明这个节点下的数据存在差异,需要进一步向下延伸比较。同理,

右侧的子节点哈希值也不相同,说明右侧的节点下数据也存在差异,需进一步向下延伸比较。

③访问孙节点的哈希值,并进行校验。可以发现,第一组孙节点的哈希值相同(均为453645),说明这一组中的数据完全相同,因此本组数据无需比对。再比较第二组的哈希值,若存在差异,说明数据出现了差异,需要对这一组的数据进行详细的校验。此时将两块区域的5个数据进行比对,可以发现节点1第二组的数据缺失,于是系统可以用节点2的数据对节点1的对应区域进行同步写入。

④对节点1和节点2右侧的数据,则重复上述过程,直到完成全部数据的校验,并使节点1与节点2的数据完全一致。同时,这种采用Merkle根进行比较和检验的过程,相对于把整个数据库的数据校验一遍的方法,显然更为高效。

在区块链的交易中,每个区块记录成百上千的交易,为了提高效率、减少资源耗费,这些交易的哈希值通过哈希算法两两进行校验,直到形成最后一个哈希值,也就是重复上述的Merkle Tree过程,最后得到的一个哈希值就是Merkle根。这个最终的Merkle根值会被写入区块头中,区块头只有32 B大小,易于传播,并在验证时只需要验证Merkle根值即可,确保了数据的一致性。

3.2.3 时间戳

时间戳(time stamp)是由时间戳服务器为每一个区块加上的时间序列,记录了该区块的产生时间,采用了UNIX的时间计数方式,一般会精确到秒,即记录从1970年1月1日0时到当前区块产生时间的秒的累计数。

时间戳的存在使得区块上的交易信息无法更改,而且它可以作为交易证明的一个很重要的信息。因为时间戳是写入区块头的,同时在计算哈希值的过程中会将父区块的时间戳纳入进行哈希散列,从而形成了对前一个时间截的"增强"。而区块一旦被链接上区块链,就会成为全网所有节点的"公共账本",很难被篡改。

3.2.4 难度目标

在区块链技术中,最关键的是其工作量证明(PoW)机制,这是一个可以让每个参与的节点共同参与交易验证的方式,实现多方共同维护并共享同一份记录交易的账本,以形成一个基于零信任基础、去中心化的P2P网络系统。

工作量证明是把任一参与节点花费时间和运算资源使用一组数学公式计算出一个结果,一旦这个数值被计算出来,其他参与节点也可用相关的数学公式,这便能很容易地去验证这个值是否有效。进行PoW计算的过程也被形象地称作"挖矿",参与的节点被称作"矿工"。

每个区块的区块头中会包含许多固定值,其中只有随机数值为随机值,因此每个节点进行PoW计算时,通过不断替换这个随机数值让这个区块的区块头哈希值小于一个被设定好的难度目标值。当最接近难度目标值的哈希值产生后,该"矿工"可以向全网广播,如果同一时间获得超过51%的节点认可,则意味着该"矿工"完成了一个新区块,可以将其链接到区块链上。其他"矿工"再以这一个区块为父区块,进行下一个区块的运算。

这里所说的难度值是指节点运算出低于难度目标值的哈希值平均花费的时间,也就是平均要完成一次PoW的时间。以比特币为例,设定为平均每10分钟会有节点成功算出新的区块。不过这10分钟只是基于理论值,实际每个新区块产生的时间有可能只需要17秒(第

407062 个区块的实际产生时间),也有可能需要 20 分钟以上(第 407068 个区块的实际产生时间)。

在比特币应用中,难度值是可以动态调整的,每产生 2016 个区块会调整一次难度,以每 10 分钟产生一个区块估算,大约每两周会调整一次难度。难度的调整是在每个完整节点中独立自动发生的,每达到 2016 个区块后,所有节点都会按统一的公式自动调整难度。这个公式是由最新 2016 个区块的花费时长与期望时长(期望时长按每个区块 10 分钟计算总时长,为 20160 分钟,相当于两周)比较得出的,根据实际"挖矿"时长与期望时长(10 分钟)的比值,对运算的难度进行相应调整(变难或变易)。即如果 2016 个区块中每一个区块产生的时间比 10 分钟少,说明运算难度小,需要增加难度;反之,每个区块产生的时间比 10 分钟多,说明运算的难度过大,需降低难度。

通过动态调整难度,既可以保证不会大批量产生区块,又保证了交易所需的区块数量。目标值的大小与难度值成反比。比特币工作量证明的完成,是以"矿工"计算出来的区块哈希值小于目标值且最接近于目标值为判断标准的。由于 PoW 具有一定的难度,因此无法预测哪个运算节点可以最快算出新区块,这样就确保了交易验证的公正性。

3.2.5 随机数

在整个区块头的数据结构中,大部分是采用哈希算法后的固定值,唯一不是固定值的字段就是随机数。它是创建新区块的"钥匙",其工作原理(以比特币为例)如下:区块头及区块主体构建完成以后,"挖矿"即解数学题就可以开始进行了;"挖矿"的目标是通过不断变更区块头中的随机数值,使区块头使用 SHA-256 算法得出的哈希值符合难度值的要求。

比特币挖矿的目标就是找到一个随机数值,使得在这个值下的区块的 SHA-256 哈希值的输出小于难度值中设定的值。"矿工"通过不停地变更区块头中的随机数值,并对每次变更后的区块头做双重 SHA-256 运算,将结果值与当前网络的目标值作对比。如果其小于目标值,则工作量证明完成,区块建成,该名"矿工"需要向全网广播这一随机数值,经其他"矿工"验证通过,即获得全网节点的认可,链入区块链成为新的区块。该名"矿工"会取得一定数量的比特币作为奖赏,其他"矿工"则迅速以该区块为父区块,进行新的计算并试图"挖出"新的区块。

在挖矿过程中,因为每个"矿工"创建的新区块头中的时间戳都可能不一样,而且每个"矿工"选择进入本区块的交易集合也不一样,区块头中的 Merkle 根的值也不一样,所以即使很多"矿工"都是从随机数等于 0 开始累加并寻找符合条件的哈希值的,他们也还是在各自不同的位置寻找。挖矿的过程是整个比特币网络所有"矿工"节点的计算能力加在一起寻找答案的过程,每个"矿工"都有找到正确答案的机会,但是拥有更高计算性能硬件或软件的"矿工"找到答案的概率更高。

3.3 分布式网络

区块链建立的物理网络基础是点对点的分布式网络,与中心化的客户端/服务器网络架构有很大不同,它是一种去中心化的网络结构方式,提高了数据传输的效率,相比中心化的网络结构而言具有更高的安全性。作为区块链的底层公有链,这种分布式对等网络(P2P 网络)最主要的特点是每一个网络节点之间都是平等的,没有哪一个节点处于中心地位或者对其他节点具有控制、管理权限。

对分布式网络的专业化定义表述：网络的参与者共享他们所拥有的一部分硬件资源（处理能力、存储能力、网络连接能力、打印机等），这些共享资源通过网络提供服务和内容，能被其他对等节点（peer）直接访问而无需经过中间实体。在此网络中的参与者既是资源、服务和内容的提供者（server），又是资源、服务和内容的获取者（client），也就是说每一个节点的角色都是相同的，所以又称为"对等网络"。

在 P2P 网络环境中，彼此连接的多台计算机之间都处于对等的地位，各台计算机有相同的功能，无主从之分，网络中的每一台计算机既能充当网络服务的请求者，又能对其他计算机的请求做出响应，提供资源、服务和内容。通常这些资源和服务包括信息的共享和交换、计算资源、存储共享、网络共享、打印机共享等。

3.4 广播与验证机制

广播与验证机制是区块链网络产生信任、形成高安全性的基础，也是区块链网络与以往中心化网络的重要区别之一。在区块链的分布式网络中，存在两种广播机制：一种是交易广播；另外一种是区块构造广播。

3.4.1 广播机制

对每一笔交易来说，需要向全网进行广播，取得全网节点的验证，进入区块的构造过程。当"矿工"进行了大量的计算，完成了工作量证明时，他需要把自己的运算结果广播到全部网络节点之中，由其他节点根据给定的计算条件调动资源（算力）进行验证。当验证通过后，该笔交易即可记录到区块之中，随后也会链接到区块链上。

交易广播机制的存在，使区块链中的每一项交易置于全网节点的监督之下，交易的每一个细节都要受到其他节点的检验，如支付资金的来源是否可以追溯，支付过程是否符合规则，支付的结果是否确定等。一旦经过验证交易是真实的，这笔交易就进入了全网节点的区块内，由全网节点为它的真实性、合规性背书，下一项与之相关的衍生交易自然无需中心机构的背书即可获得信任，这就是区块链网络信任的基础。因此可以说，交易广播一方面是下一项交易的源头，是产生信任机制的第一步；另一方面也是区块封装的数据基础，因为"矿工"们要做的是将某一时段内的交易组装为区块并进行计算。

区块构造广播，即"矿工"们竞争构造区块的结果广播，是区块链运行的基础流程之一。区块的构造是由全网的服务机构（即"矿工"们）竞争的结果，在接收交易广播信息并完成本时段内全部交易的封装后，"矿工"们开始竞争计算哈希值。最快完成计算的"矿工"必须将结果广播出去，才能使区块真正构建完成，具备接受全网节点验证的基础条件，实现区块向主区块链的"入链"过程。

3.4.2 验证机制

验证机制是指节点对广播的交易信息和区块进行验证的过程。区块链没有中心机构进行交易信任检验和保证，因此每一项交易需要节点的验证来保证。至少经过 51% 节点验证的交易才能取得信任，成为区块链封装中的交易组合信息。

对于网络节点来说,接收到交易信息的广播后,最重要的验证是支付资金的来源是否可追溯。以比特币网络为例,小赵向小李支付了60个比特币,这笔交易广播出去后,其他节点(比如"矿工")要检验这60个比特币的来源,是小赵挖矿所得还是小赵购买所得,这60个比特币是否已被使用(避免重复使用)。假设其中40个是小赵挖矿所得,另有20个是他向其他节点购买所得,那么验证时还需要进一步回溯挖矿的哈希值、购买的哈希值是否来源于其他区块。需要说明的是,从理论上来讲,只要对时间和资源进行追溯,所有的交易都可以一路回溯至创始区块。但由于区块数量较大,并考虑交易的时效性、验证的经济性,节点在对交易的验证过程中并过多不关注回溯和源交易的细节,一般只对源交易的哈希值进行验证,只需要确认源交易的哈希值是可信的且存在于此前的区块之中即可。交易信息的其他验证,包括数据格式、交易双方的数字签名等,都作为支付验证的辅助信息。只有通过了验证,被支付方才能真正"取得"支付的资金用于其他交易。

区块构造的验证也是非常重要的。以比特币网络为例,当最先完成区块封装以及竞争计算的"矿工"把构造结果广播出去以后,其他节点的"矿工"就会停止对本区块的构造,转为验证该区块的计算结果是否成立。每一个节点在将新的区块转发到其节点之前,会进行一系列的测试来验证它,从而确保了区块的合格与有效。

这种验证也是一种保证系统正常运行的激励机制,因为在这种机制下,只有"矿工"将一段时间内完成的真实交易封装并进行计算竞争,诚实构造的区块才能通过验证,并最终被纳入区块链主链之中,"矿工"也由此得到挖矿费。如果"矿工"在构造区块过程中有任何弄虚作假的做法,比如故意将比特币支付给自己的网络钱包,其构造的区块就不能通过验证,会被大多数节点抛弃,也不能链入主链,最终是既得不到挖矿费,又浪费了本来可以通过算力竞争构造新区块的机会,付出的电费也增加了损失。

新区块的验证通过后,"矿工"们就以该区块为父区块,进行下一个区块的封装和计算。验证未能通过,该"矿工"的区块被抛弃。如果有其他的"矿工"广播新的区块,网络则重复区块验证过程。如果同时有数个区块被计算出来,并且都可以通过全网的验证,其他"矿工"可以任选一个区块进行新区块的"挖矿",并广播挖出的新区块,这时候产生了"多链"现象。但由于网络节点的随机性,一般在不超过六个新区块的范围内,原来的"多链"就会出现长短不一的情况,此时"马太效应"显现,全网的节点都会选择最长的那条链进行后续的区块构造,其他的短链都被抛弃,从而保证了主区块链的唯一性。

3.5 共识机制

在区块链系统框架中,共识层提供了全网对交易和区块的共识,是直接在区块链中产生信任的方法和机制。根据前文的介绍可以知道,区块链存在的分布式 P2P 网络系统没有通过中心化的机构来产生信任,各个节点是对等的,同时在交易过程中也并不需要对节点的细节进行详细了解。也就是说,交易过程并不需要节点双方产生信任,可以由互不信任的双方来完成交易,该交易由网络节点来进行验证并形成信任。此外,区块链相当于一本由全网节点共同维护的总账,因此在节点之间需要建立一套规则,确定在某一时间点由哪个节点来维护这本总账,怎么维护,怎么激励,其他节点怎么认可等。这需要形成全网的共识,也是 P2P 网络的客观需要。

为了在全网节点之间达成共识,就需要建立一种机制来确保交易本身得到全网的验证,以及区块的建立得到全网的共识,并最终使全网的区块链有且只有一条。只有这样才能达成全网共识,使交易得到确认,区块链的不可篡改、可追溯等特点才能达成,整个区块链系统得以顺利运转下去。所以从某种意义上说,共识层代表的共识机制是区块链系统运作的核心环节。

在私有链甚至联盟链中,系统的各个节点通过线下机制建立起信任机制,彼此之间都是可以信任的,因此不存在对共识机制的要求。而对于公有链,节点之间并无信任基础,共识机制是不可或缺的。目前常用的共识机制有三种:工作量证明(proof of work,PoW),权益证明(proof of stake,PoS),委托股权证明(delegated proof of stake,DPoS)。其中,工作量证明是比特币所用的共识机制,也是目前使用最广泛和成熟的共识机制;权益证明和委托股权证明这两种机制是针对工作量证明机制的不足之处进行优化和完善而产生的,其应用范围目前也集中在后期产生的一些数字货币中。

3.5.1 工作量证明(PoW)机制

工作量证明机制的逻辑是,货币的产生需要付出一定的工作量和成本,不能凭空得来,这种机制赋予了货币一定的商品属性,使得货币无需中心化机构的干预,市场自身可以通过"价格机制"对货币的供应进行自动调节。当货币价格上涨时,更多的人投入工作量证明创造出更多的货币,增加了货币供应,使货币价格回落;当货币价格下跌到付出的工作量和成本之下时,创造货币的一部分人就会退出,减少了货币的供应,结果是货币的价格又会回升。这种机制保证了货币的价值稳定,使货币具有价值存储能力,从而获得了人们的信任。

比特币是最早采用在区块链中使工作量证明机制的,目前也是最大规模使用的共识机制,被形象地称为"挖矿"。在一些国家甚至诞生了一些专门从事工作量证明的机构,并衍生出相关的产业链,被称为"矿池",通过构建强大的算力提高完成工作量证明的效率。

"矿工"们在挖矿过程中会得到两种类型的奖励:区块奖励和区块中所含交易的交易费。为了得到这些奖励,"矿工"们争相完成基于加密哈希算法(散列算法)的数学难题,这些难题的答案包括在新区块中,作为"矿工"计算工作量的证明,被称为"工作量证明",同时"矿工"的工作量证明可被其他"矿工"证明(见图 3-6)。

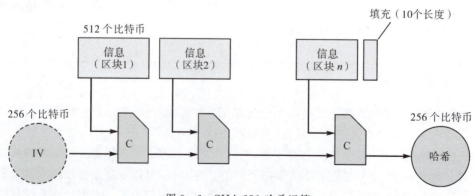

图 3-6 SHA-256 哈希运算

挖矿就是重复计算区块头的哈希值,通过迭代区块头中的随机数,不断修改该参数,直到与哈希值匹配。哈希函数的结果无法提前得知,也没有能得到一个特定哈希值的模式。哈希函数的这个特性意味着得到哈希值的唯一方法是不断尝试，每次随机修改输入，直到出现适当的哈希值。

哈希函数的输入值长度任意，但输出值长度固定。SHA-256 函数的输出长度总是 256 bit，且不同的输入值产生不同的输出值，绝不雷同，相当于输入值的数字指纹。输入特定哈希值的结果每次都一样，因此可计算和验证。有意地选择输入去生成一个想要的哈希值几乎是不可能的。

工作量证明机制的主要特征是客户端需要通过一定难度的工作得出一个结果，验证方却很容易通过结果来检查客户端是不是做了相应的工作。这种方案的一个核心特征是不对称性：工作对于请求方是适中的，对于验证方则是易于验证的。它与验证码不同，验证码的设计出发点是易于被人类解决而不易被计算机解决。

知识链接 3-1

工作量证明机制的由来

工作量证明机制是一种应对拒绝服务攻击和其他服务滥用的经济对策，它要求发起者进行一定量的运算，这意味着需要消耗计算机一定的时间。这个概念由 Cynthia Dwork 和 Moni Naor 于 1993 年在学术论文中首次提出。工作量证明这个名词则是在 1999 年由 Markus Jakobsson 和 Ari Juels 真正提出的。

目前最常用的哈希散列方法就是一种工作量证明机制，它是亚当·贝克在 1997 年发明的，用于抵抗邮件的拒绝服务攻击及垃圾邮件网关滥用。在比特币之前，哈希散列方法就已经被广泛用于垃圾邮件的过滤，并应用于比特币之前的加密数字货币实验之中，如戴伟的 B-money、尼克·萨博的比特金（bit-gold）等，都是在哈希散列的框架下进行挖矿的，这种方式也被中本聪借鉴并用于比特币系统中。

3.5.2 权益证明(PoS)机制

权益证明机制是针对工作量证明机制存在的不足而设计出来的一种改进型共识机制。与工作量证明机制要求节点不断进行哈希计算来验证交易有效性的机制不同，权益证明机制的原理是，要求用户证明自己拥有一定数量的数字货币的所有权，即"权益"。

工作量证明机制产生区块时依赖于算力，致使每一个比特币的创建至少需要 240 千瓦·时电(2014 年数据)，相当于 16 加仑的汽油。权益证明机制产生区块时不采用算力作为资源，而将对数字货币的拥有权视作稀缺资源来产生共识，创建区块的节点必须提供证明，让全网认同它在创建这个区块之前拥有一定数量的数字货币。

首先，权益证明机制在创建区块时，要求自己先拥有数字货币（如比特币），即先拥有一定数量的权益(stake)。有意思的是，对于整个数字货币网络来说，创始区块拥有的数字货币是用比特币的工作量证明机制"挖矿"得到的，但从创始货币往下实施的是权益证明机制，创建区块的同时创建出更多的数字货币。因此在权益证明机制下，创建区块的过程不叫"挖矿"而叫"铸币"。

权益证明机制的主要特点是引入"币龄"概念。币龄的概念至少在 2010 年就为中本聪所知，并用于比特币中，帮助区分交易的优先级，但其在比特币的安全模型中不担负关键作用。币龄被定义为交易的货币数量乘以该货币在钱包中储存的时间。例如，假设小李从小赵处收到60个币并持有90天,我们就说小李已经积累了60×90＝5400天的币龄。另外,当小李把她从小赵处收到的60个币花掉之后,系统认定小李将这60个币上积累的币龄已经消费了,在小李的钱包中这60个币的币龄归零,相应地,她创建一个新区块的能力也就归零了。为加快币龄的计算,权益证明机制在每项交易中引入一个时间戳。区块的时间戳以及与协议相关的交易时间戳促进了币龄的计算。

在权益证明设计中,区块分为两类:工作量证明区块和权益证明区块。新型区块中的权益证明是一种特殊的交易,称为币权交易[coinstake,与比特币的特定交易币基(coinbase)相对应]。在币权交易中,区块所有者进行支付并消耗币龄,同时得到产生一个区块和权益证明铸币的权限。币权交易的第一个输入称为核心(kernel)输入,需要符合特定的哈希目标协议,因此使产生权益证明区块的过程成为一个随机过程,与工作量证明区块相似(见图3-7)。但与工作量证明区块不同的是,币权交易的哈希操作是在一个有限的搜索空间内执行(更具体地说,是每秒在每个未支付的钱包中进行一次哈希计算),而不是像工作量证明那样在一个无限的搜索空间内进行,因此不需要消耗大量的能源。

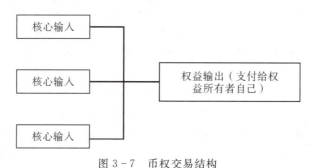

图3-7 币权交易结构

权益核心必须匹配的哈希目标是在核心中所消耗的每单元币龄(与之相对的是比特币的工作量证明目标,即符合一个给定的目标哈希值)。因此在核心中消耗越多的币龄,就更容易符合哈希目标协议。例如,假如小李有一个钱包,其中累积了100币年,希望两天内生成一个核心,那么小赵可以预期他的200币年的钱包在一天内产生一个核心。另外,权益证明的哈希目标是连续调整的,不像比特币有两周的调整间隔,可以避免网络产出率的突然波动。

知识链接 3-2

权益证明机制的由来

2012年8月,一个化名Sunny King的极客推出了点点币PPC(peer to peer coin),采用工作量证明机制发行新币,采用权益证明机制维护网络安全。这是首次将权益证明机制引入加密数字货币领域。经过近两年的发展,这种机制得到了市场的广泛认同,后来采用权益证明机制的还有BitShares、Shadow Cash、Nxt、Black Coin等数字货币,以太坊(Ethereum)也是通过硬分叉(hard fork)来从工作量证明转换到权益证明机制上来。

权益证明与工作量证明机制的最大不同在于,只有持有数字货币的人才能挖矿,而且不需要大量的算力就可以挖到货币,避免了比特币网络中出现的"算力集中"趋势,回归到区块链"去中心化"的本质要求。

3.5.3 委托股权证明(DPoS)机制

委托股权证明机制(也译作"权益委托证明机制""受托人机制""股份授权证明机制"等)是一种综合了工作量证明和权益证明机制优点,试图克服其不足的新型共识算法。可以归纳为每个持有权益、股权、股份的账户人将投票授权、委托给某位代表,在系统中获得最多票数的前101位代表就可以按分配到的时间段轮流产生区块(出块)。而这些代表成功出块后,将可以收到平均交易费作为出块的报酬;如果这些代表出块不成功,将可能会被淘汰,由投票产生的新代表所取代。

委托股权证明共识机制主要包括选择代表、调整系统参数和重组区块链。首先,每一个持有数字货币的账户都类似于股份公司的股东,可以投票选择任意数量的见证人(delegate)来产生区块。每个账户中的一个股份作为一张选票被投给一位见证人,最终得票数高的前 n 位见证人被系统选中担任代表。代表的数目(n)为至少 50% 的投票股东认为已经充分去中心化所需的数量,在比特股(bitshares)中设置为 101 名代表。股东表达自己对代表人数的意见,是通过对相应人的投票来体现的,他们投票给不同的代表,当然也可以投票选自己。股东投票给见证人的过程充分体现了去中心化的特点。

授权代表选定后,每产生一个区块,该授权代表都因提供的服务而得到报酬,报酬支付率的设置是由授权代表对支付率的提议进行集体表决。如果授权代表产生区块失败,那么他们将得不到报酬,并可能在未来被股东们投票排除在代表之外。有效的授权代表名单依照选举结果每个维护周期(一天)更新一次。清单上的授权代表每两秒轮流产生一个区块。如果授权代表在他的时间段内未能产生区块,则系统不再等待,直接跳过该授权代表,由下一个授权代表产生下一个区块。

由选举的授权代表调整系统参数。每个授权代表都是一个特殊账户的联合签名者,有权发起提议变更系统参数。这个账户被称为"创世账户",调整的系统参数包括交易费用、区块容量、授权代表的报酬、区块时间等。当某一项调整的提议被大多数授权代表批准后,股东有两周的观察期,其间他们可以投票改选授权代表,或者注销该变更。这种机制确保授权代表在技术上没有直接的权力来变动网络参数,所有网络参数的变更最终由股东批准。所以可以说,在委托股权证明机制下管理权力掌握在节点用户手中,而不是在授权代表手中。

因为所有的授权代表都是通过选举产生的,这些代表在维护区块链时必须高度负责,否则会在下次投票中被换掉。而且每一个授权代表都被给予专用的时间段来产生区块,如果前一个人不能产生新区块,则这个时间段结束后系统将权限转至下一个授权代表,所以,系统中很少发生存在两条竞争链的情形。但有些时候,网络延迟会阻止一个授权代表及时接收前一个区块,出现多个区块同时产生的情况,此时下一个授权代表将只确认他们首先收到的任意区块,从而解决这个问题。

虽然该系统稳固,足以应对自然的区块链重组事件,但系统可能存在一些潜在故障导致出现相互矛盾的数个历史区块。在这种情形下,系统总是选择有最高授权代表参与的区块链,简单有效地解决区块链冲突问题。委托股权证明机制有点类似于西方选举制度,持有权益的账户或钱包相当于选民,通过投票选出代表自己利益的议员,对应于委托股权证明机制中的授权代表。这些授权代表职能行使得好、满足选民的要求,就可以继续担任;一旦工作不称职(如在规定的时间段内不能产生新的区块),就会被选民在下一轮选举中投票换掉。通过这种方式,每个人都可以参与进来表达自己的意见,实现了最大程度的去中心化。

 3-3

委托股权证明机制的由来

Dan Larimar 在 2014 年 4 月 3 日的同名白皮书中首次提出委托股权证明,这种算法的首次应用是在比特股上,后来由于其具有的优势也被其他数字货币或产品采用,如 Crypti、Lisk 等。

委托股权证明与权益证明相比有较大差异,最重要的一点是铸币权不再是由系统根据特定算法随机选出,而是由网络的全部节点基于权益随机投票选出 101 名授权委托代表(delegate),由这 101 名代表进行铸币以及维护网络安全。二者的区别其实是背后隐含的直接民主(权益证明机制)与间接民主(委托股权证明机制)的差异。在权益证明机制下,每一个持有数字货币的账户拥有权益,可以确认交易、参与铸币以及赢得数字货币。在委托股权证明机制下,每一个持有数字货币的账户可以投票选出代表,由 101 名代表(在比特股系统中设置的是 101 名代表)来确认交易、维护区块链以及获取交易费用。

单元二 加密技术

信息加密技术是利用数学或物理手段,对电子信息在传输过程中和存储体内进行保护,以防止泄露的技术。区块链技术的应用和开发,数字加密技术是关键。一旦加密方法遭到破解,区块链的数据安全将受到挑战,区块链的不可篡改性将不复存在。

3.6 哈希算法

如果把区块链比作一座大厦,这座宏伟建筑的基础一定是哈希算法。共识机制的"挖矿"过程,就是一个不断进行哈希计算的过程,用得到的哈希值去碰撞目标值,达到目标要求后碰撞成功,获得创建新区块的机会。在区块对全网交易的封装过程中,也采用了哈希算法,把大量的复杂交易信息进行一次又一次的哈希计算,两两分层合并,最终得到一个包含区块内全部交易信息的哈希值,实现数据的"降维"。在数字货币的支付过程中,支付方与接收方的钱包之间的通信所采用的公钥与私钥机制,同样多次用到哈希算法,从两方面保证了系统的安全性。

哈希算法又称散列函数,是指将任意长度的二进制数据通过算法映射为较短的固定长度的二进制值的过程。通过这一过程得到的较短的二进制数值称为哈希值。哈希算法最重要的特点是:它是一种单向的密码体制,只能运用哈希算法得到哈希值,这一过程是不可逆的,没有办法从一个哈希值反向推算出原数据。所以哈希算法是一个从明文到密文的不可逆加密过程。

哈希函数可以将任意长度的输入经过计算以后得到算法所设的固定长度的输出,而且这个输出是唯一的。一个哈希值只能对应是一个原文,同一个哈希值不可能对应两个不同的原文。更重要的是,只要原文发生一点变动,其哈希计算的结果就会发生变化。正是由于哈希函数具有这些鲜明的特点:单向不可逆、输出数据长度固定以及对数据变动的敏感度,哈希函数被大量用于数据完整性检验、数据加密等过程。常用的哈希算法包括 MD2、MD4、MD5、

SHA-1和SHA-2等。例如,以比特币为代表的区块链,使用的是SHA-2系列中的SHA-256算法。

SHA算法的全称是secure hash algorithm,它是一套逐步发展的加密哈希函数的总称,这些函数由美国标准与技术局(national institute of standards and technology)发布,并作为美国联邦信息处理标准(FIPS)的组成部分。

这些函数分为如下几类(见表3-3)。

表3-3 哈希函数对比

算法		输出位数/b	内部数据位数/b	数据块大小/b	最大信息容量/b	运算方式	安全性/b
MD5		128	128	512	无限制	与、异或、矩阵、32位求模、或	<64
SHA-0		160	160	512	$2^{64}-1$	与、异或、矩阵、32位求模、或	<80
SHA-1		160	160	512	$2^{64}-1$	与、异或、矩阵、32位求模、或	<80
SHA-2	SHA-224	224	256	512	$2^{64}-1$	与、异或、矩阵、32位求模、或	112
	SHA-256	256					128
	SHA-384	384	512	1024	$2^{128}-1$	与、异或、矩阵、64位求模、或	192
	SHA-512	512					256
	SHA-512/224	224					112
	SHA-512/256	256					128
SHA-3	SHA3-224	224	1600	1152	无限制	与、异或、矩、非	112
	SHA3-256	256		1088			128
	SHA3-384	384		832			192
	SHA3-512	512		576			256
	SHAKE128	d(随机)		1344			min(d/2,28)
	SHAKE256	d(随机)		1088			min(d/2,128)

SHA-0特指在1993年以"SHA"之名发布的160位哈希函数的原始版本,后因存在未公开的"显著缺陷"被收回,并由经过修订的SHA-1取代。

SHA-1是一种集成了早期MD5算法的160位哈希函数,由美国国家安全局(NSA)设计,并成为"数字签名算法"的组成部分。由于在其中发现了加密缺陷,2010年后这一标准不再被大多数加密应用接受。

SHA-2,同样由美国国家安全局设计,包括两类相近的哈希函数:SHA-256和SHA-512。二者的主要区别是哈希值的数据位数不同,SHA-256是32位的,而SHA-512是64位的。根据位数的不同,SHA-2函数群包含了6个哈希函数:SHA-224、SHA-256、SHA

—384、SHA—512、SHA—512/224、SHA—512/256。

SHA—3这个哈希函数之前名为Keccak,是2012年经过公开竞赛(美国国家安全局未参加)挑选出的哈希函数,它同样支持SHA—2的数据位数,但其内部结构与其他SHA函数显著不同。

表3-3中以SHA—1为例,其最大信息容量为$2^{64}-1$。使用SHA—1算法可以产生一个160 b的摘要,并且在随机碰撞不超过280次时,不会找到同样的散列值。

3.7 对称加密

加密就是通过密码算术对数据进行转化,使之成为如果没有正确密钥任何人都无法读懂的报文。这些以无法读懂的形式出现的数据一般被称为密文。为了读懂报文,密文必须重新转变为它的最初形式——明文。而含有用来以数学方式转换报文的双重密码就是密钥。在这种情况下即使一则信息被截获并阅读,也是毫无利用价值的。实现这种转化的常规算法叫私钥加密算法或对称加密算法,其特征是收信方和发信方使用相同的密钥,即加密密钥和解密密钥是相同或等价的。

私密密钥本质上是一个随机数,随机数是随机生成的数字。以比特币的区块链为例,私密密钥是1到256中的整数,每一次都是随机生成的。随机数是否真的是随机数而不是具有一定规则的数字,这一点非常重要,也很难判断。例如,如果在区块链中使用的随机数是基于某种规律的,则某些抱有恶意的第三方将能够根据这种规律推测出私密密钥。在区块链中,私密密钥代表某种资产本身的所有权,是否能够被推测起着决定成败的作用。因此,随机数生成器必须要利用先进的技术以确保其随机性。

在私钥加密算法中,信息的接收者和发送者使用相同的密钥,所以双方的密钥都处于保密状态,因为私钥的保密性必须基于密钥的保密性,而非算法。这在硬件上增加了私钥加密算法的安全性。但同时增加了一个挑战:收发双方都必须为自己的密钥负责,这种情况使两者在地理上分离显得尤为重要。私钥的管理和分发十分困难和复杂,而且所需的费用非常庞大。比如说,一个有n个用户的网络就需要派发$n(n-1)/2$个私钥,特别是对于一些大型的、广域网络来说,其管理就十分困难。私钥加密算法不支持数字签名,这对远距离的传输来说也是一个障碍。另一个影响私钥保密性的因素是算法的复杂性。至今国际上比较通行的是DES、3DES及最近推广的AES算法。

3.8 非对称加密

相对于对称加密,非对称加密算法需要两个密钥:公开密钥(简称公钥,publickey)和私有密钥(简称私钥,privatekey)。其特征是收信方和发信方使用的密钥互不相同,而且几乎不可能从加密密钥推导解密密钥。公钥与私钥是一对,如果用公钥对数据进行加密,只有用对应的私钥才能解密。因为加密和解密使用的是两个不同的密钥,所以这种算法叫作非对称加密算法。

由于采取了公共密钥,密钥的管理和分发就变得简单多了。对于一个有n个用户的网络来说,只需要$2n$个密钥便可达到密度,同时使得公钥加密法的保密性全部集中在极其复杂的数学问题上,它的安全性因而也得到了保证。但是在实际运用中,公钥加密算法并没有完全取代私钥加密算法,其重要原因是它的实现速度远远赶不上私钥加密算法。

非对称加密算法的应用过程是:乙方生成一对密钥(公钥和私钥)并将公钥向其他方公开;得到该公钥的甲方使用该密钥(公钥)对机密信息进行加密后再发送给乙方;乙方再用自己保存的另一把专用密钥(私钥)对加密后的信息进行解密(见图3-8)。在传输过程中,即使攻击者截获了传输的密文,并得到了乙方的公钥,也无法破解密文,因为只有乙方的私钥才能解密密文。同样,如果乙方要回复加密信息给甲方,那么需要甲方先公布公钥给乙方用于加密,甲方自己保存私钥用于解密。

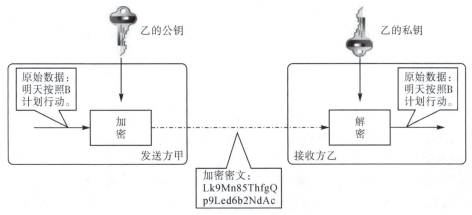

图3-8 非对称加密流程图

非对称密钥加密解决了密钥协定与密钥交换问题,但并没有解决实际安全结构中的所有问题。对称与非对称密钥加密还有其他一些差别,各有所长(见表3-4)。

表3-4 对称与非对称密钥加密比较

特征	对称加密	非对称加密
加密/解密使用的密钥	加密/解密使用的密钥相同	加密/解密使用的密钥不同
加密/解密的速度	快	慢
得到的密文长度	通常等于或小于明文长度	大于明文长度
密钥协定与密钥交换	大问题	没问题
所需密钥数与消息交换参与者个数的关系	大约为参与者个数的平方,因此伸缩性不好	等于参与者个数,因此伸缩性好
用法	主要用于加密/解密,不能用于数字签名(完整性与不可抵赖检查)	可以用于加密/解密,能用于数字签名(完整性与不可抵赖检查)

3.9 椭圆曲线加密算法

在比特币的运作过程中,还有一种由私钥产生公钥过程中的基本算法,它在交易数据的加密与解密方面也具备非常基础的作用,与SHA-256算法一起构成了整个比特币这一加密数字货币体系的基础算法,这就是SECP256K1算法。其中SEC是standards for efficient cryptography 的缩写,P 表示其定义域是有限域(质数域 F),256 表示定义域的位数,K 表示参数与 Koblitz 曲线有关(另一种是采用随机种子,用 R 表示),1 表示序数。

SECP256K1 算法是椭圆曲线加密算法的一种,这种算法的参数固定,避免了采用随机种子法容易被安插后门的风险。用 SECP256K1 计算出的可用的比特币地址超过 2160 个,相比之下,按此方法计算地球上沙子的全部数量不超过 270 粒,银河系内星星的数量不超过 235 颗,所以 SECP256K1 算法所产生的比特币地址数量极大,难以采用碰撞的方法破解,在保证计算速度的前提下提供了足够的安全性。

椭圆曲线加密算法的英文全称是 elliptic curve cryptography,缩写为 ECC,它是在有限域内,在椭圆曲线代数结构的基础上对公钥进行加密的一种算法,目的是确保只能由正确的拥有者来支付资金。

公钥的加密过程一般都是通过解出难度较高的数学问题来实现的,早期的公钥系统常用加密方法是把一个很大的整数分解成两个或多个大素数;而椭圆曲线加密算法采用的是"点乘"运算,即沿着椭圆曲线对一个点进行连续相加。与其他加密算法相比,椭圆曲线加密算法能够用更小的密钥实现相同的安全性,降低了数据储存和传输的需求。比如,一个 128 b 的椭圆曲线加密密钥能够提供的安全性与一个 3072 b 的 RSA 密钥一样。

椭圆曲线加密算法最早由美国华盛顿大学的数学教授 Neal Koblitz 和普林斯顿大学教授 Victor S. Miller 在 1985 年开始独立使用,2004—2005 年得以广泛应用。由于其特点,这种算法常用于加密、数字签名以及伪随机码生成器等方面。根据椭圆曲线所选参数的不同基于有限质数 F 的椭圆曲线加密算法共有 8 类,表 3-5 列出了不同类型的特性。其中 SECP256K1 就是比特币系统选用的椭圆曲线加密算法的参数集。

表 3-5 椭圆曲线参数集的不同类型

参数集	密码强度/b	定义域位数/b	相当于 RSA 或 DSA 加密算法强度/b	Koblitz 曲线(K)或随机种子(R)
SECP192K1	96	192	1536	K
SECP192R1	96	192	1536	R
SECP224K1	112	224	2048	K
SECP224R1	112	224	2048	R
SECP256K1	128	256	3072	K
SECP256R1	128	256	3072	R
SECP384R1	192	384	7680	R
SECP512R1	256	512	15360	R

2010 年 12 月 17 日中国国家密码管理局发布了椭圆曲线公钥密码算法(SM2),包括 SM2-1 椭圆曲线数字签名算法、SM2-2 椭圆曲线密钥交换协议、SM2-3 椭圆曲线公钥加密算法,分别用于实现数字签名密钥协商和数据加密等功能(见图 3-9)。SM2 算法与 RSA 算法不同的是,SM2 算法基于椭圆曲线上点群离散对数难题,相对于 RSA 算法,256 b 的 SM2 密码强度已比 2048 b 的 RSA 密码强度高。

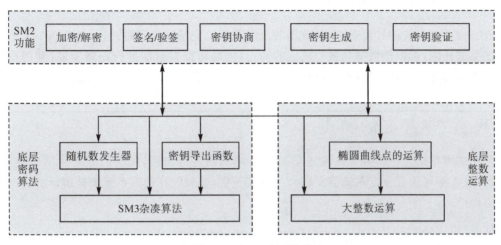

图 3-9 SM2 主要功能

单元三　数字签名技术

在网络时代，人们通过网络支付费用、买卖股票，为了保证网上商务活动的安全，需要一个很重要的信息确权机制——数字签名。数字签名在信息安全，包括鉴别、数据完整性、抗抵赖性等方面，特别是在大型网络安全通信中的密钥分配、鉴别及电子商务系统中，都具有重要作用。

3.10　数字签名的原理

数字签名（又称公钥数字签名）是只有信息的发送者才能产生的别人无法伪造的一段数字串，这段数字串同时也是对信息的发送者发送信息真实性的一个有效证明。它是一种类似写在纸上的普通的物理签名，但使用了公钥加密领域的技术来实现，是一种用于鉴别数字信息的方法。一套数字签名通常定义两种互补的运算，一个用于签名，另一个用于验证。数字签名是非对称密钥加密技术与数字摘要技术的应用。

数字签名文件的完整性是很容易验证的（不需要骑缝章，骑缝签名，也不需要笔迹专家），而且数字签名具有不可抵赖性（不可否认性）。简单地说，所谓数字签名就是附加在数据单元上的一些数据，或是对数据单元所作的密码变换。这种数据或变换允许数据单元的接收者用以确认数据单元的来源和数据单元的完整性并保护数据，防止被人（例如接收者）伪造。它是对电子形式的消息进行签名的一种方法，一个签名消息能在一个通信网络中传输。

基于公钥密码体制和私钥密码体制都可以获得数字签名，主要是基于公钥密码体制的数字签名。包括普通数字签名和特殊数字签名。普通数字签名算法有 RSA、ElGamal、Fiat-Shamir、Guillou-Quisquarter、Schnorr、Ong-Schnorr-Shamir 数字签名算法，Des/DSA，椭圆曲线数字签名算法和有限自动机数字签名算法等。特殊数字签名有盲签名、代理签名、群签名、不可否认签名、公平盲签名、门限签名、具有消息恢复功能的签名等，它与具体应用环境密切相关。

数字货币在流转的过程中,涉及数据的来源、验证、完整性等问题。这时,数字签名技术就起到了关键作用,可以使数据具备归属人的身份,同时可以对数据进行归属验证;利用非对称加密技术和摘要技术相结合,也可以保证签名数据的完整性等。

3.11 数字签名的特点

公钥加密系统允许任何人在发送信息时使用私钥进行加密,接收信息时使用公钥解密。当然,接收者不可能百分之百确信发送者的真实身份,而只能在密码系统未被破译的情况下才有理由确信。

1. 鉴权

鉴权的重要性在财务数据上表现得尤为突出。举个例子,假设一家银行将指令由它的分行传输到它的中央管理系统,指令的格式是(a,b),其中 a 是账户的账号,b 是账户的现有金额。这时一位远程客户可以先存入 100 元,观察传输的结果,然后接二连三的发送格式为(a,b)的指令。这种方法被称作重放攻击。

2. 完整性

传输数据的双方都总希望确认消息未在传输的过程中被修改。加密使得第三方想要读取数据十分困难,然而第三方仍然能采取可行的方法在传输的过程中修改数据。一个通俗的例子就是同形攻击:回想一下,还是上面的那家银行从它的分行向中央管理系统发送格式为(a,b)的指令,其中 a 是账号,b 是账户中的金额。一个远程客户可以先存 100 元,然后拦截传输结果,再传输(a,b),这样他就立刻变成百万富翁了。

3. 不可抵赖

在密文背景下,抵赖这个词指的是不承认与消息有关的举动(即声称消息来自第三方)。消息的接收方可以通过数字签名来防止所有后续的抵赖行为,因为接收方可以出示签名给别人看来证明信息的来源。

3.12 数字签名的过程

发送报文时,发送方用一个哈希函数从报文文本中生成报文摘要,然后用发送方的私钥对这个摘要进行加密,这个加密后的摘要将作为报文的数字签名和报文一起发送给接收方,接收方首先用与发送方一样的哈希函数从接收到的原始报文中计算出报文摘要,接着再用公钥来对报文附加的数字签名进行解密,如果这两个摘要相同、那么接收方就能确认该报文是发送方的。

数字签名有两种作用:一是能确定消息确实是由发送方签名并发送出来的,因为别人假冒不了发送方的签名。二是数字签名能确定消息的完整性。因为数字签名的特点是它代表了文件的特征,文件如果发生改变,数字摘要的值也将发生变化。不同的文件将得到不同的数字摘要。一次数字签名涉及一个哈希函数、接收者的公钥、发送方的私钥。

数字签名的签名流程:发送者对消息计算摘要值;发送者用私钥对摘要值进行签名得到签

名值;发送者将原始消息和签名值一同发给接收者(见图 3-10)。

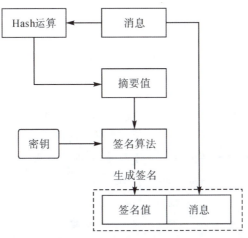

图 3-10　数字签名的签名流程

数字签名的验证流程:接收者接到消息后,拆分出消息和消息签名值 A;接收者使用公钥对消息进行运算得到摘要值 B;接收者对摘要值 B 和签名值 A 进行比较,如果相同表示签名验证成功,否则就是验证失败(见图 3-11)。

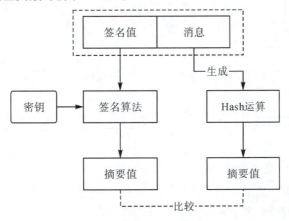

图 3-11　数字签名的验证流程

单元四　移动支付技术

随着移动互联网的发展普及,移动支付产业快速变革推进,基于移动互联网、NFC、HCE、Token、生物识别等各类技术的业务模式不断创新,应用场景不断拓展丰富,线上、线下业务一体化发展加速。移动支付新技术为用户提供多元化便捷支付服务的同时,也引领着通信、金融、互联网等行业转型升级发展。

移动支付广阔发展前景已成为全产业的广泛共识,移动支付被认为是连接线上线下的重要切入口。数字货币的交易系统应以移动支付为核心进行业务模式设计。目前,各类市场主体正积极研发部署分布式账本技术在支付、清算与结算领域的应用。在应用模式上，既可以通过分布式账本技术改进原有系统运行效率，也可以使用分布式账本技术完全替代现有金融中介机构。

3.13 分布式账本的原理

基于区块链技术的数字货币最突出的创新就是分布式支付系统，而不是集中式的支付清算系统。从图3-12可以看出，整个分布式支付网络中，可以有数量不定的支付节点，用于交易接受、确认及整个网络账户系统的维护。交易确认分为两步，第一步，由某个支付节点通过竞争完成交易有效性的初步确认；第二步，初步确认消息被广播到全网络，被全网络认可后，交易有效性得到最终确定。

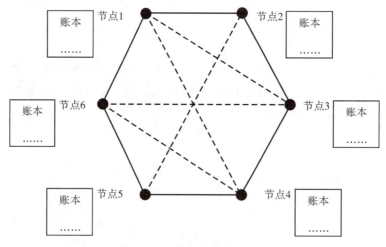

图3-12 分布式账本示意图

作为一种新型货币，数字货币理论上需要解决两个突出问题：第一，如何保护交易双方的隐私；第二，如何避免同一货币被多次使用。对这两个问题，比特币设计了非常精巧的解决方案。比特币通过公钥密码原理来确保交易双方的隐秘性。公钥密码技术可以产生两把对应的密码钥：一把是公钥，作为货币持有者的地址或账号（类似银行账号）；另一把是私钥，由货币持有者保留。公钥账户可以作为比特币的接受地址。公钥账户里的电子货币只能通过对应的私钥来访问。私钥被用来确认账户中货币的转移支付。公钥账户与电子邮件地址相似，是公开的，为所有用户所知；而私钥则相当于电子邮件的密码，需要通过它来实现对信息的访问和处理。

图3-13展示了公私钥如何用于比特币交易。假设在第 N 个交易中，交易者A希望支付交易者B若干比特币，而在第 $N+1$ 个交易中，交易者B希望使用他从交易N中获取的比特币支付给交易者D，这两个交易分四步进行。第一步：交易者A生成第 N 个交易信息，包括上一次相关交易的关联信息、本次交易信息（包括需要支付的数额）、交易者B的公钥地址。最后，交易者A会使用他拥有的私钥对第 N 个交易信息进行数字签名，并发出关于该交易的信息。第二步：支付网络中的支付节点获取交易者A发出的关于交易N的信息后，对交易有效性进行确认，包括该信息是否由A发出、A是否拥有所交易比特币的所有权，以及该比特币有

没有被多次使用等。在该节点完成对交易有效性的确认后,将该确认信息在支付网络中广播,最终完成交易信息在全网络中的确定。第三步:交易者 B 生成第 $N+1$ 个交易的信息,并使用他的私钥对信息进行签名。第四步:支付网络会完成对 $N+1$ 个交易信息的确认,交易者 B 成功将他从交易者 A 处获取的比特币支付给交易者 D。

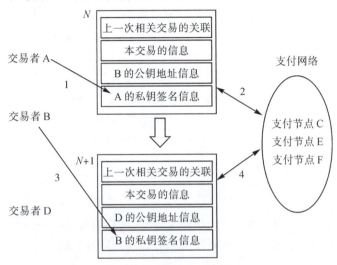

图 3-13 比特币交易示意图

新交易确认需要节点之间通信,详细过程如图 3-14 所示。新交易产生后,首先要完成交易合法性校验,并存储在节点的内存池(mempool)中;然后需要检查是否存在双重支付(两个及以上的交易使用相同的输入进行支付);每个交易是否被确认,是由每个交易的确认分值(confirmation score)来确定的。具体分数含义为:

confirmation score=0,交易已经被广播,尚未包含在任何区块(block)中。
confirmation score=1,交易已经被包含在最新的区块中。

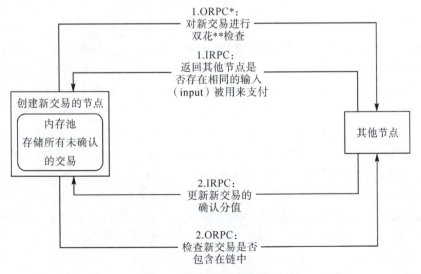

图 3-14 新交易确认机制

confirmation score＝2，包含交易的区块已经有了后续区块。

confirmation score＝6，整个网络已经花费1小时来确认交易，且包含交易的区块已经至少有5个后续区块。

从比特币交易支付过程来看，支付系统需要防止同一比特币被用户恶意多次使用。在传统经济中，重复支付的危险由一个中央登记机构来解决。中央登记机构会对每一笔交易进行确认，并通过集中账户来保证交易的连续性，避免同一货币被重复用于支付。比特币则使用分布式时间戳技术来解决该问题。在比特币网络中，每一台电脑都有一份关于历史所有交易的明细清单，称作交易链（blockchain）。新产生的交易会与交易链中的历史交易进行一致性检验，通过检验的交易才可能被作为正常的交易接受。事实上，新产生的交易会被负责进行交易验证的程序打包产生新的交易模块，加入原有的交易链后面，构成新的交易链。在比特币网络中，只有一个全局有效的交易链，并分布式存储在支付网络的每一个节点中。

3.14 分布式账本的技术路径

分布式账本技术处在快速发展阶段，很难有单一、确切的定义。一般认为分布式账本综合运用了密码学、共识算法、智能合约、P2P网络和分布式存储等关键技术。

3.14.1 密码学

密码技术是数字货币的基础，数字货币从发行到交易均需要基于密码学原理来构建，并采用密码协议来实现应用过程中的各类安全需求。比特币通过非对称加密来确保交易双方的隐秘性。发送者会使用他拥有的私钥对交易信息进行数字签名，并向支付网络发出关于该交易的信息。支付节点可以确认交易信息是否由特定的发送者发出、发送者是否拥有所交易货币的所有权，以及该货币有没有被多次使用等。非对称加密方式可以使支付节点避免拜占庭将军问题中虚假信息的影响。

3.14.2 共识算法

在分布式系统中，协调一组进程的工作，使得当一个或多个进程提议了一个值应该是什么后，这组进程对这个值达成一致意见即共识，协调的机制称为共识算法。共识算法需要满足终止性、协定性和完整性三个条件。终止性是指每个正确进程最终设置它对问题的看法/答案；协定性是指所有正确进程的看法/答案都相同；完整性是指如果正确的进程都提议同一个值，那么对于已经确定了自身最终看法/答案的进程，其看法/答案都与这个值相同。

在共识问题中，如果进程以随机方式出现故障，那么出错的进程理论上可以向其他进程发送任何数据，这种任意行为有可能误导其他进程从而产生更大的危害，而不仅仅是宕机失去响应。在这种情况下，正确的进程必须用它们自己接收的值和别的进程声明的所接收到的值进行比较。这也就是拜占庭将军问题。拜占庭将军问题与共识问题的区别是，前者有一个独立的进程提议一个值，其他进程来决定是否采用这个值；而后者是每个进程都提议一个值，与其他进程共同决定采用哪个值。共识问题的另外一个变种是交互一致性问题。在交互一致性问题中，每个进程提供一个值后，算法目的是正确的进程最终就一个值向量达成一致，向量中的分量与一个进程的值对应。

3.14.3 智能合约

智能合约(smart contract)是一套以数字形式定义的承诺(promise),包括合约参与方可以在上面执行这些承诺的协议。其中,承诺指的是合约参与方同意的(经常是相互的)权利和义务,这些承诺定义了合约的本质和目的。数字形式意味着写入计算机可读的代码中。只要参与方达成协议,智能合约建立的权利和义务是由一台计算机或者计算机网络来执行的。协议由技术实现。在这个基础上,合约承诺被实现,或者合约承诺实现被记录下来。

更通俗地说,智能合约是在计算机系统上,当一定的条件(可能由于某个交易或者某类事件)满足时,可以被自动执行的一段代码(一个动作、一个交易等)。表面上看,智能合约并不需要绑定区块链技术。例如,银行卡上贷款、保险费、话费的自动扣款等。这些都是在某个具体的时间(指定的扣款日),当条件被满足时(余额大于扣款额),计算机自动执行的交易(从还款账户自动扣取还款、保费、话费)等。这些服务运行在传统的计算机系统当中,并没有利用到区块链技术。虽然计算机系统可以解决自动交易的合约,但合约是记录在代码里面,存在被篡改的道德风险和被黑客攻击的技术风险,因此智能合约得不到大规模的应用。

区块链技术给我们带来一种不依赖特定中介、不可篡改、高可信度的系统。记账节点可以随时加入或退出区块链网络,监控整个区块链的运行情况。区块链的运行机制公开透明,合约的签订及内容、执行过程及结果信息,随时可审计。合约的内容及执行的结果都不可能被篡改,保证合约的执行过程被忠实地记录,即使发生道德风险,举证也非常容易。数据条目级别的最高控制权限掌握在所有人手中,而不是传统意义上存在一个技术上的最高权限人,一旦最高权限人被攻破将出现大面积的数据被修改,在区块链的安全逻辑下即使被攻破也只是条目级别的损失,而且区块链支持的多签机制又为该可信机制增加了几层防护。区块链通过源头上的安全措施降低技术风险;通过中间执行过程的不可篡改和公开透明,防止道德风险,即使其发生,事后的追踪、审计、取证也非常方便、快捷。区块链技术为智能合约的应用推广提供了坚实的技术基础。

3.14.4 分布式网络和存储

P2P 网络是一种分布式应用架构。在 P2P 网络环境中,彼此连接的计算机处于对等的地位,逻辑上具有相同的功能,无主从之分。整个网络不依赖集中服务器。网络中的每一台计算机可以独立提供网络服务,又能够对其他计算机的请求做出响应,提供资源、服务和内容。分布式存储通过利用多台独立设备将数据分散存储,不但提高了系统的可靠性、可用性和效率,还易于扩展。

课后练习题

一、复习思考

1. 区块链是什么?
2. 区块链的基本组成单元是什么?
3. 区块链建立的物理网络基础是什么?

4. 区块链网络产生信任、形成高安全性的基础是什么？
5. 区块链常用的共识机制有哪几种？

二、讨论题

1. 区块链技术的革新对数字货币的发展具有哪些积极意义和促进作用？
2. 数字货币如何通过分布式账本保护交易双方的隐私和避免同一货币被多次使用？

模块四

央行数字货币

本模块导读

2018年6月,南非央行发布基于分布式账本技术的"Khokha"数字货币支付项目试验报告;韩国于2020年初正式开始推进数字货币的实质性准备工作;日本央行已于2021年春季开始数字货币的实证实验;中国央行数字货币已于2021年投入使用。多个国家和地区就数字货币是未来货币发展趋势已达成共识。在这样的背景下,充分全面学习数字货币的运行方式对我们具有深刻意义。

引例思考

2003年淘宝首次推出支付宝服务以来,我们逐渐习惯了在生活中使用移动支付方式,通过使用二维码,上到商场大公司买卖商品,下到小商小贩买菜结账,都可以方便地完成消费。

请思考:便捷的移动支付背后,交易过程是如何完成的呢?

单元一 央行数字货币概述

CBDC(central bank digital currency,中央银行数字货币)是由国家发行和控制的虚拟货币。因此,它们受国家的完全监管。与大多数加密货币一样,CBDC并不是去中心化的,相反,它们只是法定货币的数字形式。

因此,发行CBDC的中央银行不仅成为这些货币的监管机构,同时也成为其客户的账户持有人。每个CBDC单位,都类似于分布式账本技术(DLT)下纸钞的安全数字形式。

CBDC可被视为中央银行对加密货币日益普及的回应,加密货币在设计上超越了监管机构的职权范围,但反过来,CBDC可以充分利用加密货币的便利性和安全性,将这些功能与传统银行系统经过时间考验的功能相结合,使这些货币的流通既受到监管,又有资金储备的支持。

4.1 央行数字货币

CBDC是"不同于传统准备金或结算账户余额的央行货币的数字形式"。人们对这种新的货币形式的兴趣逐渐增加,各国央行正在研究和试验基础技术。与此同时,对新形式数字货币的私人试验仍在继续,新技术带来的概念多样性意味着,尽管 CBDC 定义得很好,但这一定义并不总是被很好地理解。CBDC 是一种数字支付工具,以国家记账单位计价,是中央银行的直接负债。

4.1.1 CBDC 发展动机

多种动机推动了央行对 CBDC 的研究。截止 2021 年底,重点是为支付提高支付 CBDC,使人们能够广泛获得央行货币,并提高支付韧性。存在实际挑战和风险,当考虑到额外要求时,这些挑战和风险会成倍增加,例如改善跨境支付或启用货币政策工具。推动各国央行对 CBDC 感兴趣的动机有很多,而且种类繁多。新兴市场经济体和发达经济体之间的差异特别明显,但个别法域也可能因其情况而有很大差异。对于加拿大央行、日本央行、瑞典央行、瑞士央行、英国央行、美国央行及欧洲央行和国际清算银行来说,主要的研究动机是将 CBDC 用作支付手段,尽管还有次要的动机(如加强货币政策工具)。CBDC 在实现这些动机方面并不是独一无二的,CBDC 的设计可能需要权衡,这意味着并不是所有的动机都可以同时实现。

1. 支付动机

(1)可获得央行资金。

在现金可获得性下降的法域,家庭和企业将不再能够获得无风险的央行资金,这是有危险的。一些央行认为,提供公众准入(public access)是一项义务,这种准入可能对人们对一种货币的信心至关重要。CBDC 可以起到"数字钞票"(digital banknote)的作用,可以履行这一义务。

(2)提高支付韧性。

如果电子系统网络停止运行,现金可以作为电子系统的后备支付方式。然而,如果获得现金的机会被边缘化,那么如果需要的话,它作为后备方法的可用性就会降低。CBDC 系统可以作为一种额外的支付方式,提高支付系统韧性。与现金相比,CBDC 系统可以提供更多的支付手段,可以用于在地理位置偏远或自然灾害期间分配和使用资金。然而,对于 CBDC 系统和任何依赖关系(例如,移动设备获取电力的能力),都需要开发离线能力。伪造和网络风险是一个挑战。现金具有复杂的防伪功能,很少发生大规模问题。从理论上讲,对数字 CBDC 系统的成功网络攻击可能会迅速威胁到相当数量的用户及其对更广泛系统的信心(就像对大型银行或支付服务提供商的情况一样)。防御网络攻击将变得更加困难,因为通用 CBDC 系统中的端点数量将明显多于当前批发央行系统的端点数量。

(3)增加支付多样性。

与其他基础设施一样,支付系统也受益于强大的网络效应,有可能导致集中、垄断或碎片化。支付服务提供商有动机将他们的平台组织成闭环系统。当少数系统占据主导地位时,可能会出现高进入门槛和高成本(特别是对商家而言)。在存在更多系统的地方,仍可能出现碎片化,因为系统通常具有专有的消息传递标准,从而增加了互操作的成本和复杂性。支付系统的碎片化意味着用户和商家可能面临向其他系统的用户付款的成本和困难。这是不方便的,也是低效的。CBDC 可以提供在碎片化的闭环系统之间传输的通用手段(尽管可访问的快速支付系统也可以实现相同的目的)。

(4) 鼓励金融普惠。

对于许多新兴市场经济体的中央银行来说,研究 CBDC 的一个关键驱动因素是改善金融普惠的机遇。鉴于这一问题的复杂性和数字普惠可能面临的潜在障碍(例如文盲),任何 CBDC 倡议都可能需要纳入更广泛的一套改革。

(5) 改善跨境支付。

跨境支付本质上比纯粹的国内支付更复杂。它们涉及更多的(在某些情况下是众多的)参与者、时区、法域和法规。因此,其系统往往是缓慢、不透明和昂贵的。可互操作的 CBDC(即与其他方面广泛兼容的 CBDC)可以在改善跨境支付方面发挥作用。

(6) 支持公共隐私。

现金的一个关键特点是不存在中央化的持有量或交易记录。一些人认为,CBDC 可能带来的主要好处是电子支付某种程度的匿名性。完全匿名是不可能的。虽然反洗钱和反恐怖主义融资(AML/CFT)要求不是央行的核心目标,也不会成为发行 CBDC 的主要动机,但预计各国央行将设计符合这些要求(以及任何其他监管预期或披露)的 CBDC。对于 CBDC 及其系统,将存在支付数据记录,一个关键的国家政策问题是谁可以访问其中的哪些部分,以及在什么情况下访问。在公共隐私(特别是在数据保护立法继续发展的情况下)和减少非法活动之间取得这种平衡,将需要与国内相关政府机构(如税务当局)进行强有力的协调。

(7) 促进财政转移支付。

对于一些法域来说,新型冠状病毒肺炎疫情说明了在危机中拥有高效的基础设施,让政府能够迅速将资金转移到公众和企业手中的价值。具有用户标识的 CBDC 系统(例如,链接到国家数字身份方案的系统)可用于这些支付。尽管 CBDC 本身可以在提高财政转移效率方面发挥作用(特别是在没有银行账户的人口较多的法域),但这并不是必要的,也不是足够的。一个相连的数字身份系统将是实现真正改进的必要条件。如果有这样的系统,使用 CBDC 相对于使用(例如)商业账户等的增量收益可能很小,这取决于设计。此外,如果财政转移是通过 CBDC 进行的,则有可能模糊货币政策和财政政策之间的界限,并可能降低货币政策的独立性。

2. 货币政策动机

CPMI, MC 将"计息"(interest bearing)作为 CBDC 的五个主要设计特征之一,并对围绕概念可能性的学术辩论进行了全面概述。从理论上讲,计息的 CBDC 可以立即将政策利率变化传递给 CBDC 持有人(这也可能激励银行更快地传递利率)。然而,在理论之外,也存在挑战和风险。为了有效地传递政策利率,计息 CBDC 需要支付具有竞争力的利率,并允许公众持有大量资金。这可能加剧与银行去中介化及使资金流动更加不稳定的金融稳定风险。除了计息外,也有关于 CBDC 通过直接向公众转账(所谓的"直升机撒钱")来刺激总需求的公开讨论,可能会结合"可编程的货币政策"(programmable monetary policy),例如,有"到期日"的转账或以购买某些商品为条件的转账)。然而,这些转账的一个关键挑战是确定收款人及其账户。CBDC 不是前提条件,也不一定有用,也可能模糊货币政策和财政政策之间的界限。尽管 CBDC(取决于其设计)提供了一系列货币政策可能性,但需要进一步考虑实用性。货币政策不会成为发行 CBDC 的首要动机。

> 知识链接 4-1

区块链的起源[①]

区块链起源于比特币,2008 年 11 月 1 日,一位自称中本聪(Satoshi Nakamoto)的人发表了《比特币:一种点对点的电子现金系统》一文,阐述了基于 P2P 网络技术、加密技术、时间戳技术、区块链技术等的电子现金系统的构架理念,这标志着比特币的诞生。两个月后理论步入实践,2009 年 1 月 3 日第一个序号为 0 的创世区块诞生。几天后 2009 年 1 月 9 日出现序号为 1 的区块,并与序号为 0 的创世区块相连接形成了链,标志着区块链的诞生。

近年来,世界对比特币的态度起起落落,但作为比特币底层技术之一的区块链技术日益受到重视。在比特币形成过程中,区块是一个一个的存储单元,记录了一定时间内各个区块节点全部的交流信息。各个区块之间通过随机散列(也称哈希算法)实现链接,后一个区块包含前一个区块的哈希值,随着信息交流的扩大,一个区块与一个区块相继接续,形成的结果就叫区块链。

4.1.2 央行数字货币的概念

英国央行英格兰银行在其关于 CBDC 的研究报告中给出这样的定义:中央银行数字货币是中央银行货币的电子形式,家庭和企业都可以使用它来进行付款和储值。

不管是纸质货币还是数字货币,与商品货币相比,都属于符号货币,基础都源于信用。第三方支付的电子货币实际上是从企业虚拟账户对应到商业银行存款账户,再映射到中央银行备付金清算账户的二次信托结果,持有者需要承担企业信用风险。基于银行卡的商业银行存款货币,也蕴含商业银行的破产风险,需要有国家信用通过隐含担保、最后救助、存款保险制度进行风险对冲。央行数字货币是数字化的人民币现金,建立在完全的国家信用基础之上,如果说私人数字货币企图采用技术信用作为基础,央行数字货币则是技术信用与国家信用相叠加的最强信用货币。

"支付即结算"是法定数字货币的显著特征,电子货币在隐私保护和匿名性方面存在短板,央行数字货币可以实现可控匿名的点对点交易,具备了现金高效、便捷、货款即时两清的优势,信息流、资金流天生合一,无需后台异步清算、结算与对账,通过加密签名转换即可实现前台点对点价值转移和隐私保护。因此,央行数字货币综合了现金点对点的匿名、效率、成本优势和电子货币的时空优势,其数字化特征又可针对场景定制很多创新商业模式,可算是对现有电子货币体系的有效补充。

截止 2021 年底多数创新金融服务均基于电子货币实现,而电子货币都与银行账户紧耦合,金融服务的可获得性严重受限于账户普及率,数字化现金可以移动钱包为载体实现银行账户松耦合,利用移动网络服务半径远大于银行网点服务半径的优势,央行数字货币可有效消除金融鸿沟、实现金融普惠进程。

近年来,各国央行纷纷参与法定数字货币的探索与实践,如新加坡 2016 年开展的 Ubin 项目;加拿大 2017 年开展的 Jasper 项目;委内瑞拉 2018 年 2 月发行的 Petro 石油币;突尼斯 2019 年 11 月 11 日推出的数字化法币 E.Dinar 等。我国早在 2014 年也已成立法定数字货币

---

① 范希文.金融科技的赢家、输家和看家[J].金融博览,2017(11):44-45.

专门研究小组,助力央行推行中央银行数字货币(DCEP),加速我国货币数字化进程。

知识链接 4-2

为什么要发展CBDC?[①]

尽管受到比特币等去中心化加密货币的影响,但CBDC更多的是对加密货币行业的一种反应,而不是说拥抱加密货币,央行更多的是将加密货币视为一种威胁来管理。

随着比特币的大范围普及,以及2019年脸书(Facebook)宣布推出Libra,各国政府已经意识到防范这些威胁对现有银行业和传统金融业的重要性。

自比特币诞生以来,世界各国政府长期以来一直对加密货币持谨慎态度,因为它能够规避资本管制,并且有可能被用于洗钱等非法目的。央行也担心加密货币会破坏央行的权威和控制,因为目前没有像比特币这样的政府控制的货币储备,他们将难以监管这种匿名和分散的系统。

为了保持对货币生产和供应的控制,并为似乎不可避免的无现金社会提前做好准备,现在各国都在启动试验,以测试CBDC的工作原理。

4.1.3 货币之花

2018年,国际清算银行(BIS)下属支付及市场基础设施委员会(CPMI)提出了一个"货币之花"的概念模型(见图4-1),从四个方面对数字货币进行分类与定义:发行人(中央银行或菲中央银行)、货币形态(数字或实物)、可获取性(广泛或受限)及实现技术(基于账户或基于代币)。

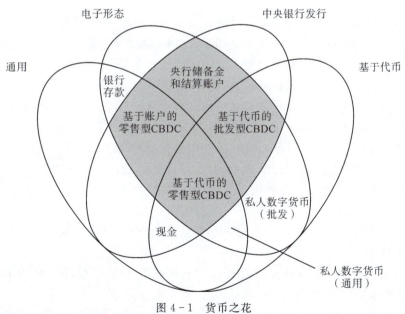

图4-1 货币之花

---

① 资料来源:中文网.回顾:2020年央行数字货币(CBDC)全球竞赛 2020-12-31 [2022-02-25]. http://WWW.sohu.com/a/441668498_538698.

在 BIS"货币之花"中,中央银行数字货币堪称"花蕊"(对应阴影区域),它是一种数字化的货币形态,其发行人是中央银行。其实现形式可以是基于账户的中央银行数字货币;也可不基于账户,是记于名下的一串由特定密码学预算法构成的数字,可称为基于价值(value)或基于代币(token)的中央银行数字货币。根据应用场景不同,又可分为批发端和零售端中央银行数字货币。前者应用于银行间支付清算、金融交易结算等;后者流通于社会公众。所以,中央银行数字货币可以分为三块区域:CB 结算账户(通用)、CB 数字代币(通用)与 CB 数字代币(批发模式)。当前,中国人民银行将正在研发的中央银行数字货币界定为 M0,因此可对应"货币之花"中的 CB 结算账户(通用)和 CB 数字代币(通用)两块区域。

商业银行在中央银行的储备金一般使用基于账户的方式,因此对应"货币之花"中的 CB 储备金和结算账户。当前私人数字货币对应"货币之花"的私人数字代币区域,但基本都是通用型,批发模式的私人数字货币很少见。虚拟货币传统上是由私人机构基于虚拟账户发行的,现常指基于区块链发行的私人数字代币(通用)。

4.1.4 央行数字货币设计特征

CBDC 的设计方案本质上体现了国家中央银行在支付生态体系中的角色选择,它决定了 CBDC 可能产生的经济影响,因此中央银行应该选择何种设计显得尤为重要,各国央行及一些国际组织对 CBDC 的研究直接或间接地体现了 CBDC 可能的设计方案,本书对其进行了归纳和总结,并列举了六个重要的基础性设计假设,同时将其划分为 CBDC 政策层面的设计方案和 CBDC 技术层面的设计方案两大类。

1. 央行数字货币政策层面的设计方案

第一个政策层面的重要设计是谁可以持有和使用 CBDC,即 CBDC 是所有人都可以持有还是只有特定的机构可以持有。具体来说,中国、瑞典、挪威及乌拉圭等国家主要关注零售型 CBDC 的试验和研发。据 BIS 相关研究统计,截至 2020 年年中,乌拉圭、乌克兰、厄瓜多尔等国已经完成了零售型 CBDC 的阶段性试点,而中国、柬埔寨、韩国、瑞典、巴哈马群岛及东加勒比货币联盟等经济体仍在开展零售型 CBDC 的试点项目。另外,法国央行、日本央行、加拿大央行及新加坡金管局等发达经济体央行主要关注和正在研发批发型 CBDC。

第二个政策层面的重要设计是 CBDC 的使用场景,即 CBDC 是类现金的(cash like)还是类存款的(deposit like)或是通用的(universal)。类现金的 CBDC 是指 CBDC 仅能在现金交易的场景下使用,而不能在存款交易的地方使用,如一些偏远或贫穷的地区无法支持 POS 机或者需要匿名交易的场景等;类存款的 CBDC 是指 CBDC 仅能在存款交易的地方使用,而不能在现金交易的地方使用,如一些大额交易的场景或线上交易等;通用的 CBDC 则适用于任何的交易场景。

不同的使用场景对经济有着不同的影响。一般而言,相较于类现金的 CBDC,类存款的 CBDC 或通用的 CBDC 对银行存款、实际利率及投资水平有着更广泛的影响。类存款的 CBDC 设计更适合金融摩擦大的国家,而当金融摩擦较小时,通用的 CBDC 有利于提升社会福利。

第三个政策层面的重要设计是 CBDC 是否计付利息,而这一设计的子设计命题包括现金是否与 CBDC 并存,以及 CBDC 利率是否可以为负。中国人民银行发布的《中国金融稳定报告(2020)》认为,计息型 CBDC 可能影响货币政策传导机制且可能对银行发挥中介职能带来影响,而不计息的 CBDC 对其影响较少,因此多数央行在发行 CBDC 初期并不选择计付利息。计息的 CBDC 为中央银行提供了更丰富的政策工具,CBDC 利率的高低以及 CBDC 与市场利率的差额会通过多种渠道对宏观经济产生影响。对于负利率政策的实施,只有当现金完全被取代的情况下才更加有效。相较于只有现金或只有 CBDC(现金被完全取代)的社会,现金与计息 CBDC 同时存在会削弱中央银行货币政策的效率,并且会降低社会福利水平。由于担心现金可能会成为网络效应的牺牲品,央行有理由限制 CBDC 与现金竞争的程度,这意味着只有当保护商业银行的存款基础成为首要目标时,中央银行才可能会让 CBDC 全面取代现金。总而言之,CBDC 势必会与现存货币形态产生一定的替代关系,而 CBDC 是否计息决定了这种替代关系的大小。

第四个政策层面的重要设计是 CBDC 与现金的兑换比率,即 CBDC 是否与中央银行负债 1∶1 兑换(trade at par)。一般默认 CBDC 可以与中央银行负债 1∶1 兑换,但也存在其他兑换比率的可能。在电子货币与现金之间存在浮动的、可管理的兑换比率的情形下,中央银行能够克服零利率下限,因此在萧条时期依然可以利用利率工具刺激经济复苏。但与此同时,这种构想也会带来新的风险和不确定性。

CBDC 在政策层面设计方案的差异(比如是零售型还是批发型、计息还是不计息)可能会对货币需求与供给、支付体系、金融稳定、货币政策传导及实体经济等方面产生不同的影响。不计息的零售型 CBDC 会使得支付系统更加多样化,并可能会降低信息不对称、提升货币政策的传导效率回,但也有可能导致央行在信贷分配中过度集中化和商业银行结构性的金融脱媒,从而放大金融风险。计息的零售型 CBDC 在正利率情况下则可能会带来更严重的银行存款挤出和金融脱媒现象。但是,计息的 CBDC 也为中央银行增加了一个新的流动性管控工具,通过调节 CBDC 利率可能会使得央行更好地调控宏观经济,并在一定条件下能够提升社会福利水平。计息的零售型 CBDC 还可能通过多种渠道导致商业银行提高存款利率,进而在一定条件下有利于储蓄和资本的形成,从而在长期时间内可能会有利于产出增长。另外,批发型 CBDC 则可能会提升金融机构间的转账和结算效率,并有助于促进跨境支付体系的改进。

2. 央行数字货币技术层面的设计方案

第一个重要的技术层面设计是 CBDC 应该采取何种底层技术,即 CBDC 是否采用分布式账本技术(distributed ledger technology,DLT)作为技术支撑。DLT 是一种不依赖于中央单一数据存储而依靠分布式的参与者共同维护的技术,它允许不同位置的计算机通过网络以同步的方式提出、验证交易并更新记录。CBDC 与 DLT 的主题常常是相互关联的,这是因为人们对 CBDC 的兴趣源于比特币等私人数字货币的出现,而私人数字货币往往采用 DLT 或区块链技术作为底层技术来确保每次交易的真实性和准确性。相较于中心化记账方式而言,DLT 往往更加具有活力和竞争性,同时在可溯源性、可访问性和操作弹性等方面有较大的优势。但 DLT 的劣势也很明显,那就是它的信息存储和信息同步的成本较高,且安全性和风险尚未得到验证。

出于管理和监督层面的考虑,基于中央授权下的 DLT 平台是零售型 CBDC 的最好选择(如英格兰银行正在研发和试验的 RS Coin 项目),因为这种双层运营模式在提升支付安全性及效率的同时还能确保央行保留对货币发行和货币政策的完全控制。而针对批发型 CBDC,DLT 并非 CBDC 的唯一选择。有中央银行表示,依据现有的实时全额结算系统(real time gross settlement system,RTGS)也可以支持 CBDC。例如,英格兰银行发布了关于未来

RTCS 的蓝图,其所构想的新型 RTGS 服务主要围绕五个特征展开:更高的弹性、更高的可访问性、更广泛的互操作性、改进的用户功能和更强的高额支付系统风险管理。它们认为这一体系不仅克服了 DLT 的缺陷,同时也完全可以满足未来 CBDC 的运行需要。此外,随着技术的不断进步和研究的不断深入,许多中央银行(如加拿大央行、新加坡金融管理局)在近些年的 DLT 试验中取得了新的进展。它们表示新版本的 DLT 已基本成熟,解决了旧版本效率低、成本高的缺陷。因此,一些本来对 DLT 持怀疑态度的中央银行(如瑞典央行)已开始加速 DLT 平台的搭建工作。由欧洲央行和日本央行于 2016 年联合启动的项目 Stella 也是基于 DLT 平台,截至 2020 年该项目已经经历了四个试验阶段。另外,乌拉圭央行开展的 e-peso 项目并未使用 DLT 作为底层技术,而是基于即时结算系统通过移动线路来运行,实现了无需网络的移动支付,同时保证了其匿名性和可追踪性。

第二个技术层面的设计是指 CBDC 交易的认证和存储形式,即 CBDC 是选择基于代币 (token-based)的形式还是基于账户(account-based)的形式,这就决定了 CBDC 的流通是否是完全匿名的。基于代币意味着 CBDC 的交易与实物现金交易类似,可以在代理人之间独立匿名进行而无需中央银行的授权和记录,不同的是实物现金时代需要接收方验证货币的真假,而数字货币时代需要接收方验证 CBDC 是否已经被消费过,避免重复支付(double spending)现象的发生。基于账户的设计则意味着代理人需要在特定的机构(可以是被授权的第三方金融机构,也可以是中央银行)开通 CBDC 账户方能使用 CBDC。在每次交易前,交易双方需要验证对方身份的有效性,同时由中央银行记入和存储交易记录。因此,在这种设计下,CBDC 的交易对于中央银行而言并非是匿名的。基于账户比基于代币的形式有更低的认证成本和更高的福利水平,因此中央银行应当选择前者。然而在各国实践中,基于代币和基于账户两种系统设计并非完全互斥,中央银行可以选择松耦合的账户体系以实现 CBDC 脱离传统银行账户进行价值转移,这使得 CBDC 的交易对账户的依赖大幅降低。因此,CBDC 究竟选择哪种认证和存储形式需要根据各国的国情和中央银行想要实现的目的来设计。

总而言之,CBDC 的设计方案有多种选择,除了上述四个政策性设计假设(即 CBDC 的持有者、CBDC 的使用场景、CBDC 是否计息及 CBDC 和央行负债的兑换比率)和两个技术性设计方案(即 CBDC 的底层技术、CBDC 的认证和存储形式)之外,各领域还有许多服务于特定问题研究的、更加精细的设计,如 CBDC 如何发放(通过购买债券或直接发放)、CBDC 账户是否可以透支、中央银行如何对 CBDC 进行管理(价格或数量)、商业银行是否可以持有 CBDC,以及是否可以使用 CBDC 作为准备金等。然而,这些设计方案并不是分散和独立的,中央银行在做出选择之前需要充分考虑一系列的设计组合对于经济系统可能产生的不同影响。另外,从各国研发及试验进展来看,除了上文提到的一些经济体,美国、俄罗斯、印度、澳大利亚等经济体的央行也在论证 CBDC 的可行性,但尚未开展具体的试验。

4.1.5 央行数字货币的类型

CBDC 最初被分为零售型(retail CBDC)和批发型(wholesale CBDC)两大类,前者面向全体公众,用于日常交易。后者面向特定机构,用于大额结算。随后,CPMI 在此基础上绘制的"货币之花"(见图 4-1)进一步完善了这一分类,具体而言,图中灰色的四个部分对应广义 CBDC,其中左下方两个部分表示所有人都可以持有和使用的 CBDC,而右上方的两个部分表示只有特定的机构才可以持有和使用的 CBDC。随后,BIS 根据中央银行和私人机构在支付体系中的角色和职能划分又将零售型 CBDC 细分为直接型 CBDC(direct CBDC)、间接型 CBDC(indirect CBDC)和混合型 CBDC(hybrid CBDC)三种类别。其中,直接型 CBDC 代表了用户对中央银行的直接索取权,由中央银行记录所有权信息,并在每次交易时予以更新;间接型 CBDC 则意味着用户向中介机构的索取权,中央银行只负责处理批发交易;混合型 CBDC 是一种中间方案,代表了用户对中央银行的索取权,同时允许中介机构处理零售支付。值得注意的是,CBDC 使用范围的不同必然会对经济指标和经济各部门产生不同的影响,因此区分 CBDC 持有者的性质和范围非常有必要,BIS 指出,从各个国家的选择来看,全球范围内研究批发型 CBDC 的动机通常比研究零售型 CBDC 的动机要弱。同时,非正规经济规模更大的国家更倾向于研究零售型 CBDC。因此,在大多数的研究假设中,CBDC 可以被所有公众持有。然而从实践角度来看,许多国家央行推出的 CBDC 项目都是只针对特定经济部门和领域使用的,即银行间大额支付场景。因此,批发型 CBDC 也不容忽视。

知识链接 4-3

Facebook Libra 是什么?[①]

Libra 是一种稳定币,它是数字加密货币行业里对于加密货币的一种分类。

什么是稳定币?对于不熟悉数字加密货币行业的读者来说,你可能对这个概念不太理解,你可以将其理解为一种锁定价值的积分系统。区块链相当于一个不可篡改、不可破坏的系统,在这个系统上可以发行一种积分,积分可以交易。稳定币就是这么一种"积分",它的价值是稳定的。

以 Libra 区块链为例,在这个区块链系统上,一个 Libra 积分等于 1 美元,这个价格是稳定不变的。如果你的账号里有 10 个 Libra,那就意味着你手里有 10 美元,可以在接受 Libra 的地方花掉这部分钱。你也可以花钱买 Libra,也可以拿 Libra 换钱。根据 Libra 白皮书,创造 Libra 只能通过法定货币 1∶1 购买 Libra,法币也将转入储备金。储备的规模决定 Libra 的实际价值,或有波动,但是很小。

根据白皮书显示,Libra 运行于 Libra 区块链之上,它是一个目标成为全球金融基础的架构,它可以扩展到数十亿账户使用,支持高交易吞吐量。也就是说,这个区块链的容量足以支撑全球数十亿人的交易量。

4.1.6 央行数字货币的优势

CBDC 的优点有很多。

(1)更有效的支付系统。在某些国家/地区,由于地理位置的原因,管理现金的成本可能非常高,并且在那些没有银行服务地区的农村人口或贫困人口可能无法使用支付系统。CBDC 可以降低成本并提高效率。

(2)加强金融包容性。CBDC 可以提供公共的数字付款方式,而无须个人持有银行账户。

(3)支付系统的稳定性更高,新公司进入门槛更低。在某些国家(如瑞典和中国),有越来越多的支付系统集中在一些非常大的公司手中。在这种情况下,一些中央银行将拥有自己的

---

① 微特数字科技.Facebook 加密稳定货币 Libra 是什么?[EB/OL].(2019-07-26)[2022-02-25]. https://Www.sohu.com/a/329493917_120240583.2019-07-26

数字货币视为增强支付系统弹性和增强该行业竞争的一种手段。

(4)加强货币政策。一些学者认为,CBDC通过促进金融包容性也可以增强货币政策的传导。此外,在现金使用成本高昂的程度上,CBDC可以用来收取负利率,从而有助于减轻"有效下限"对货币政策传导的限制。

(5)一种对抗新数字货币的手段。由受信任的政府支持的国内发行的数字货币以本国账户为单位,可能有助于限制私人发行的货币(如稳定币)的使用。这些稳定币可能难以监管,并可能对金融稳定和货币政策传导造成风险。

4.1.7 央行数字货币的发行和流通模式

一般来说,货币当局有直接和间接两种方式向社会提供零售CBDC。直接方式是货币当局为每一个公民提供一个官方账户,并提供所有配套支付服务;间接方式是货币当局制定自身持有零售CBDC的机制,将管理账户和支付服务的工作留给私营部门(DCA提供商)。两种方式服务(或产品)提供部门的对比情况见表4-1。与间接方式相比,货币当局通过直接方式承担的行政负担更大,可能会分散其在监管金融体系和实施货币政策方面的其他职能。由DCA提供商提供服务不仅可以减轻货币当局的行政负担,而且不会对数字资金所有人的资产造成新的风险,还可以促进往来账户和支付账户服务的竞争。一方面,通过间接方式,DCA提供商能够关注底层基础设施;另一方面,DCA提供商持有的零售CBDC在法律上仍属于账户持有人,DCA提供商将永远无法借出客户的这类数字资金,或将其暴露在任何风险之下。此外,DCA提供商不需要受制于巴塞尔的资本要求,这将使来自科技行业的新进入者更容易与现有银行进行竞争。综上,多数货币当局可能更倾向于选择间接方式向社会提供零售CBDC。

表4-1 CBDC发行模式对比

货币提供方式	直接存取	间接存取
货币当局提供	数字现金账户、客户服务、支付信用卡、网络银行和移动应用程序	数字现金集中支付流程、每个DCA提供商的数字现金账户
DCA提供商提供	—	客户服务、支付信用卡、网络银行、移动应用程序等

间接方式是一种公私合作发行CBDC的做法。在公私合作方法中,双层模式(two-tiered CBDC)和合成型CBDC机制(synthetic CBDC)在学术界和应用领域影响较大。其中,双层模式是货币当局向指定的数家机构发行零售CBDC,再由这些指定机构分别面向其客户或社会公众分发零售CBDC;合成型CBDC机制是由货币当局向CBDC投放机构提供结算服务,后者100%交纳储备金购买CBDC,并在监管下承担其他功能。相较于双层模式,合成型CBDC机制可能存在如下优势:一是货币本身创新程度可能更大。双层模式下,货币当局会挑选一种技术,并根据市场需求偶尔对其进行升级;合成型CBDC机制则在更根本层面上鼓励私营部门主导的创新。二是货币当局需要的资源更少,能够专注于其核心业务。双层模式下,私营部门负责客户尽职调查及钱包设计和货币分配,货币当局负责监管;但在合成型CBDC机制下,更多任务被外包给私营部门,货币当局履行的职责更少。此外,合成型CBDC机制对当前系统和基础设施的干扰相对较小,货币当局甚至将不必推出新的法定货币,不用承担由此带来的所

有法律后果。不过,合成型 CBDC 机制也存在风险。如货币当局履行责任的有限度更高,需公众理解其不完全是货币当局的品牌产品,欺诈或技术故障不应被归咎于货币当局,而这需要货币当局与公众的沟通充分有效,否则将对其声誉造成不良影响。总之,以上两种模式都不是完美的机制,具体选取哪种,需要各货币当局根据自身目标进行权衡取舍。

4.1.8 央行数字货币的流通机制

零售 CBDC 的支付系统有基于账户和基于代币两种。两个系统主要在系统状态记录形式等方面存在差异,但两个系统彼此之间的比较优势似乎不太明显。两种系统在未来都可能出现。

4.1.9 央行数字货币运营体系

中央银行数字货币运行系统包括以下部分,如图 4-2 所示。

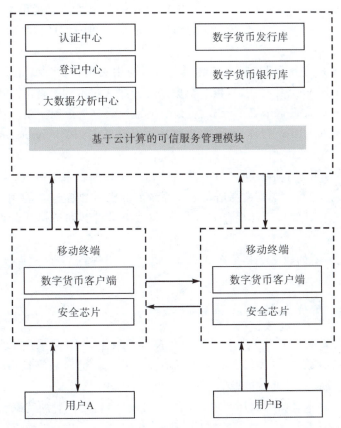

图 4-2 央行数字货币的结构

(1)登记中心:记录 CBDC 的发行情况、CBDC 权属信息,完成 CBDC 发行、转移和回笼全过程的登记。其主要功能组件包括发行登记、确权发布、确权查询网站应用、分布式账本服务几个部分。发行登记进行 CBDC 的发行、回笼过程及权属记录;确权发布将发行登记的权属信息进行脱敏后发布到 CBDC 确权分布式账本中;确权查询网站为商业银行提供在线权属查询服务;分布式账本服务保证中央银行与商业银行 CBDC 权属信息的一致。

(2)认证中心:对 CBDC 用户身份信息进行集中管理,是系统安全的基础组件,也是可控匿名设计的重要环节。其主要功能包括认证管理和 CA 管理两部分,在原型系统一期提供机构验证和证书管理功能,未来可基于 IBC(identity based cryptography,基于标识的密码技术)等技术构建对终端用户的认证支持。

(3)大数据分析中心:包括 KYC(know your customer,充分了解你的客户)、AML(anti money laundering,反洗钱)、支付行为分析、监管调控指标分析等功能,是 CBDC 风险控制及业务管控的基础。

(4)CBDC 基础数据集:维护中央银行数字货币系统完整的数据资源,既包括 CBDC 发行、回笼等业务过程产生的数据,又包括转移过程中产生的数据;并采用分布式账本服务进行权属信息登记试验,为 CBDC 发行登记业务、数据分析业务提供数据支撑。

(5)运行管理系统:提供整个中央银行数字货币原型系统运营过程中的配置、管理、监控等功能。

(6)中央银行数字货币系统前置:是商业银行接入中央银行数字货币原型系统的入口,提供商业银行核心业务系统与中央银行数字货币原型系统之间的信息转发服务,主要功能包括报文的接收、转发、签名、验签等。

(7)发行登记子系统分节点:是数字票据交易所与中央银行数字货币原型系统对接的入口,主要功能包括 CBDC 交易确认、与数字票据系统分布式账本的央行节点进行通信等操作。

(8)数字票据分布式账本中央银行节点:是中央银行数字货币原型系统在数字票据分布式账本的前置节点,发布 CBDC 智能合约,实现数字票据交易 DVP(delivery versus payment,券款兑付)。

中央银行数字货币原型系统通过与中央银行会计核算测试系统对接,实现 CBDC 发行和回笼机制。商业银行与数字票据交易所是原型系统实验的重要参与方,其中,商业银行需对核心系统进行改造,建立其银行库和保存 CBDC,并与中央银行共同组建分布式账本登记 CBDC 权属信息。

在数字票据交易所的数字票据分布式账本中加入中央银行节点,从而实现 CBDC 与数字票据基于分布式账本的 DVP 交易。

4.1.10 研发央行数字货币时要考虑的问题

研发 CBDC,需要从多个维度来考量。如在技术路线上,DCEP 采用了账户路线,而有一些国家则选择了以区块链技术为代表的加密货币技术路线。但对数字货币来说,基于账户和基于代币两条技术路线不是非此即彼的关系。

代币也是一种账户,是新型的加密账户。相比传统账户,用户对加密账户的自主掌控能力更强。

而在央行数字货币是否使用智能合约的问题上,数字货币不能只是对实物货币简单的模拟,若要发挥数字优势,未来的数字货币一定走向智能货币。

此前出现了一些由于智能合约安全漏洞而引发的系统灾难,这说明该项技术成熟度有待改进,所以央行数字货币应在充分考虑安全性基础上,从简单智能合约起步,逐步扩展其潜力。目前,加拿大、新加坡、欧洲央行和日本央行等开展的央行数字货币研究项目,均实现了智能合约。

(1)运行架构方面:商业银行传统账户加数字货币钱包的架构体系,避免了 CBDC 对商业银行的冲击,目前双层架构正逐渐形成各国共识,DCEP 也采用双层运营体系。双层运营和单层运营也并非二选一的关系,二者可以并行不悖、兼容并蓄,以供用户选择。

(2)价值属性方面:央行直接负债还是运营机构负债,也是 CBDC 研发需要考量的重点之一。此外,还需要考量的重点有是否计息,以及发行模式采用发行还是兑换。

(3)监管方面:也是央行数字货币研发需要考量的重点。这需要在隐私保护与监管合规之间取得平衡。在数字世界中,数字身份的真实性问题、隐私问题、安全问题或涉及更大的社会治理问题,需要做深入研究。

(4)使用方面:央行数字货币未来还面临挑战,其中之一即安全性。这需要认真分析现行的央行数字货币相对于传统的银行进行的客户身份认证、账户管理、账户划转等,是不是带来更大的安全性,其中有没有漏洞。

(5)货币应用方面:央行数字在国际支付体系当中涉及的有限匿名问题。这会带来国际资本的匿名流动,不利于各国监控资本流动。

(6)支付边界方面:从功能上来讲,央行数字货币是去中介的电子支付手段,不依赖于商业银行或者第三方支付,其具备传统电子支付手段的所有优势和特点,可能会带来加速脱媒,导致金融体系的结构性巨变。

央行数字货币替代 M0 的小额支付会增加社会的持币偏好,这一点并不需要过分担忧,但如果央行数字货币替代了银行的 B2B 支付,诸如大额的转账等,就可能带来金融快速脱媒,短期内的快速巨变需要考虑金融体系能否承受。

金额的限制、场景的限制等问题,这需要精心设计。

4.2 我国央行数字货币 DCEP 概述

DCEP(digital currency electronic payment),中国版数字货币项目,即数字货币和电子支付工具,是中国人民银行研究中的法定数字货币,是 DIGICCY(数字货币)的一种。

数字人民币,是由人民银行发行,由指定运营机构参与运营并向公众兑换,以广义账户体系为基础,支持银行账户松耦合功能,与纸钞和硬币等价,并具有价值特征和法偿性的可控匿名的支付工具。

4.2.1 我国央行数字货币的发展与特征

1. DCEP 的发展历程

DCEP 的发展历程经历了三次变迁。

(1)1.0 人民币的诞生和历次变迁。

2019 年 8 月 30 日,2019 年版第五套新版人民币正式发行,此次发行的包括 50 元、20 元、10 元、1 元纸币和 1 元、5 角、1 角硬币。

在此之前,作为中国经济建设与社会发展的见证者,人民币已经经历了五次变迁。

1948 年 12 月 1 日,中国人民银行成立,并于同日发行了第一套人民币。第一套人民币共 16 种面额 62 种版别,最小面额 1 元,最大面额 50000 元。该套人民币是在统一各革命根据地货币的基础上发行的,是从中华人民共和国成立前无序货币体系向独立统一的货币秩序过渡阶段的产物,对建国初期的经济恢复发挥了重要作用,具有极其鲜明的时代背景和历史印痕。

第二套人民币在1955年3月1日正式发行,面额结构相较第一套货币趋于合理,最小面值为1分,最大面值为10元,并首次也是唯一一次发行三元面值的人民币。第二套人民币首次实行主辅币制,发行了包括5分、2分、1分的硬币,结束了我国近现代没有统一流通硬币的历史。

1962年,三年经济困难结束后,国民经济开始恢复和发展。同年4月20日,第三套人民币开始发行,纸币最大面值仍为10元,最小面值1角,硬币则包括1元、5角、2角、1角,同时取消了3元纸币。第三套人民币是中国独立自主研制的第一套货币,并与第二套人民币一起跨越了我国整个计划经济时代,一定意义上成为我国计划经济时代的标志物之一。

随着我国改革开放进入崭新阶段,日益增长的国民经济对于货币总量和货币结构有了新的要求。1987年4月27日,中国人民银行开始发行第四套人民币,这套人民币正面采用大幅人物头像水印,增加了50元和100元两类大额币种。

1999年6月30日,时任国务院总理朱镕基发布国务院第268号令:为适应经济发展的需要,进一步完善我国的货币制度,提高人民币的防伪性能,现决定,自1999年10月1日起陆续发行第五套人民币。"第五套人民币增加了20元面额纸币,取消了2元面额。

第五套人民币从1999年10月1日流通至今,此后在2005年8月31日、2015年11月12日和2019年8月30日分别发行了第五套人民币新版。

(2) 2.0 人民币的"数字化时代"。

从1948年12月1日的第一套人民币,到2019年8月30日的第五套人民币新版,人民币作为中国通行流通的法定货币已经历经71年。

随着计算机和互联网技术的快速发展,人民币已经逐步实现电子化,迈入2.0时代。流通在银行等金融体系内的现金和存款早已通过电子化系统实现数字化,而支付宝、微信支付等第三方移动支付的大规模普及,让流通中的现钞比重逐渐降低。现在中国人出门,除了部分特殊场合外,几乎不需要使用现钞。移动支付已经改变了人们生活的方方面面,带来快速便捷的支付体验。人们开始畅想未来的"无现金社会",中国也成为最接近无现金社会的国家之一。

据央行发布的数据统计,2018年全球银行业金融机构共办理非现金业务2203.12亿笔,金额3768.67万亿元。银行业金融机构共处理电子支付业务1751.92亿笔,金额23539.70万亿,其中移动支付业务605.31亿笔,达277.39万亿。

但中国的移动支付更多是商业驱动,是一种货币的电子化支付手段,而非真正意义上的数字"人民币"。从贵金属到纸币替代贵金属充当货币,再到未来的数字化货币,是经济和科技发展到一定阶段的必然产物;而随着网络通信技术日益发达、社会交易活动日益频繁与活跃,加上民众购物消费习惯的变化及对货币流通安全性的考虑,人们越来越趋向于使用电子银行、电子支付而不愿携带纸币,因此,由央行提供比纸币更快捷、低成本的数字化货币媒介工具,是顺应时代发展之必需。

(3) 3.0 法定数字货币:DCEP。

中国人民银行从2014年开始成立专门研究小组研究法定数字货币。

如果说,2014年时任中国人民银行行长的周小川提出进行法定数字货币研发是如今一切的开端,那2017年央行成立数字货币研究所则是这个故事的重要节点。过去的五年,中国人民银行数字货币研究所联合数家商业银行,从数字货币方案原型、数字票据等多维度研究央行数字货币的可行性。

2019年8月2日,央行召开2019年下半年工作电视会议,明确指出下半年要加快推进我国法定数字货币(DCEP)的研发步伐,并及时跟踪国内外虚拟货币发展趋势。

2019年8月10日,时任中国人民银行支付结算司副司长的穆长春在第三届中国金融四十人伊春论坛上表示,中国法定数字货币"现在可以说是呼之欲出了",再一次将央行法定数字货币推到大众视野之中。

2. DCEP的特征

DCEP的特征可以从以下四个方面说明。

(1)发行方式。

具体而言,DCEP将采用"中央银行——商业银行"的双层架构,延续了现行纸币发行流通模式,中央银行负责数字货币的发行与验证监测,并将数字货币发行至商业银行业务库,商业银行受央行委托向公众提供法定数字货币存取等服务,负责提供数字货币流通服务与应用生态体系构建服务,并与中央银行一起维护法定数字货币发行、流通体系的正常运行。"双层投放"有利于充分利用商业机构现有资源、人才、技术等优势,通过市场驱动、促进创新、竞争选优。

(2)数据管理。

DCEP将采用最新的云计算和区块链技术,有很大可能会使用区块链技术来拓展应用场景,但一定是经过改造后的区块链技术。央行数字货币是中心化的,在避免区块链去中心化特征的同时,也可以使用其全程留痕、不可篡改、可追溯性、智能合约、共识机制等特点,使得法定数字货币真正能够在区块链上实现智能合约。

(3)用户层面。

DCEP将为每个人开通数字钱包,并采取松耦合的方式,采取"前台自愿,后台实名"的原则。数字货币作为一串由特定密码学与共识算法验证的数字,可以储存或携带于数字钱包中,而数字钱包又可以应用于移动终端、PC终端或卡基上。人们通过数字钱包完成数字货币的存储、交易、借款、贷款等活动。

(4)功能层面。

从功能而言,DCEP也将实现很多创新。首先,在移动支付方面继续引领世界潮流。当前,中国的支付宝和微信支付已经在移动支付方面引领全球,但基于银行活期存款的电子支付还没有完全释放移动支付的活力。如果DCEP如期发行,就会将本来就处于领先地位的移动支付再提升一个层次。法定数字货币具有法律效力,一方使用法定数字货币交易,另一方不能拒绝,这将继续拓展移动支付的覆盖人群。尤为重要的是,央行数字货币体系可以实现数字货币的脱网交易、离线支付。支付宝和微信支付依靠银行账户,实际上还是要经过银行体系完成,所以在临时断电或网络失灵的情况下无法交易,但央行数字货币仍可以正常交易,双方只要在数字钱包上有支付设定功能,就可以完成交易。

4.2.2 对货币政策和金融体系的影响

首先,从设计方案看,DCEP系统将在央行发行数字货币是具有"触发机制",只有符合央行设定的发行条件,才能启动"触发机制",成功发行数字货币。这将让央行拥有追踪货币流向的能力,从而可以建立精准执行货币政策、精准预测市场流动性的超级能力,也让打击洗钱、逃漏税等金融犯罪活动变得更简单透明。比如,国家要求支持中小民营企业和实体经济,那么在使用数字货币发放贷款时,就可以把是否满足中小民营企业、是否是实体经济、是否实行利率优惠等作为"触发机制"的前置条件,从而使得国家的货币政策能够得到精准执行。

其次,更进一步推动人民币国际化,实现中国金融发展的换道超车。2015年,人民币纳入国际货币基金组织特别提款权(SDR),标志着向人民币国际化迈出了重要一步。一个国家GDP占世界的份额与其货币在国际交易中使用的比例大致相当,但中国和美国都是特例,也恰好是两个极端,美元在国际交易中的比例远高于美国在世界经济中的比重,而中国的人民币在国际交易中的比例则远低于中国在世界经济中的比重。比如2018年8月,SWIFT人民币全球交易使用量为2.12%,但是2018年中国的经济总量占世界16%,这一反差说明人民币国际化仍然任重道远。中国有可能可以通过数字货币走出一条推动人民币国际化的新路。

4.3 其他央行数字货币

2019年,国际清算银行和支付与市场基础设施委员会对各个国家央行数字货币的研究现状进行了调查,共有66个国家的央行对此调查做出答复,这66个国家覆盖了全球75%的人口、90%的经济产出。调查数据显示,80%的国家正在积极研究主权数字货币问题,其中约50%同时研究零售模式和批发模式,35%只研究零售模式,15%只研究批发模式。目前所涉及的研究大部分是概念性的,主要集中在主权数字货币的投放、重塑支付体系对国家的潜在影响等(Codruta等,2020)。表4-2所示为各国央行数字货币研究现状。

表4-2 各国央行数字货币研究现状

国家(地区)	探索情况
中国	2014年,中国人民银行成立法定数字货币研究小组论证央行发行法定数字货币的可行性; 2016年1月,中国人民银行召开数字货币研讨会,论证央行数字货币对中国经济的意义,并认为应尽早推出央行数字货币; 2017年1月,中国人民银行式成立成数字货币研究所,并在国务院批准下,开展DCEP的法定数字货币研发工作; 2019年11月,中国人民银行副行长范一飞表示,央行法定数字货币已基本完成顶层设计标准制定; 2020年4月,央行法定数字货币推进试点测试
美国	2020年2月,美联储主席表示:美联储正在对央行数字货币进行研究,但尚未决定是否推出
英国	2015年3月,英国央行宣布规划发行一种数字货币; 2016年,在英国央行授意下,英国伦敦大学研发法定数字货币原型——RSCoin以提供技术参考框架; 2020年3月,英国央行发表央行数字货币报告,探讨向数字经济转变

续表

国家(地区)	探索情况
新加坡	2016年11月,新加坡金融管理局和区块链联盟R3合作推出Project Ubin,探索分布式账本技术在数字货币领域的应用; 2019年,新加坡金融管理局和加拿大银行完成了使用央行数字货币进行跨境货币支付的试验
瑞典	2017年9月,瑞典央行启动E.Krona计划,探索法定数字货币在零售支付方面的可行性; 2018年4月,瑞典央行宣布将与IOTA区块链公司合作,研发推出国家数字货币; 2020年,瑞典央行宣布,在当年7月份开展数字货币试点
加拿大	2016年6月,区块链联盟R3与加拿大银行共同发起法定数字货币Jasper项目; 2019年,新加坡金融管理局和加拿大银行完成了使用央行数字货币进行跨境货币支付的试验
俄罗斯	2017年10月,俄罗斯总统普京正式宣布俄罗斯将在莫斯科举行的团门会议上发布官方数字货币——加密卢布
菲律宾	2020年7月,菲律宾央行行长称,央行已成立一个委员会研究发行央行数字货币的可行性以及相关政策影响
挪威	2018年5月,挪威央行发布的一份工作文件表示央行正在考虑开发法定数字货币作为现金的补充,以"确保人们对当前货币体系的信心"; 2019年5月,挪威央行的工作组发布央行数字货币报告,报告表明,随着公民退出使用物理形式的货币,银行必须考虑"一些重要的新属性以确保高效稳健的支付系统"
马绍尔群岛	2018年3月,马绍尔群岛议会通过立法正式宣布其将通过ICO的方式发行数字货币Sovereign(SOV)作为法定货币; 2019年9月,马绍尔群岛官方透露,即将推出的国家数字货币SOV将可以通过预订的方式获得
委内瑞拉	2018年2月推出官方石油币,成为全球首个发行法定数字货币的国家。
厄瓜多尔	2014年12月,厄瓜多尔推出了电子货币系统; 2015年2月,运营电子货币系统和基于该系统的厄瓜多尔币,市民可通过该系统在超市、银行等场景支付; 2018年3月,政府宣告系统停止运行
突尼斯	2015年,突尼斯央行探索将区块链技术应用于其国家货币Dinar,推出本国货币Dinar的数字版本"E-Dinar",成为全球首个发行由法定货币支持的数字货币的国家
塞内加尔	2016年12月,塞内加尔央行发布基于区块链的数字货币e-CFA,由当地银行和一家位于爱尔兰的创业公司e-Currency Mint Limited协助发行

续表

国家(地区)	探索情况
泰国	2018年10月,泰国政府发行数字货币CTH 120亿枚; 2019年7月,泰国央行副行长公开表示,其与香港金融管理局共同合作研发的数字货币项目正式进入第三阶段; 2020年1月,香港金融管理局与泰国央行公布数字货币联合研究计划——Inthanon LionRock项目的成果,并发表研究报告
乌拉圭	2017年11月,乌拉圭央行推出一项为期6个月的零售数字货币的试点计划,用于发行和使用乌拉圭比索的数字版本
立陶宛	2018年,立陶宛启动了LB Chain区块链平台项目,积极研究区块链和数字货币; 2019年12月,立陶宛央行批准数字货币LB Coin的实物样本代币基于区块链,将于2020年春季发行; 2020年1月,立陶宛央行表示正继续努力加强数字货币工作

资料来源:巴曙松,张岱晁,朱元倩.全球数字货币的发展现状和趋势[J].金融发展研究,2020(11):3.9.

知识链接 4-4

"合成央行数字货币"(sCBDC)会是未来央行货币吗?[①]

2019年7月15日,IMF发布了一份专题报告《数字货币的兴起》,报告首次提出了一个数字货币分类框架,并分类比较其优势和潜在风险,思考其意义;接着重点讨论了e-money(由私人部门发行)对商业银行部门的可能冲击,设想b-money(由银行发行)和e-money未来可能存在的三种局面,补充、并存、取代;最后考虑e-money对央行的影响,大胆设想了央行与电子货币提供商合作发行CBDC(央行数字货币)的可能性。值得一提的是,报告中把最近引起广泛关注的Libra归类为i-money(investment money,由私募投资基金发行),认为其是一种有抵押、可按浮动价值赎回的货币,本质上是一种私人投资基金的份额。

报告指出,sCBDC模式与长期以来决策者设想的成熟CBDC模式不太一样。在成熟CBDC模式中,中央银行作为CBDC的发行负责人,需要独立负责以下众多步骤:完成客户尽职调查、提供或审查钱包、开发或选择基础技术、提供结算平台、管理客户数据、监控交易、与客户交互。这些环节都增加了发生故障和网络攻击的风险,带来了巨大的成本,并可能使央行声誉遭遇打击。

sCBDC模式则提供了完全不同的一条新路,由政府和私营机构合作发行。央行仅仅负责审查开立央行储备金的支付机构资格,以及储备金在央行账户的结算交易。上述提到的所有其他功能则将由私营电子货币供应商在监管下负责。当然,应该让用户在知道sCBDC不完全是央行的产品,央行负部分责任。就像今天的商业银行持有准备金,但是欺诈或与个人借记卡相关的技术故障不应归咎于央行。这样即使某些环节出现问题,央行声誉也不会受损。

因此,相比于央行独立开发完全成熟的CBDC,sCBDC是一种成本更低、风险更小的有效方式。它既保持了私营部门在技术创新和与客户互动方面的优势,又保有了央行在提供信任

---

① GRIFFOLI T M, PERIA M M, AGUR T, et al. Casting Light on Central Bank Digital Currencies[J]. 2018.

和提升效率方面的优势。

sCBDC 会和 b-money 及潜在的 i-money 竞争吗？这些依赖于央行、监管机构和企业家的决策,有待进一步观察。但有一点是肯定的,创新和变革可能会改变银行业和货币领域的现有格局。

单元二 数字货币的应用场景

不同类型的货币在发行机制、信用背书、发行范围、是否使用区块链技术等方面的不同特征,使得它们在应用场景、延伸服务、交易成本和匿名成本、违约风险等方面也具有不同的特点。应用场景,就是考察一种货币能够被多少商家使用,能够在多少种商业应用中获得使用,同时运用货币可以进行其他的增量服务,包括社交、理财、投资等。比如,数字货币的应用场景更多,可以用于点对点交易,还可以运用区块链技术完成复杂的商业行为协同。交易成本,即使用这种类型的货币进行跨时空交易的便利程度。匿名成本则衡量了在匿名保护上的难易程度。违约风险,即货币发行方或资金结算方不进行兑付的风险程度。

根据这四个维度,可以对法定货币(简称法币)、比特币(数字货币)、Libra(稳定数字货币)和央行发行的法定数字货币这四种货币的运行模式进行比较,如表4-3、表4-4。

表4-3 四种类型货币的特点比较

货币类型	发行机制	信用背书	发行数量	匿名性	普通范围	是否使用区块链等数字技术
法币	央行中心发行	国家信用背书	无上限	匿名	取决于该国法币在世界范围的认可程度	否
比特币	去中心化	无	2100万	匿名	全网	是
Libra	中心发行,去中心化使用	线下一篮子资产,以美元为主	无上限	匿名或实名	全网	是
法定数字货币	央行中心发行	国家信用背书	无上限	实名	取决于该国法币在世界范围的认可程度	是

表4-4 四种类型货币的功能比较

货币类型	应用场景	交易成本	匿名难度	违约风险
法币	相对较少	相对较高	相对较难	相对较高
比特币	相对较多	相对较高	相对较易	相对较低
Libra	相对较多	相对较低	相对较易	相对较低
法定数字货币	相对较多	相对较低	相对较难	相对较低

在应用场景上,央行数字货币比法币更丰富,可以与稳定数字货币、比特币比肩;在交易成本上,央行数字货币能够更好地实现跨时空结算,打破交易的时空限制。由于国家主权背书,运用央行数字货币进行线上交易,比 Libra、比特币等违约风险更低,交易履约更有保障。而且

由于法定数字货币背后是国家机器,试图通过匿名来进行违法金融活动成本更高,反诈骗、反洗钱更有利。因此综合来看,央行发行的数字货币,可能是未来数字货币最理想的形式。

知识链接 4-5

零售巨头沃尔玛或发行类似 Libra 的稳定币[①]

这种基于区块链的数字货币"可能与美元挂钩",且可能"只在选定的零售商或合作伙伴中使用"。

据 The Block 透露,美国专利商标局(USPTO)近日公布的文件显示,零售巨头沃尔玛或正在研究发行与美元挂钩的稳定币,一种类似于 Libra 的加密数字货币。

文件概述了一种"通过将一个数字货币单位与一种常规货币挂钩来生成一个数字货币单位"的方法,即与法币挂钩的稳定币。

该文件补充称,这种基于区块链的数字货币"可能与美元挂钩",且可能"只在选定的零售商或合作伙伴中使用"。此外,这还可能帮助低收入家庭找到解决银行服务费用高昂的方案,他们可以选择在一家能够满足其大部分日常财务和产品需求的机构处理资金问题。推出数字货币能够让人们在不需要现金的地方无需使用信用卡和借记卡,大幅提升支付便捷性。

业内人士认为,这听起来类似于 Facebook 计划推出的加密货币 Libra,旨在为没有银行账户的人提供服务。

据了解,沃尔玛是区块链领域最活跃的参与者之一,迄今已提交至少 54 项与区块链相关的专利。近期,沃尔玛中国推出了一个农产品溯源的区块链平台。此外,这家零售巨头还加入了药品溯源区块链联盟 MediLedger,深入布局区块链领域。

单元三 央行数字货币实验

4.4 央行数字货币发展概述

4.4.1 央行数字货币起源

发行央行数字货币可以降低传统纸币发行、流通的高昂成本,提升经济交易活动的便利性和透明度,减少洗钱、逃漏税等违法犯罪行为,提升央行对货币供给和货币流通的控制力,更好地支持经济和社会发展,助力普惠金融的全面实现。未来,数字货币发行、流通体系的建立还有助于建设全新的金融基础设施,进一步完善支付体系,提升支付清算效率,推动经济提质增效升级。

1. 提升交易效率与信任度

与非法定数字货币不同,CBDC 是主权国家根据自身需求,结合现有技术以国家信用背书

[①] 梁雨山. 零售巨头沃尔玛或发行类似 Libra 的稳定币[EB/OL](2021-08-02)[2022-02-26]. https//finance.sina.cn/blockchain/2019-08-02/detail-ihytcitm6468119.d.html? oid=3816642494773003.

的货币，以宪法保障其法币性质。CBDC 相较于传统的纸制、电子货币，分布式账本储存以货币为载体的信用关系，保障价值的储存与迁移，将传统货币在交易过程中未能监测的信息全面搜集；在保障交易对手互信的前提下，CBDC 可以更好地度量商品与价值的关系，使交易效率与信任度得到提升。

2. 保障货币资金安全

CBDC 不仅具有传统货币以国家主权为依托的优点，同时也具有数字货币的先进性。在防止洗钱、黑客攻击、假钞、偷逃税款等方面亦具有显著价值。当前国际局势动荡，若两国交战发生国际制裁，敌方银行冻结资产；或黑客攻击金融机构，如采用传统的电子货币记账、发行模式难以全面防御。特别是一些国家部分地缘经济不稳定、政治局势不太平，中心化金融系统难以防范战乱与恐怖活动风险。若采用区块链技术构筑法定数字货币、分布记账、全网联通，可以天然抵御该问题。即使局部结点失效，其分布在全网其他各个节点的交易数据，仍可保障资金的安全。

3. 跨境支付结算的福音

由于区块链技术天然的记账属性、分布式原理，使其在 CBDC 上的应用极为适合。区块链可以构建分布式总账系统，登记央行发行的全部数字货币。在理想化的 CBDC 发行体系当中：中央银行可以免费提供身份核查与下载数字钱包的服务，将居民手中所有的银行存款与数字货币放入其发行的钱包中。这对央行传统的信用体系是一种颠覆，以往的跨境结算需要中央结算机构与金融机构联动；而区块链编制的分布式记账操作系统可以自动执行、认证，且无差错，可以显著提升效率；而且传统 SWIFT（环球金融电信协会）由美国主导，收费昂贵，并对发展中国家的服务普遍缺失，使用新兴的区块链数字化币体系将使成本大大降低，并且提升发展中国家在跨境支付结算中的地位。区块链技术的跨境转账可以将交易成本下降二分之一，到账时间由几个工作日缩短为实时到账。

4. CBDC 可以监管资金流向

CBDC 可以完整控制资金流向，方便央行统计货币创造过程，加强经济活动的监管、监察，实现特定政策调控目的，真正实现金融大数据，实现经济活动高度透明，让逃税、洗钱、贪污等经济犯罪活动无处遁逃。在货币、财政政策执行方面，由于可以及时掌握资金动态，迅速评估政策执行情况，所以可以对相关政策进行调整优化。同时，数字货币可以帮助监管机构定向支持微观领域，包括支持扶贫、小微、医疗等亟待资金输血部门。

4.4.2 央行数字货币发行背景与重要性

1. 数字经济发展需要建设适应时代要求、安全普惠的新型零售支付基础设施

当前，中国经济正在由高速增长阶段转向高质量发展阶段，以数字经济为代表的科技创新成为催生发展动能的重要驱动力。随着大数据、云计算、人工智能、区块链、物联网等数字科技快速发展，数字经济新模式与新业态层出不穷。新冠肺炎疫情发生以来，网上购物、线上办公、在线教育等数字工作生活形态更加活跃，数字经济覆盖面不断拓展，欠发达地区、边远地区人民群众线上金融服务需求日益旺盛。

近年来，中国电子支付尤其是移动支付快速发展，为社会公众提供了便捷高效的零售支付服务，在助力数字经济发展的同时也培养了公众的数字支付习惯，提高了公众对技术和服务创

新的需求。同时,经济社会要实现高质量发展,在客观上需要更为安全、通用、普惠的新型零售支付基础设施作为公共产品,进一步满足人民群众多样化的支付需求,并以此提升基础金融服务水平与效率,促进国内大循环畅通,为构建新发展格局提供有力支撑。

2. 现金的功能和使用环境正在发生深刻变化

随着数字经济发展,我国现金使用率近期呈下降趋势。

据2019年人民银行开展的中国支付日记账调查显示,手机支付的交易笔数、金额占比分别为66%和59%,现金交易笔数、金额分别为23%和16%,银行卡交易笔数、金额分别为7%和23%,46%的被调查者在调查期间未发生现金交易。

同时也要看到,根据2016年末至2020年末统计数据,中国流通中现金(M0)余额分别为6.83万亿元、7.06万亿元、7.32万亿元、7.72万亿元和8.43万亿元人民币,仍保持一定增长。特别是在金融服务覆盖不足的地方,公众对现金的依赖度依然较高。同时,现金管理成本较高,其设计、印制、调运、存取、鉴别、清分、回笼、销毁及防伪反假等诸多环节耗费了大量人力、物力、财力。

3. 加密货币特别是全球性稳定币发展迅速

自比特币问世以来,私营部门推出各种所谓加密货币。据不完全统计,截止2021年底有影响力的加密货币已达1万余种,总市值超1.3万亿美元。比特币等加密货币采用区块链和加密技术,宣称"去中心化""完全匿名",但缺乏价值支撑、价格波动剧烈、交易效率低下、能源消耗巨大等限制导致其难以在日常经济活动中发挥货币职能。同时,加密货币多被用于投机,存在威胁金融安全和社会稳定的潜在风险,并成为洗钱等非法经济活动的支付工具。

针对加密货币价格波动较大的缺陷,一些商业机构推出所谓"稳定币",试图通过与主权货币或相关资产锚定来维持币值稳定。有的商业机构计划推出全球性稳定币,将给国际货币体系、支付清算体系、货币政策、跨境资本流动管理等带来诸多风险和挑战。

4. 国际社会高度关注并开展央行数字货币研发

当前,各主要经济体均在积极考虑或推进央行数字货币研发。国际清算银行最新调查报告显示,65个国家或经济体的中央银行中约86%已开展数字货币研究,正在进行试验或概念验证的央行从2019年的42%增加到2020年的60%。据相关公开信息,美国、英国、法国、加拿大、瑞典、日本、俄罗斯、韩国、新加坡等国央行及欧央行近年来以各种形式公布了关于央行数字货币的考虑及计划,有的已开始甚至完成了初步测试。

4.4.3 央行数字货币发展现状

面对私人数字货币对法定货币产生的威胁,为积极应对并在未来的国际货币领域占据主动,各国央行已积极参与到法定数字货币的研究中来。截止2021年底全球对于央行数字货币并没有一个统一的定义,大多是指央行发行的新形式货币,区别于实物现金及央行储备资金或清算账户的资金。央行数字货币能够代替现金活跃在金融交易的各个场景中。根据受体和技术的不同,国际清算银行在相关报告中区分了三种形式的央行数字货币,其中两种基于代币体系,一种基于账户体系。在两种基于代币体系的央行数字货币中,一种为面向公众的支付工具,主要针对社会公众零售交易,即零售模式;另一种则是面向金融机构的支付清算和结算交割业务,即批发模式。

1. 全球央行数字货币的发展现状

2019年,国际清算银行和支付与市场基础设施委员会对各个国家央行数字货币的研究现状进行了调查,共有66个国家的央行对此调查做出答复,这66个国家覆盖了全球75%的人口、90%的经济产出。调查数据显示,80%的国家正在积极研究主权数字货币问题,其中约50%同时研究零售模式和批发模式,35%只研究零售模式,15%只研究批发模式。目前所涉及的研究大部分是概念性的,主要集中在主权数字货币的投放、重塑支付体系对国家的潜在影响等方面(见表4-2)。

2. 全球央行数字货币的主要特征

目前,各国央行数字货币仍处于研发阶段,尚未实际全面发行。但从已有的公开资料来看,各国在央行数字货币的模型设计上大致达成共识。

主要有以下特征。

(1)在发行模式方面,采取中心化形式发行,百分百全额缴纳储备金。

数字货币的价值来自公众认为它们有跨时间换取其他商品、服务或一定数量的其他主权货币的能力。私人数字货币虽具有去中心化的特点,可规避发币主体滥发货币的可能性,但也导致私人数字货币缺乏价值基础,无法维持币值稳定。

不同于私人数字货币,央行数字货币具有中心化发行的特点,通过国家信用为数字货币背书,避免币值剧烈波动。同时,央行数字货币采用百分百储备金的形式发放,避免数字货币过度发行造成恶性通货膨胀,有利于维持数字货币的价值和金融体系的稳定。

(2)在投放机制方面,基本采用双层投放机制,避免对金融体系造成冲击。

双层投放机制指由央行负责数字货币的投放和回笼,但央行并不直接与消费者对接,而是通过商业银行向央行申请兑换数字货币,由商业银行面向社会公众提供央行数字货币和对应的服务。双层投放机制无须央行和社会公众直接接触,可在避免金融基础设施另起炉灶、金融脱媒等一系列问题的同时,充分调用商业银行在服务网点等资源技术方面的优势,不会对现有的金融体系造成过度冲击。

(3)在监管设计方面,普遍采用多层级的匿名监管设计,满足合规性和匿名性的双重需求。

尽管大部分国家对央行数字货币仍然停留在概念讨论阶段,但可以发现在匿名监管框架的设计方面具有一定共性,且普遍采用多层级的匿名监管设计。例如,部分央行使用分布式分类账本技术(DLT)为反洗钱、反恐融资(CFT)合规性程序提供了一种数字化解决方案,反洗钱相关机构会定期向每个央行数字货币用户发布附时间限制的匿名凭证,在一定额度内,用户可选择保持交易的匿名性,央行或中介机构将无法查看用户的身份和交易历史,满足使用群体的客观需求和法律的监管要求。但超过额度的交易无法使用匿名凭证,必须接受反洗钱相关机构的审查。

(4)在底层技术方面,以分布式账本为底层技术,并基于该技术长期演化。

私人加密数字货币普遍采用去中心化的区块链技术,而央行数字货币具有中心化的特点,区块链暂时无法满足央行数字货币在零售场景的高并发交易需求,因此央行数字货币普遍考虑采用分布式账本技术,确保支付系统的高效和可编程性能。

央行数字货币发行流通技术框架将基于市场竞争环境演进,去粗取精实现最优化。但在技术迭代中,仍要确保央行数字货币的底层技术满足以下四点。

一是合作性记账。即大量第三方机构参与维护,更新账本(例如交易),通过"共识过程"以确保账本所有节点都同步存储相同的信息。

二是数据共享。即分布式账本提供访问范围更广的账本读取权限和更新(写入)账本数据的权限。

三是加密技术。包含加密技术的一系列特征,例如使用公共密钥来验证发送付款指令者的权限。

四是可编程性。即创建"智能合约"用于自动执行协议条款并发起相关交易,无须人工干预。表4-5所示为各国央行数字货币的主要特征。

表4-5 各国央行数字货币的主要特征

	中国人民银行	欧洲中央银行	加拿大银行	新加坡金融管理局	瑞典中央银行	泰国银行	巴哈马中央银行	英格兰银行
资金供应	中国人民银行控制发行和赎回	欧洲中央银行控制发行和赎回	加拿大银行控制发行和赎回	新加坡金融管理局控制发行和赎回	瑞典中央银行控制发行和赎回	泰国银行控制发行和赎回	巴哈马中央银行控制发行和赎回	英格兰银行控制发行和赎回
值	1:1转换为CNY	1:1转换为EUR	1:1转换为CAD	1:1转换为SGD	1:1转换为SEK	1:1转换为泰铢	1:1转换为BSD/USD	1:1转换为GBD
储备	100%的准备金	100%的准备金	100%的准备金	100%的准备金	100%的准备金	100%的准备金	未知	100%的准备金
应用场景	零售和批发	零售和批发	批发	零售和批发	零售和批发	零售	零售和批发	零售
技术方案	技术中性	DLT(R3 conda)	DLT(R3 conda)	DLT(R3 conda)	考虑以DLT为主的解决方案	DLT(R3 conda)	考虑以DLT为主的解决方案	考虑以DLT为主的解决方案

4.5 央行数字货币的运行原理

4.5.1 流通体系

根据中央银行承担的不同职责,法定数字货币运营模式有两种选择。

一是单层运营,即由中央银行直接面对全社会提供法定数字货币的发行、流通、维护服务。

二是双层运营,即由中央银行向指定运营机构发行法定数字货币,指定运营机构负责兑换和流通交易。

DCEP采用的是双层运营模式。人民银行负责数字人民币发行、注销、跨机构互联互通和钱包生态管理,同时审慎选择在资本和技术等方面具备一定条件的商业银行作为指定运营机构,牵头提供数字人民币兑换服务。

在人民银行中心化管理的前提下,充分发挥其他商业银行及机构的创新能力,共同提供数字人民币的流通服务。具体来说,指定运营机构在人民银行的额度管理下,根据客户身份识别强度为其开立不同类别的数字人民币钱包,进行数字人民币兑出兑回服务。

同时,指定运营机构与相关商业机构一起,承担数字人民币的流通服务并负责零售环节管理,实现数字人民币安全高效运行,包括支付产品设计创新、系统开发、场景拓展、市场推广、业务处理及运维等服务。在此过程中,人民银行将努力保持公平的竞争环境,确保由市场发挥资源配置的决定性作用,以充分调动参与各方的积极性和创造性,维护金融体系稳定。

双层运营模式可充分利用指定运营机构资源、人才、技术等优势,实现市场驱动、促进创新、竞争选优。

同时,由于公众已习惯通过商业银行等机构处理金融业务,双层运营模式也有利于提升社会对数字人民币的接受度。

基于双层运营体系的构建,可以推导出央行数字货币运行模式的二元模型,如图 4-3 所示。

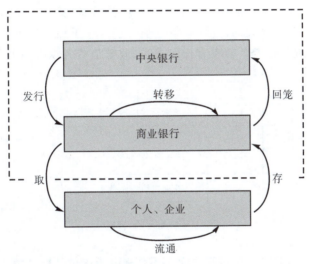

图 4-3 DCEP 运行模式二元模型

第 1 层 参与主体包括中央银行和商业银行。

涉及 DCEP 的发行、回笼及在商业银行之间的转移,原型系统一期完成从中央银行到商业银行的闭环,即通过发行和回笼,DCEP 在中央银行的发行库和商业银行的银行库之间转移,整个社会的 DCEP 总量发生增加或减少的变化,并在机制上保证中央银行货币发行总量不变。

第 2 层 商业银行到个人或企业用户的 DCEP 存取。

CBDC 在商业银行库和个人或企业的数字货币钱包之间转移。

第 3 层 个人或企业用户之间的 DCEP 流通。

DCEP 在个人或企业的数字货币钱包之间转移。

4.5.2 发行模式

DCEP 与电子支付的模式区别。

支付宝的"余额"里的钱是 M1,相当于支付宝存在银行里的存款;而支付宝中的"快捷支付"跟网银支付一样,用的是个人的银行卡里的钱,属于M2。

消费者用支付宝的"余额"买了一个2块钱的包子,相当于支付宝内部把2块钱转到包子铺老板的支付宝里,如果是"快捷支付"或网银支付,那就是银行把消费者卡里的2块钱转到了支付宝的存款账户上。这种支付模式属于第三方支付转账,如图4-4所示。

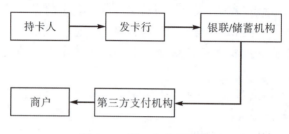

图4-4 第三方支付转账

而DCEP属于M0,是现金的电子化形式。未来,消费者用手机钱包里的DCEP买了2块钱包子,相当于消费者付了2元的硬币(只是电子化了),包子铺老板得到了2元的DCEP,跟消费者的支付宝余额或银行卡余额没有任何关系(假定消费者没有用电子钱包)。如图4-5所示。

图4-5 DCEP转账

对于消费者而言,用DCEP的过程表面上还是跟电子支付一样,但实际区别还是很大的。

首先,电子支付转移的是账户上的数字,需要对账户进行中心化实时记账,所以一定要联网;而DCEP是"电子形态"的现金,与账户无关,从理论上说完全可以做到不联网,只需要两个手机之间"点对点"互联就行了。

其次,电子支付事实上会涉及银行账户,交易不但实名,而且能触及的信息层面是比较低的,一个银行职员也能看到;而DCEP不需要银行账户,连手机号都可以隐匿,因此它是有限匿名——之所以叫"有限匿名",因为发行的央行还是可以查到的。

最后,DCEP和网银、第三方支付存在一定程度的合作关系。

DCEP仍然是通过商业银行发行,由商业银行以相应的存款准备金向央行发起请求,生成和接收DECP;再由私人部门将手中持有的现金或银行存款转换为DCEP后,数字货币正式进入流通领域,变成M0。

DCEP是法定货币,一旦国家宣布全面使用DCEP,任何单位和个人都不得拒收,所以网银、第三方支付唯一的选择是如何为之服务。

DCEP是货币,没有利息,大量持有等于坐等贬值,其数字特征又使其方便存取,大部分人只是将其当成"零花钱",所以未来的网银和第三方支付更有可能以"电子钱包"的形式为

DECP 提供更多的增值服务。

而央行不预设技术路线,鼓励机构创新,也是有意借第三方支付推广 DECP。

4.5.3 发行流程

现有的基于账户模式的中央银行货币系统,是通过商业银行在中央银行设立存款电子账户实现中央银行货币投放。针对 DCEP 这种新的货币形态,在不改变中央银行货币发行总量的情况下,需要设计一种与现有电子账户货币兑换的机制,探索在现有货币运行框架内 DCEP 发行的可行机制。

DCEP 发行是指中央银行生产所有者为商业银行的 DCEP,并发送至商业银行的过程。为保证发行不改变中央银行货币发行总量,原型系统设计了商业银行存款准备金与 DCEP 等额兑换的机制。

在发行阶段,扣减商业银行存款准备金,等额发行 DCEP。因涉及存款准备金变动,原型系统通过对接中央银行会计核算数据集中系统(简称中央银行会计核算系统)来实现。如图 4-6 所示为 DCEP 的发行流程。

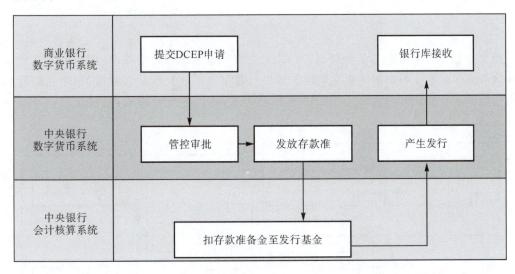

图 4-6 DCEP 发行流程

商业银行数字货币系统向中央银行数字货币系统发起申请,中央银行数字货币系统首先进行管控审批,该步骤为中央银行实施监管预留扩展功能。之后,向中央银行会计核算系统发起存款准备金扣款指令,中央银行会计核算系统扣减该商业银行存款准备金并等额增加数字货币发行基金。

扣款成功后,中央银行数字货币系统生产所有者为该商业银行的 DCEP,并发送至商业银行数字货币系统,由商业银行完成银行库入库操作。

数字货币研究所对央行法定数字货币的顶层设计主要涉及法定数字货币的发行、流通和管理等环节。

根据专利信息,法定数字货币的发行方法(见图 4-7)包括:

(1)接收申请方发送的数字货币发行请求。

(2)对数字货币发行请求进行业务核查,在核查通过的情况下,向会计核算数据集中系统发送扣减存款准备金(商业银行缴纳的保证金)的请求。

(3)在接收到会计核算数据集中系统发送的扣款成功应答的情况下,生产数字货币。

(4)将数字货币发送至申请方。

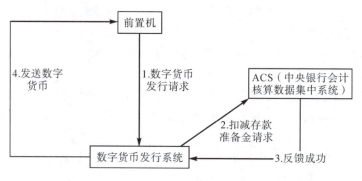

图 4-7 DCEP 发行方法

4.5.4 价值转移模式

前面提到 DCEP 是包含了金额、所有者、发行方等信息的加密字符串,那么 DCEP 的转移就一定涉及了加密字符串的变更和转换。原央行数字货币研究所所长姚前的《中央银行数字货币原型系统实验研究》,示例了 DCEP 的转移方式,有以下几种模式:直接转移、合并转移、拆分转移,如图 4-8 所示。

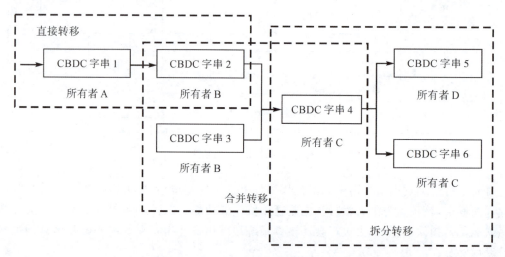

图 4-8 DCEP 的转移方式

(1)直接转移:所有者 A 的货币字串 1 等值直接转给所有者 B(但字串 1 会作废,同时生成等值新的字串 2)。

(2)合并转移:所有者 B 的多个货币字串合并成一个货币字串转给所有者 C,其中,字串 4 金额=字串 2 金额+字串 3 金额。

(3)拆分转移:所有者 C 的字串 4 拆分成多个字串进行转移,其中字串 5 是支付币,用户支付给所有者 D；字串 6 是找零币，用于将找零的钱退回给所有者 C。

那么实际上，可以以上可以抽象为两种模式零币整付和整币零付。下面将以来源币和去向币的方式来描述这两种转移模式，其中来源币是指支付付款方所有的数字货币，去向币是指支付收款方所接收的数字货币（这里的接收方也可以是付款方，如需要找零时，找零币会重新发给付款方）零币整付是指 n 个旧币转移后生成最多 2 个新币，1 个代表收款币，一个代表找零币，其中 $n \geqslant 1$ 整币零付是指 1 个旧币转以后生成 m 个收款新币，其中 $m \geqslant 1$。如图 4-9 所示。

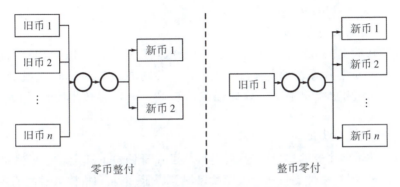

图 4-9　零币整付 VS 整币零付

以零币整付举例，A 的数字货币钱包一共有 3 个数字货币字串，分别为字串 1【30 元】，字串 2【30 元】，字串 3【40 元】，共计 100 元。A 给 B 转 80 元，那么会从 A 的字串 1、字串 2、字串 3 进行运算，得到收款币字串 4【80 元】发给 B，找零币字串 5【20 元】发给 A。字串 4 的所有者为 B，字串 5 的所有者为 A。如图 4-10 所示。

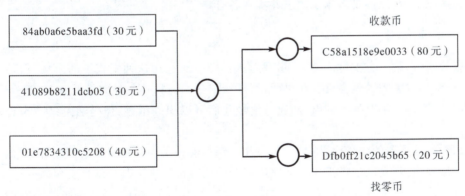

图 4-10　零币整付

数字钱包是数字人民币的载体和触达用户的媒介。在数字人民币中心化管理、统一认知、实现防伪的前提下，人民银行制定相关规则，各指定运营机构采用共建、共享方式打造移动终端 app，对钱包进行管理并对数字人民币进行验真；开发钱包生态平台，实现各自视觉体系和特色功能实现数字人民币线上线下全场景应用满足用户多主体、多层次、多类别、多形态的差异化需求，确保数字钱包具有普惠性，避免因"数字鸿沟"带来的使用障碍。

（1）按照客户身份识别强度分为不同等级的钱包。

指定运营机构根据客户身份识别强度对数字人民币钱包进行分类管理,根据实名强弱程度赋予各类钱包不同的单笔、单日交易及余额限额。最低权限钱包不要求提供身份信息,以体现匿名设计原则。用户在默认情况下开立的是最低权限的匿名钱包,可根据需要自主升级为高权限的实名钱包。

(2)按照开立主体分为个人钱包和对公钱包。

自然人和个体工商户可以开立个人钱包,按照相应客户身份识别强度采用分类交易和余额限额管理;法人和非法人机构可开立对公钱包,并按照临柜开立还是远程开立确定交易、余额限额,钱包功能可依据用户需求定制。

(3)按照载体分为软钱包和硬钱包。

软钱包基于移动支付 app、软件开发工具包(SDK)、应用程序接口(API)等为用户提供服务。硬钱包基于安全芯片等技术实现数字人民币相关功能,依托 IC 卡、手机终端、可穿戴设备、物联网设备等为用户提供服务。软硬钱包结合可以丰富钱包生态体系,满足不同人群需求。

(4)按照权限归属分为母钱包和子钱包。

钱包持有主体可将主要的钱包设为母钱包,并可在母钱包下开设若干子钱包。个人可通过子钱包实现限额支付、条件支付和个人隐私保护等功能;企业和机构可通过子钱包来实现资金归集及分发、财务管理等特定功能。

人民银行和指定运营机构及社会各相关机构一起按照共建、共有、共享原则建设数字人民币钱包生态平台。

按照以上不同维度,形成数字人民币钱包矩阵。在此基础上,人民银行制定相关规则,指定运营机构在提供各项基本功能的基础上,与相关市场主体进一步开发各种支付和金融产品,构建钱包生态平台,以满足多场景需求并实现各自特色功能。

4.5.5 技术特征

传统的网银、第三方支付的交易模式都是余额制,那么在这种模式下的余额,仿佛是一个大的池子,交易进去的钱就会混合在里面,不进行细分。而另外一种的货币形态:纸钞,属于单品管理,每张纸钞上都有唯一的编号,通过编号我们可以识别纸钞,但是通过纸钞来进行跟踪很难。

近几年频繁出现的比特币,则是另外一种全新的模式出现。摆脱了余额制,同时比特币也不是单品管理,它是复试记账模式。某地址拥有的比特币体现为其他地址支付来的记账,账目左边是"输入",右边是"输出"。而未花费掉的"输出",就是 UTXO,类似一张数字纸钞。但比特币系统中,价值记录在所有节点中的账目里,拥有者并没有一个字符串代表比特币。

央行 DCEP 在设计上希望模拟纸钞,用数字化的字符串代表纸钞,拥有 DCEP 也就是拥有一个所有者是自己的字符串。

通过中国人民银行前期公布的专利,可以猜想出 DCEP 的字符串格式如图 4-11 所示。

说明:图 4-11(a)展示的是人民币数字化的形态,具体数字化是由各种字段进行组成的,每一种字段,控制着数字人民币的加密属性、额度属性、隐私属性、应用属性等多种技术特征。

图 4-11(b)具体数字人民币包含哪些字段,通过专利我们可以猜想出包括:发行方标识字段、所有者标识字段、货币管理属性字段、货币安全属性字段、货币应用属性字段、数字货币

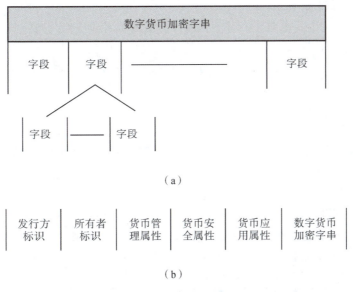

（a）

（b）

图 4-11 DCEP 字符串格式

加密字串。

发行方标识：通过该字段可以明确数字人民币的发行方，即可以往源头进行追溯和记录。

所有者标识：通过该字段可以明确当前数字人民币的归属，即属于谁。

货币管理属性：通过该字段可以控制着数字人民币的权限，包括查看权限、使用权限、追踪权限等多维度。

货币安全属性：通过该字段可以对数字人民币归属人进行隐私保护；进行确权验证；进行安全监测；进行外部监管等。

货币应用属性：通过该字段可以对数字人民币对接到商业场景中，如支付、合同、理财、跨境等多应用场景。

数字货币加密字串：通过该字段可以标识出当前数字人民币的额度、状态等。

而在后期公布的专利中，可以猜想出 DCEP 的字符串格式为如图 4-12 所示。

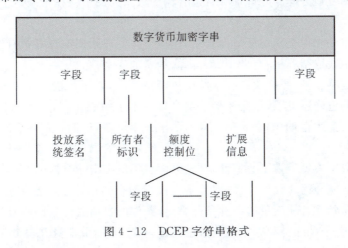

图 4-12 DCEP 字符串格式

DCEP 的技术特征如下。

（1）安全性——这个要求防止商务中任意一方更改或者非法使用数字货币，这个更多的是体现在对 DCEP 使用的监管上，甚至说可以终止某次非法的交易。

（2）可控匿名性——这个意思是说，即使商业银行和商户相互勾结，也不能跟踪 DCEP 的使用，换句话说就是除了 DCEP 的发行方（人行）外，其他机构都无法追踪用户的购买行为。

（3）公平性——支付过程是公平的，保证交易双方的交易过程要么都成功，要么都失败，更贴切的应该是满足交易原子性。

（4）不可重复花费性——这个是指数字货币只能使用一次，重复花费容易被检查出来。之所以提这个，是因为一旦现金被数字化后，那么数据的复制就是难免了，比如有个用户用面额是 100 的 DCEP 买了一张电影票，但是又复制了这么一份相同的 DCEP 去进行消费，那么就是对同一份数字货币进行重复花费，所以对于数字货币来说这个是基本特性。对于 BTC 来说，是通过 UTXO 来实现防止双花的，而对于 Ethereum、libra 来说则是通过交易的 seq 来防止双花的。对于 DCEP 来说，则是采用类似 UTXO 的方式。而现金则由于难以伪造的特性，在物理上可以保证只此一份。

（5）不可伪造性——比较好理解，除了发行方以外，不能伪造假的数字货币。对于现金来说，是通过物理上的防伪手段来保证。对于 DCEP 来说，做法比较简单，就是只有经过央行的私钥签名的才是真的 DCEP。

（6）兼容性——这个表示 DCEP 的发行和流通环节，要尽可能地参照现金的发行与流通。

4.5.6　智能合约探索

中国人民银行发布《中国数字人民币的研发进展白皮书》（见图 4-13）其中提到，"数字人民币通过加载不影响货币功能的智能合约实现可编程性，使数字人民币在确保安全与合规的前提下，可根据交易双方商定的条件、规则进行自动支付交易，促进业务模式创新。"

《中国数字人民币的研究进展白皮书》公布了数字人民币加载智能合约的原则和可能性。数字化场景中，数字货币的产生、回流效率较传统纸币有了大幅提高，加载智能合约的数字人民币可以在完成交易后被快速回收并发放新的数字人民币。智能合约可以提高交易效率，是数字化社会未来的发展方向。允许加载智能合约的数字人民币将在未来数字经济中发挥更重要的作用。

可编程性与自动支付交易对于电商售后、供应链中商户账期结算等很有意义，有助于促进小微企业更方便地获取结算款，有助于提升个人消费的安全性。

中国要发展数字经济，要区块链技术跟实体经济结合，是不可能去中心化的，如果只是纯做虚拟数字领域的也许还可以，跟实体经济结合是去不了中心化的，但是可以去中间化，因为点对点支付可以去掉大量的中间环节。那么靠什么让点对点支付安全可靠呢？就是智能合约。

央行发行的数字人民币为了普适性，在它上面是不能绑智能合约的，但是我们可以创造出一系列可以捆绑智能合约的数字凭证，跟数字人民币配合使用。这些数字凭证上负载的智能合约可以约定交易各方必须满足的各种条件，符合条件的自动放行，可以调出对应额度的数字人民币支付；不符合条件的自动冻结这些数字凭证，数字人民币本身并没有损失，这时候再靠人工来让双方相互协商解决。

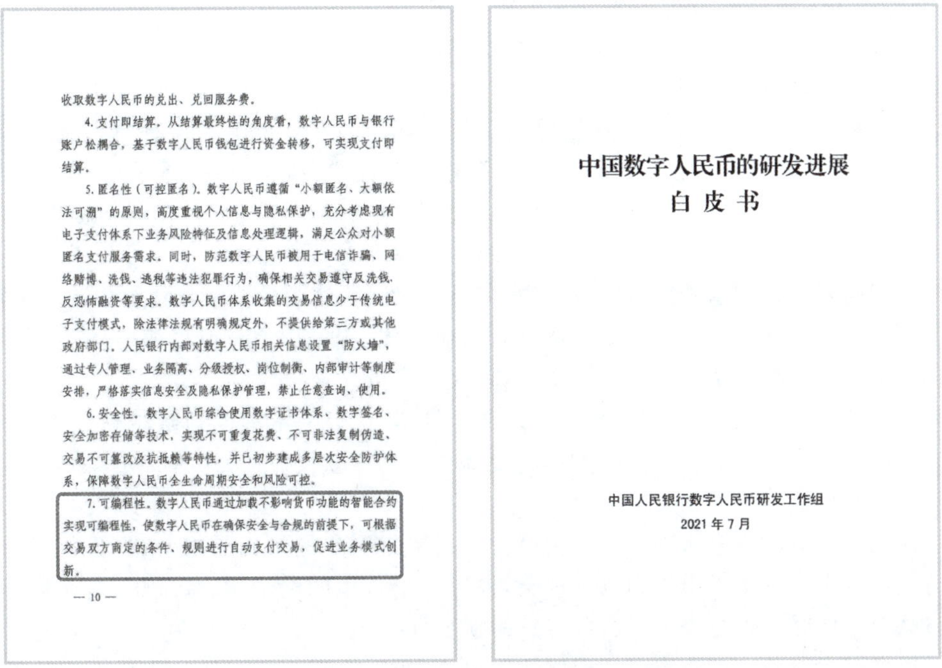

收取数字人民币的兑出、兑回服务费。

4.支付即结算。从结算最终性的角度看，数字人民币与银行账户松耦合，基于数字人民币钱包进行资金转移，可实现支付即结算。

5.匿名性（可控匿名）。数字人民币遵循“小额匿名、大额依法可溯”的原则，高度重视个人信息与隐私保护，充分考虑现有电子支付体系下业务风险特征及信息处理逻辑，满足公众对小额匿名支付服务需求。同时，防范数字人民币被用于电信诈骗、网络赌博、洗钱、逃税等违法犯罪行为，确保相关交易遵守反洗钱、反恐怖融资等要求。数字人民币体系收集的交易信息少于传统电子支付模式，除法律法规有明确规定外，不提供给第三方或其他政府部门。人民银行内部对数字人民币相关信息设置“防火墙”，通过专人管理、业务隔离、分级授权、岗位制衡、内部审计等制度安排，严格落实信息安全及隐私保护管理，禁止任意查询、使用。

6.安全性。数字人民币综合使用数字证书体系、数字签名、安全加密存储等技术，实现不可重复花费、不可非法复制伪造、交易不可篡改及抗抵赖等特性，并已初步建成多层次安全防护体系，保障数字人民币全生命周期安全和风险可控。

7.可编程性。数字人民币通过加载不影响货币功能的智能合约实现可编程性，使数字人民币在确保安全与合规的前提下，可根据交易双方商定的条件、规则进行自动支付交易，促进业务模式创新。

— 10 —

中国数字人民币的研发进展
白皮书

中国人民银行数字人民币研发工作组
2021 年 7 月

图 4－13　中国数字人民币的研究进展白皮书

在前期版本的专利中，涉及了智能合约的模式，也谈及了智能合约的应用场景。

智能合约的部署，基于应用服务商的系统，但部署后，需要执行合约转移到商业银行数字货币系统和央行数字货币系统。且在智能合约运行时间，上下层之间要调用。

智能合约的几个应用场景。

(1)数字货币的溯源。

由于 DCEP 并非比特币的账本模式，所以其溯源并非顺着“输入输出”上溯交易。DCEP 的溯源需要基于智能合约，在发行货币的时候，指定追溯智能合约，对货币走向进行记录。

(2)数字货币定向：即数字货币走向指定的账户和地址类型。

(3)数字货币控制流向和时间点。

(4)数字货币根据利率投放。

(5)数字货币按条件支付。

(6)数字货币的 P2P 支付。

(7)与银行账户的关系。

4.6 央行数字货币的目的与影响

4.6.1 央行数字货币的内外部影响

1. DCEP 的内部影响

当前(截止 2021 年)，央行已完成数字货币的技术积累，进入内测阶段。未来，央行数字货币的发行将对个人及金融市场造成重大影响,通过对央行数字货币运行机制和原理的分析,DCEP 的发行将对个人及金融市场造成重大影响。

消费者的重大利好:便利、实惠与收益。

(1)央行数字货币为个人金融业务提供了新选择。消费者增加了持有数字货币的选项。在银行等金融机构及金融科技企业提供的电子支付、清结算、投资、理财渠道外,增加了数字货币服务渠道,可选择服务商、服务设备也将有所增加,尤其是双离线支付及数字货币芯片卡等新功能,将极大地便利消费者的支付、结算、投融资、国际交易等需求。

(2)为消费者提供丰富的服务。央行数字货币的发行,将引发金融科技服务商与银行间新一轮的竞争,迫使金融机构与相关服务商创新商业模式,提升原有产品的服务能力,提供更优质的服务,以便在数字货币的竞争中取得优势,获取流量。

(3)提升消费者的收益。数字货币提供的便利,客观上一定程度地减少现金 M0 向存款 M1 和 M2 转变,金融机构为了竞争存款,将提高个人的存款收益率,并提供更多的便利。

金融机构:挑战与机遇并存。

(1)便利了银行的现金管理。数字货币将抑制银行客户的纸币需求,减少银行纸币运输、存储、清点等成本。数字货币作为电子现金,也有利于货币的电子化、系统化、线上化管理,降低了管理成本,同时为银行提供了服务客户的新工具。

(2)提高银行业务处理效率与信用评估能力,降低反洗钱成本。现金的数字化推动了银行数字化进程,大大提升了流通、交易、清结算、监管等效率,有利于银行能力的提升。

(3)银行需建设并运营数字货币系统,与原账务系统形成双核心。双核心间需要进行对接、清算,并需改造或新建存贷汇、支付结算、中间业务等系统,以适应数字货币的需求,这是对银行技术及运营的挑战。

(4)货币政策的执行与监管将更实时、精准且直接。相关政策将通过数字货币系统不折不扣、实时地、自动化履行,政策传导与监管将精确到个体,是对银行管理及业务能力的挑战。

(5)服务商及业务场景将可脱离银行运营,通过其金融业务经济科技创新。很多数字货币相关服务可能内嵌在社交、电商、餐饮娱乐等平台中,通过更多的渠道、方式吸引客户与资金,将对银行的业务规模、资金成本造成影响。因此,银行需拥抱金融科技,学会以客户为中心,为客户创造价值,创新获客及融资方式。

(6)数字货币提供的支付结算、投融资及票据交易等应用场景,及其天然适应数字化的资产交易、流通的特性,会对原业务模式、服务提供商造成冲击,这既是对银行及服务商服务能力的挑战,同时也为银行提供了弯道超车的机会。

(7)银行应学会在竞争中合作,通过竞争丰富数字货币应用场景。银行及服务商应该主动开展研究、拥抱金融科技,并加强相互之间的交流合作,提供更多产品及服务,从而吸引用户、创造价值,获得利润、数据及资金沉淀等,营造多赢局面。

2. DCEP 的外部影响

货币作为金融体系的基础要素和信用传导载体,其形态的数字化演变,会导致金融市场、金融要素和金融关系随之发生变化。而我国央行数字货币的发行和流通,将对经济和金融体系产生重要影响,主要表现在以下几方面。

(1)顺应数字时代的经济需求,有助于推动我国数字经济更好、更快发展。

当前,分布式账本等数字技术作为一种重要的生产要素已渗透到社会生产的总过程,对经济社会发展模式和运行方式产生了重要影响。以数字技术为载体而衍生的数字经济、数字资本和数字资产,促进了虚拟经济与实体经济的跨界融合,成为我国经济发展的新动能、新引擎。

数字化经济的发展和升级,离不开数字货币和数字金融,我国央行数字货币的研发和推广,有助于提高经济金融活动透明度,壮大数字经济、盘活数字资产、活跃金融市场要素,甚至可能成为我国实施"新基建"战略的重要支撑。

央行数字货币有助于优化传统法定货币的支付功能,提升央行货币地位,增强货币政策有效性。

国外学者一项关于"数字时代的中央银行"的研究表明,世界主要经济体的央行货币在国民货币总量中的比重呈下降趋势。研究显示,自2003年以来,欧元区央行货币与广义货币M2的比率下降五个百分点,作为新兴经济体的印度下降7个百分点,中国则下降五个百分点(Prasad,2018)。

这一研究结论表明央行货币在社会经济中的重要性正在下降,原因是传统央行货币的支付功能无法完全满足数字经济时代市场的多元化、全覆盖等差异化需求(如即时性远程支付结算和大额支付等),因此,一些市场主体转而寻求私人支付系统(主要是第三方支付)、私人数字货币等其他方式或载体提供支付服务,这在事实上增加了央行的监管压力,也对一国央行货币的地位提出新的挑战。而央行数字货币有助于鼓励支付系统的市场竞争,缓解对私人部门支付服务的依赖,防止私人支付系统、私人数字货币垄断。同时,也更利于为消费者提供便捷、安全的中央银行资金,提高零售支付的弹性,进而提高央行货币的市场地位,维护金融市场的安全与稳定。

(2)央行数字货币将成为我国货币政策的新工具,有助于更加科学地调控货币供应量。

央行数字货币可以作用于总量指标和利率指标,加强货币中介目标的可测性,通过事前和事中的调控增加可控性。央行一般通过公开市场操作和再贴现业务向市场投放或回收流动性,通过适时调整再贴现总量及利率,明确再贴现票据选择,以达到吞吐基础货币和实施金融宏观调控的目的,同时发挥调整信贷结构的功能。

由于央行数字货币具有可追溯的特性,央行再贴现贷款可以使用(一定比例的)央行数字货币进行发放,既可以保证国家政策资金的精准投放,避免资金发放多级流转过程中的腐败问题,防止"跑冒滴漏",也有助于对洗钱等非法金融活动,以及恐怖主义融资等违法犯罪行为进行有效规制。

(3)央行数字货币有助于推进人民币跨境支付。

按照人民银行的架构设计,DCEP在跨境支付领域可以脱离SWIFT5账户体系而独立运行。我国居民开立DCEP数字钱包后到境外消费时,只要境外商户也开立了DCEP数字钱包(需监管机构事前明确境外商事主体和居民开立DCEP数字钱包的规范、程序和要求),即可顺利完成支付流程;同理,进入我国境内的他国居民可在不开立我国境内银行账户的情况下,直接申请开立DCEP数字钱包,从而在消费观光等场景享受便捷、高效的移动支付服务。

当然(截止2021年),消费等场景只是DCEP跨境支付的一个高频、小额和较为初级的应用领域,显著增强人民币作为世界范围内贸易结算货币的功能,必须涉足大宗商品贸易结算领域,这关键的一步,需建立在人民币国际化更纵深地向前推进,即人民币在国际经贸领域更大范围内发挥基础货币职能的基础之上。

(4)央行数字货币或有助于解决现代货币政策的普遍困境。

目前,各国央行在实施宏观审慎管理政策时,普遍存在货币政策传导梗阻、逆周期调控等货币政策工具较难实施、货币"脱实向虚"等现代货币政策困境。法定货币的数字化对于提升宏观审慎管理效果,改善货币政策制定和执行的局限性有相当重要的价值。

当然(截止 2021 年),消费等场景只是 DCEP 跨境支付的一个高频、小额和较为初级的应用领域,显著增强人民币作为世界范围内贸易结算货币的功能,必须涉足大宗商品贸易结算领域,这关键的一步,需建立在人民币国际化更纵深地向前推进,即人民币在国际经贸领域更大范围内发挥基础货币职能的基础之上。

(5)央行数字货币或有助于解决现代货币政策的普遍困境。

截止 2021 年底,各国央行在实施宏观审慎管理政策时,普遍存在货币政策传导梗阻、逆周期调控等货币政策工具较难实施、货币"脱实向虚"等现代货币政策困境。法定货币的数字化对于提升宏观审慎管理效果,改善货币政策制定和执行的局限性有相当重要的价值。

姚前认为,现代货币政策困境的根源,在于传统法币存在难以追踪性、同质单一性和操作当下性等内生性缺陷,而央行数字货币的"数字化"特性有助于解决传统法币的这些问题。

在法币数字化的条件下,通过预设符合政策导向的条件,可实现法币的精准投放、指引货币流向、货币政策实时传导,以及逆周期调控等目的,通过完善预期管理可增强货币政策的前瞻性、科学性和有效性,进而对货币传导过程中出现的问题动态掌控,并实施精准优化。

4.6.2 央行数字货币对货币政策的影响

无论是传统法定货币,还是央行数字货币,其货币形态的变化并不会改变当前公开市场操作、存款准备金、中央银行贷款便利、利率政策等现有货币政策工具的有效性。央行数字货币对货币政策的影响,更多的是通过货币供给结构、货币乘数的变化,以及数字货币的特有属性,使货币政策传导更加顺畅、高效,进而提升货币政策的有效性。

1. 央行数字货币对流通中的通货的替代,使存款准备金率、利率等政策的有效性加强

存款准备金率、利率等政策通过影响商业银行负债结构、资产结构和金融资产价格,引导商业银行、企业和居民调整其经济活动决策,从而促使货币政策的有效发挥。

截止 2019 年 7 月底,我国 M0 规模仍有 7.26 万亿元,占到 M1 和 M2 的比重分别是 13.14% 和 3.79%,这部分货币受此类货币政策工具影响较小,有利于政策传导机制之外,影响到货币政策效果的发挥。央行数字货币的发行和对流通中的现金的替代,使 M0 中的部分货币回到政策传导机制内,使货币政策工具更好发挥调节作用。以存款准备金率为例,人民银行可以通过对央行数字货币的存款准备金率,影响商业银行资产负债决策、货币总量甚至货币信贷结构,继而推动货币政策更好的落地执行;如人民银行下调活期存款准备金率($rm=rd$),货币乘数 $m2'$ 上升($m2<m2'$),宽松的货币政策效果更佳显著。再以利率政策为例,人民银行调升存款基准利率,持有现金的机会成本增加,可能使更多的 M0 被兑换成数字货币,央行数字货币对现金替换率($1-d$)上升,继而推动货币乘数 $m2'$ 增加。

2. 央行数字货币的数字化、智能化属性,更有利于进行政策评估,提升货币政策的精准性

相比传统法定货币,央行数字货币携带了其从发行、流通到消亡,以及货币持有方、流向、逐笔交易对手方的全部信息,这使人民银行能够借助新技术,利用认证中心、登记中心的大数据信息,精准分析货币流通速度、流通数量、流向、结构等问题,检测货币政策工具的运行效果,为政策制定提供全面、真实的数据基础。例如，人民银行可基于货币数量和供求结构变化，更加张弛有度地开展公开市场活动，根据市场环境和市场预期变化，搭配短期内回购和中期的MLF、PSL等工具调节银行间市场短期和中长期流动性缺口。

同时，央行数字货币具有智能化属性，能够通过编程监控甚至约束货币的使用，并确保资金流向符合监管要求。以信贷政策为例，人民银行可以更加智能的运用再贷款、再贴现、抵押补充贷款等政策工具，引导金融机构支持国民经济重点领域和薄弱环节，监控货币使用情况和交易范围，更好支持实体经济增长，达成国家经济增长目标，使货币政策传导更加精准。

3. 央行数字货币的发行在满足新时代货币需求的同时，也对货币政策的制定和宏观审慎监管提出更高要求

央行数字货币在满足企业和居民低交易成本、高交易效率诉求的同时，加快了货币流通速度和金融产转换速度，但也加速了金融恐慌和金融风险的传染，这使金融系统更易遭受外部性冲击。

以货币政策目标为例，货币流通速度和金融产转换速度的加快易于加剧经济增长和物价波动，这需要人民银行积极构建和完善逆周期宏观审慎政策框架，降低市场波动对货币政策目标的负面影响。再以人民币国际化为例，央行数字货币的发行有利于推动我国人民币国际化进程，促进贸易投资自由化、便利化，加速金融市场开放和人民币资本项目可兑换，但也加大了境内外人民币市场以及以人民币计价的金融资产的供需变化，使货币政策和汇率政策更易受到境外市场的影响。

4. 中央银行大额清算体系将被自动清算机制代替，减少中间结算环节，直接从支付跨越到清算环节，由此降低交易成本，提高交易效率

彼时，跨境支付、结算和清算体系或由各国央行直接主导，跨境支付、跨境结算将直接连接跨境自动清算机制。

知识链接 4-6

DCEP的研究进展[①]

中国作为最早研究央行数字货币的国家之一，2014年，时任央行行长的周小川便提出构建数字货币的想法，央行也成立了全球最早从事法定数字货币研发的官方机构——央行数字货币研究所，开始研究法定数字货币。

2017年末，经国务院批准，人民银行组织部分实力雄厚的商业银行和有关机构共同开展数字人民币体系（DCEP）的研发。

2019年10月28日，中国国际经济交流中心副理事长黄奇帆在首届外滩金融峰会上表示，中国央行推出的数字货币是基于区块链技术做出的全新加密电子货币体系，将采用双层运营体系，即人民银行先把DCEP兑换给银行或者是其他金融机构，再由这些机构兑换给公众。

2019年11月13日，央行辟谣：未发行法定数字货币（DCEP），也未授权任何资产交易平台进行交易，法定数字货币目前仍处于研究测试过程中，网传法定数字货币推出时间均为不准确信息。

---

① 李重阳，胡志浩. 全球央行数字货币发展进展及其影响[J]. 银行家，2021(08)：53-56.

2019年11月28日,央行副行长范一飞出席"第八届中国支付清算论坛"时表示,央行法定数字货币DCEP基本完成顶层设计、标准制定、功能研发、联调测试等工作,下一步将合理选择试点验证地区、场景和服务范围,稳妥推进数字化形态法定货币出台应用。

2020年4月16日,数位银行业内人士表示,数字货币由央行牵头进行,各家银行内部正在就落地场景等进行测试,有的已经在内部员工中用于缴纳党费等支付场景。

2020年4月17日晚间,央行表示,网传DCEP信息为测试内容,并不意味数字人民币落地发行。数字人民币研发工作稳妥推进,数字人民币体系在坚持双层运营、M0替代、可控匿名的前提下,基本完成顶层设计、标准制定、功能研发、联调测试等工作,并遵循稳步、安全、可控、创新、实用原则,数字人民币先行在深圳、苏州、雄安、成都及未来的冬奥场景进行内部封闭试点测试,以不断优化和完善功能。数字人民币封闭测试不会影响上市机构商业运行,也不会对测试环境之外的人民币发行流通体系、金融市场和社会经济带来影响。

2020年5月26日,央行行长易纲在"两会"期间表示,目前的试点测试是研发过程中的常规性工作,并不意味数字人民币正式落地发行,何时正式推出尚没有时间表。内部封闭试点测试的目的,是检验理论可靠性、系统稳定性、功能可用性、流程便捷性、场景适用性和风险可控性。易纲行长指出,法定数字货币有利于高效地满足公众在数字经济条件下对法定货币的需求,提高零售支付的便捷性、安全性和防伪水平。

2020年8月14日,商务部网站刊发《商务部关于印发全面深化服务贸易创新发展试点总体方案的通知》,通知明确,在京津冀、长三角、粤港澳大湾区及中西部具备条件的试点地区开展数字人民币试点。

《全面深化服务贸易创新发展试点总体方案》在"全面深化服务贸易创新发展试点任务、具体举措及责任分工"部分提出:在京津冀、长三角、粤港澳大湾区及中西部具备条件的试点地区开展数字人民币试点。人民银行制订政策保障措施;先由深圳、成都、苏州、雄安新区等地及未来冬奥场景相关部门协助推进,后续视情扩大到其他地区。

全面深化试点地区为北京、天津、上海、重庆(涪陵区等21个市辖区)、海南、大连、厦门、青岛、深圳、石家庄、长春、哈尔滨、南京、杭州、合肥、济南、武汉、广州、成都、贵阳、昆明、西安、乌鲁木齐、苏州、威海和河北雄安新区、贵州贵安新区、陕西西咸新区等28个省市(区域)。

课后练习题

一、复习思考题

1. 为什么CBDC是未来数字货币的发展方向?
2. 央行数字货币的起源是什么?
3. DCEP运行的原理是什么?
4. 为什么中国要推行DCEP?
5. 推行CBDC会造成什么影响?

二、讨论题

1. 数字货币架构合理吗?你有更好的设想吗?

2.如何推行央行数字货币?
3.DCEP和支付宝、微信支付的区别是什么?
4.你认为数字货币会取代信用货币吗?

数字货币的政策监管

本模块导读

科技的进步使大部分人感受到再无隐私可言,个人信息、喜好、去向、消费无一不暴露在数据中心面前。人们在享用因此带来的便捷和无所不在的服务的同时,也开始感到不安,却又无可奈何。本章将系统地介绍数字货币的风险、数字货币监管的困境及未来如何加强政策监管和风险防范,为数字货币知识的学习打好基础。

引例思考

2017年5月全球爆发的大规模WannaCry勒索病毒向我们展示了硬币的另一面带来的可怕未来的冰山一角。技术进步推动的犯罪、洗钱和恐怖主义从行为上越来越难以被侦测与阻止,全球应对机制的缺失更加剧了这种局面。

只要犯罪存在利益动机,其行为就可以通过货币的方式进行追踪,保证货币的可追踪可能是我们面对不断兴起的运用科技手段在全球搭建非法和犯罪网络的最后堡垒。如果我们放任基于加密技术的数字化货币游离于监管系统之外,所有的努力都将功亏一篑。

正如苹果公司CEO库克在MIT的演讲所忠告的那样:人类需要担心的不是机器越来越像人类,而是人类越来越像机器。人性、人类和经济社会的秩序需要公平和有远见的规则和监管的守护,尽管这些规则本身很难完美。

请思考:(1)数字货币将会给目前的金融体系带来什么影响?

(2)是否会威胁到微信、支付宝业务?

单元一 数字货币风险

5.1 数字货币风险含义

1. 风险的含义

风险是指在某一特定环境下,在某一特定时间段内,某种损失发生的可能性。一种定义强调了风险表现为不确定性;而另一种定义则强调风险表现为损失的不确定性。若风险表现为不确定性,说明风险产生的结果可能带来损失、获利或是无损失也无获利,属于广义风险,金融风险属于此类。而风险表现为损失的不确定性,说明风险只能表现出损失,没有从风险中获利的可能性,属于狭义风险。

"风险"一词的由来,最为普遍的一种说法是,在远古时期,以打鱼捕捞为生的渔民们,每次出海前都要祈祷,祈求神灵保佑自己能够平安归来,其中主要的祈祷内容就是让神灵保佑自己在出海时能够风平浪静、满载而归;他们在长期的捕捞实践中,深深地体会到"风"给他们带来的无法预测的危险,他们认识到,在出海捕捞打鱼的生活中,"风"即意味着"险",因此有了"风险"一词。

现代意义上的"风险",已经大大超越了"遇到危险"的狭义含义,而是"遇到破坏或损失的机会或危险",可以说,经过两百多年的演义,该词越来越被概念化,并随着人类活动的复杂性和深刻性而逐步深化,并被赋予了从哲学、经济学、社会学、统计学甚至文化艺术领域的更广泛更深层次的含义,且与人类的决策和行为后果联系越来越紧密,"风险"一词也成为人们生活中出现频率很高的词汇。

风险的核心含义是"未来结果的不确定性或损失",也有人进一步将其定义为"个人和群体在未来遇到伤害的可能性,以及对这种可能性的判断与认知"。如果采取适当的措施使破坏或损失的概率降到最低,或者说经过智慧的认知,理性的判断,继而采取及时有效的防范措施,那么风险可能带来机会。由此进一步延伸的意义,不仅仅规避了风险,可能还会带来比例不等的收益,往往风险越大、回报越高、机会越大。因此,如何判断风险、选择风险、规避风险继而运用风险,在风险中寻求机会创造收益,意义更加深远而重大。

2. 数字货币风险的含义

随着数字经济不断发展,数字货币应用场景和范围亦将逐步扩大,对经济、金融和社会的影响也日益增强。数字货币产生于互联网,发展也依赖于互联网,这导致在数字货币和金融体系中存在的各类风险危害更容易传染和放大。同时,数字货币的技术复杂性和交易私密性也致使数字货币中各类风险更不易识别和评估,具有严重的不可预知性。数字货币发展关乎经济、金融和社会各个方面,涉及其中的利益攸关方包括政府(国家)、数字货币持有者(投资者)、数字货币发行人(ICO 融资者)及数字货币交易商。他们在数字货币体系中角色定位不同,承担的风险亦各有差异。

数字货币由于缺少政府信用背书,且部分数字货币的内在价值有限,其价格极易受市场预期影响,波动性较强,市场流动性难以保证,所以不可避免的是,数字货币市场的剧烈变动必然影响整个金融体系,产生多种金融风险。

5.2 数字货币的风险分析

对数字货币交易进行监管与规制的基础是对数字货币本质与特性的了解,并对数字货币带来的风险予以明晰。在数字货币发展的初期,学者们对数字货币的讨论重心往往是比特币,但是新的数字货币发行主体与发行机制均存在变化,拥有与比特币不同的性质。性质各异的数字货币皆有其存在的意义,也会为数字货币的监管带来新的挑战。

数字货币的正式发展始于 2008 年发行的比特币。比特币创造性运用了区块链技术,拉开了数字货币的帷幕,而以太坊采用智能合约的创新性运用更是将区块链的触角深入到资产数字化、客户识别等领域。自此,数字货币领域的创新创业已然成风,多个国家、各行各业都在努力开发新技术,探索新的使用场景,很多国家的央行也在探索法定数字货币的发行。截止2021年底,数字货币的发展方兴未艾,但是受各方追捧的数字货币发展才不过十几年,野蛮生长的背后是因为配套法律与监管没跟上,很多问题和风险也在具体操作过程中逐渐暴露出来,这也是数字货币作为新生事物的必经阶段。数字货币可分为私人数字货币和法定数字货币,这两种类型的数字货币所面临的风险不同,所以,以下将分别介绍两种数字货币所面临的主要风险。

5.2.1 私人数字货币风险

首先介绍私人数字货币所面临的风险,私人数字货币本身具有较大的技术创新性,又由于其市场规模有限,监管相对较为宽松,在这样的环境下,随着加密数字货币投资不断升温,存在大量的价格泡沫、平台欺诈、洗钱、黑客攻击等风险事件时有发生,特别是,随着加密数字货币市场与正规金融市场联系通道打开后,其市场波动有可能对主流金融市场产生扰动甚至发生黑天鹅事件。

1. 数字货币价格不稳定引起的市场风险

市场风险是指由于市场因素的波动而导致的金融参与者的资产价值变化的风险,比如比特币,积聚了大量的价格泡沫,风险极大。通过下面关于比特币的研究可以直观认识到价格泡沫与收益率较大的波动。

首先,在比特币的内在价值方面,有研究认为比特币没有内在价值(Bouoiyour et. al,2014;Alstyne,2014;Hanley,2015);Woo 等人(2013)给出了比特币的最大市值为 150 亿美元(1BTC=1300 美元)的估值,认为比特币的高波动性是投机活动的结果,这阻碍了它作为货币发挥支付手段的职能;前美联储主席格林斯潘和诺贝尔奖获得者席勒都认为比特币是没有内在价值的,是典型的资产泡沫。

进而在比特币的价格泡沫方面,有学者认为比特币存在严重价格泡沫,严重偏离其内在价值(廖愉平,2014),原因是比特币的设计缺陷、监管缺失和市场操控容易引起投机行为(邓伟,2017)、各国政府对比特币的负面态度(马可,2014)、正反馈作用导致资产价格超指数增长(Husler 等人,2012)等。

在比特币的收益率波动方面,PB Bueno,EA Fortes,K Vlachoski(2017)通过实证分析,得出比特币的收益率接近于偏态 t 分布,与一般的金融资产类似,具有典型尖峰厚尾的特征,表明容易发生极端事件;Valstad O C A, Vagstad K(2014)采用的一个 GARCH 模型得出数字货币的波动率是欧元和黄金的 10 倍以上。

由以上实证研究可以看出比特币的收益率波动大、币值不稳,其原因可以从数字货币的基本价值和投机活动两方面进行分析。首先,数字货币缺少特定的锚定货币。不同于传统的货币有国家信用作为支撑,数字货币更像是一种商品。比如,我国将比特币定性为特定的虚拟商品,美国将其定义为大宗商品,日本、德国等将其视为支付工具,在大多数投资者眼中,加密数字货币的基本价值来源于人们对数字货币及其区块链系统创新与未来可应用性的信心,而这种信心是不稳定的。

另外,截止 2021 年,数字货币的市场还处于较为混乱的阶段,监管较为落后,存在大量的投机行为。人们投资数字货币的原因主要有两个方面:其一是纯粹的投机,持有并等待价格上涨或在价格波动中获利。从历史走势看,数字货币总体上趋于价格快速上涨趋势,但也具有暴涨暴跌的特点,且没有涨跌停限制,涨跌10%司空见惯。其二是作为一种风险对冲工具。据研究,每当出现重大地缘政治事件如英国脱欧、美国大选等世界不确定因素或监管政策、技术发生变化时,往往会引起数字货币价格的大幅波动。

这些因素造成了数字货币价格的暴涨暴跌,不仅对数字货币的价格市场带来了严重影响,还会对区块链的初创企业造成了一定的破坏,影响企业的创新积极性,阻碍行业的健康发展。

2. 数字货币交易平台风险

这项风险主要是平台方带来的安全风险、信用风险等,近年来各国数字货币交易平台破产事件频发,交易平台诈骗事件及利用数字货币交易平台洗钱事件也层出不穷,既损害了投资者的财产权益,也影响了金融市场的健康发展,对现有监管体系提出了挑战。

数字货币交易平台大部分风险来自平台的运营管理,包括经营风险、流动性风险、信用风险、道德风险、安全风险等。其中,经营风险是指平台的决策人员和管理人员在经营管理中出现失误而导致平台盈利水平变化从而产生投资者预期收益下降的风险或由于汇率的变动而导致未来收益下降和成本增加。流动性风险是指在交易平台上不能及时以合理价格成交的风险,与其平台规模、平台用户活跃度、平台行业地位等因素有关,较大规模、知名度较高、交易活跃的交易平台的流动性风险相对较小。信用风险是指交易对手未能履行约定契约中的义务而造成经济损失的风险,数字货币交易平台的信用风险主要是指投资者在平台上进行数字货币的充值、转账、提现等交易时,平台未履行应有义务对投资者造成损失的风险。道德风险是指平台经营者为使自身利益最大化,采取损害投资者利益的自私行为,数字货币交易平台的道德风险主要表现在数字货币价格被操纵、从业人员参与交易。安全风险是指在数字货币交易过程中存在的不安全因素带来的风险,主要表现有数字货币被黑客窃取、数字货币被交易平台卷逃等。自比特币诞生至今,数字货币交易平台安全事件屡见不鲜。数字货币交易平台存在安全风险的原因主要有平台安全防护不到位、法律监管缺失和行业自律缺失等。

3. 违法犯罪风险

数字货币由于具有匿名性、可跨境流通等特点,且针对数字货币的监管尚不完善,各国之间关于数字货币的监管原则存在差异,因此,为各类违法犯罪提供了可操作的监管盲区,比如洗钱、恐怖组织融资、诈骗等。

首先是匿名化交易容易被用于隐藏洗钱犯罪。数字货币的持有者一般为网络用户,这些网络用户履行注册、登记及审核程序十分简单,没有机制对其真实身份进行核实和确认,因而,数字货币具有很强的隐匿性,使得执法人员难以对交易参与者开展持续的身份识别,更无法开展后续的反洗钱监测和追踪;其次,跨境交易也增加了追查洗钱犯罪数字货币的难度。不法分子通过数字货币交易,可以将非法来源的资金兑换成数字货币转移到国外账户,然后兑换成法币,顺利完成黑钱的清洗,虽然区块链可以永久记录任何交易,可以追查交易者,但数字货币可轻易实现迅捷的、跨越多国监管区域的交易,而且存在各国的反洗钱政策各不相同、国家与国家之间沟通成本高而效率低等问题,实际追查洗钱犯罪困难重重;再次是数字货币交易平台存在准入标准低、平台监管不到位、信息披露不规范、面临黑客攻击等风险,可能被犯罪分子用于洗钱。相对于监管较为完善的传统金融行业,数字货币交易平台的非面对面业务本质特征给客户身份识别造成了极大困难,加上洗钱成本较低且洗钱的地域限制少,不法分子利用平台洗钱的便利性和可得性更强。

最后,还有将数字货币用于黑市交易的行为,比如美国的著名毒品、武器网站"丝绸之路"就是利用数字加密货币匿名性和远程交易的便利性,从事毒品、枪支等非法交易,致使数字货币沦为犯罪工具,数字货币持有人遭受法律风险。福莱(Foley)等对2009—2017年的比特币交易用户数据进行分析,在比特币交易中,有25%的用户、44%的交易次数、20%的交易金额和51%的持有量与非法活动有关。从时间上看,非法活动的交易金额占比虽有所下降,但是绝对数量仍持续增加。表5-1所示为近年来典型数字货币非法犯罪案件一览。

表5-1 近年来典型数字货币非法犯罪案件一览

种类	典型案例	案件描述	损失及后果	备注
黑客攻击	2018年1月25日,日本最大比特币交易所Coincheck遭到黑客攻击	Coincheck将新经币存储在安全系数低的冷钱包上,黑客将客户的数字货币转移至另一个账户	丢失了当时市值多达5.3亿美元的新经币	一些被盗币在加拿大和日本的交易所被追查到,但是无法追回
	2017年5月WannaCay勒索软件攻击事件	黑客将电脑中的资料文档上锁,要求300美元的等价比特币解锁	超过150个国家的23万台计算机设备被勒索,造成数十亿美元的损失	美国宣称勒索事件的幕后黑手是朝鲜。2018年3月,波音公司声称又遭到该病毒软件攻击
诈骗、非法集资	2018年初"BTC Global"交易网站项目骗局	要求被害者购买至少1000美元的比特币转到骗子钱包,并被承诺每周得到14%的利息	全球最大的比特币诈骗案,受害人数超2.6万,涉案金额超5千万美元	该骗局项目源于南非,但其触角已经延伸至欧洲、亚洲、澳大利亚和新西兰
	济南坤川"红币"骗局	该公司宣称"红币是一种创新型的加密数字资产",误导全国数千名投资者购买红币	涉案金额约5400万元	曾举办"互联网+区块链应用高峰论坛",自称拥有9个"国家数字货币牌照"
	2014年香港My-coin.hk庞氏骗局	承诺租挖矿机挖矿,高利润回报投资者。然后把新投资者的钱付给前任投资者,诱使更多人受骗	50多位受害人,涉案金额高达7400万港元	比特币属于新技术,普通百姓难理解、难辨真伪,被不法分子利用
	2017年深圳普银区块链集团有限公司"普银币"非法集资、诈骗案	打着区块链幌子,创立绑定普洱茶资产的"普银币",操纵普银币价格,吸引投资者,非法获利	3000千多人受害,涉案金额约3.07亿元,最高单个损失约300万元	收购"趣钱网"、P2P平台,茶票通过趣钱网交易。通过幕后操作,茶票曾连续14个涨停

续表

种类	典型案例	案件描述	损失及后果	备注
洗钱	2017年BTCe洗钱案	通过操控KYC和AML系统,允许客户收回资金避免执法机构调查,为勒索软件分销商和黑客提供便利	被指控洗钱40多亿美元,处理了95%的勒索软件比特币赎金	曾为世界最大的比特币交易所,已被美国执法机构查封,正式关闭
毒品黑市交易	2018年1月,BitInstant公司CEO查理·施兰被控案	被指控向他人销售比特币,用于匿名购买和出售违禁药物	向毒品交易网站"丝绸之路"用户出售价值100万美元以上的比特币	"丝绸之路"已被美国联邦调查局关闭,该网站站长被逮捕
	2017年7月,美国牵头关闭了全球最大的黑市交易网站AlphaBay	该网站在全球各地进行非法毒品、黑客工具、武器和有毒化学品等商品的交易	通过数字货币资产进行的交易规模超过10亿美元	在美国、泰国、荷兰、立陶宛、加拿大、英国、法国等国家的通力合作下,行动才取得成功

4. 技术风险

数字货币的技术风险主要来自于其所运用的技术,比如区块链技术、密码学等,不够完善就会导致数字货币安全事件的发生。例如,2017年6月,韩国最大交易所Bithumb被盗数十亿韩元,三万用户信息被泄露;2018年3月7日,著名数字货币交易所——币安(Binance)遭受来自网络黑客的袭击,48小时内蒸发了750亿美元;韩国交易平台Coinrail也证实在2018年6月被黑客攻击,入侵造成损失达3690万美元。究其原因,数字货币是一种基于节点网络和数字加密算法的虚拟货币,因此它同样面临网络安全和技术风险,安全威胁主要来自以下几个方面。

第一个风险是面临着网络安全与技术应用的风险,比如数字货币所依赖的区块链技术在一定程度上存在缺陷和漏洞,区块链技术面临着软硬分叉风险和密钥丢失风险,易受到黑客攻击,导致系统瘫痪或者系统中数据被窃取、篡改或资产被盗取。

第二个技术风险来自密码算法,密码算法是数字货币的核心技术之一,其有效性决定了数字货币的效用,但现有的密码算法仍然面临风险。一方面,随着密码分析技术和计算能力的提升,现有算法将面临威胁,例如对密码算法的暴力碰撞破解;另一方面,密码算法本质上是数学问题,数学分析攻击是对基于数学难题的各种密码算法的主要威胁,随着量子计算的发展,这些数学问题会更加容易破解。

第三个技术风险是数字货币的有限计算能力可能无法保证安全交易,以区块链技术为例,网络峰值交易通常在20笔/秒以内,远不能达到日常交易需要,据测算我国数字货币系统至少要达到10万笔/秒的交易处理能力。如果没有强大的系统并发处理能力和计算能力与之配套,就会影响整个交易系统安全稳定运行。

5. 消费者保护风险

数字货币的币值波动较大,极不稳定,且用于数字货币交易和流通的平台动机不一、技术水平参差不齐,容易遭遇黑客攻击或出现非法盗币、恶意欺诈用户、倒闭等情况。加上各国对私人数字货币的监管规则尚需完善,部分国家和地区甚至尚未建立相应的监管政策,消费者的财产安全权、信息安全权、知情权等面临较大风险。

我国目前已全面禁止私人数字货币流通,这对整顿数字货币市场乱象、保护国内消费者、维护金融秩序起到了很大作用。但仍存在一些问题,一方面,由于数字货币具有全球性等诸多优点,那些真正想拥有数字货币的人不受法律的保护。另一方面,我国对数字货币的法律属性尚未明确,在司法实践中,有的法院会认定数字货币的交易合约合法有效;而有的法院认为,数字货币交易属于不合法行为,这意味着,当消费者陷入数字货币、数字货币挖矿机等交易纠纷,想要寻求司法部门保护时,会面临求偿权风险。同时,由于数字货币的交易过程需要所有者的私钥验证且不可逆转,因此,即使债权人拥有合法的数字货币返还请求权,在没有债务人自愿主动支付的情况下,没有真正的方式可以强制执行债务人返还其持有的数字货币。此外,数字货币交易涉及全球市场,各国监管政策不一,因此可能由于管辖权的问题无法为投资者追回损失。

5.2.2 法定数字货币风险

面对私人数字货币对国家主权货币带来的挑战,以及社会对法定数字货币的呼唤,我国推出了 DCEP 数字货币。我国央行对法定数字货币发行的可行性研究始于 2014 年,经过 5 年的探索,实现了法定数字货币发行原型方案的两轮修订、提出了发行数字货币目标、成立了数字货币研究所和获得相关专利 74 项等。2019 年中共中央国务院关于支持深圳建设中国特色社会主义先行示范区的意见》的出台,给数字货币正式身份和重大关注,意味着央行法定数字货币的发行对于中国金融高质量发展具有重要作用。2020 年 10 月 8 日深圳市罗湖区政府联合各银行面向深圳的个人累计发放 1000 万元的数字人民币红包,单个红包为 200 元面额,可以在罗湖区辖内的 3389 家商户进行无门槛消费。此次活动标志着我国法定数字货币进入了全新的阶段,数字货币的应用迎来了新的进展。在大力推进央行数字货币的同时,虽然央行数字货币在国家的管控下有序推进,风险较之私人数字货币减少了很多,但是仍然面临着一些风险。

1. 技术安全性风险

央行数字货币是以互联网技术、区块链技术等为基础,货币发行、流通和回笼等都需要依赖分布式记账技术,但这些技术尚处于早期发展阶段,还存在技术标准不统一、技术可扩展性差等问题,需要经过大规模实践应用才能确保技术的安全性。比如,央行数字货币在以分布式账本技术记录每笔交易时,系统要对每笔交易进行全面计算和存储,这必然会降低央行数字货币的交易效率,尤其是在有大量交易的节假日或者促销周,对央行数字货币提出了较高的技术要求。从交易安全上看,央行数字货币解决了账本篡改、可逆等问题,但并不能很好地解决个人信息安全性问题,如果用户的私钥遭到黑客攻击,可能会出现财产损失问题。

2. 法律监管风险

现有法律体系并未将央行数字货币列为法律对象,将其发行、使用、流通和监管等流程纳入法律规制范围。法律定位上的模糊会影响消费者对央行数字货币的信心,此外,对央行数字货币地监管也面临许多新挑战。比如,在对传统货币的监管过程中,银行在发现假币时可以立即收缴并造册登记,但数字货币是一种不以实物形式存在的货币,其造假方式和监管方式不同于传统货币。央行数字货币所有人在遭到黑客盗取或系统故障时所遭受的损失,将远远超过传统货币。

3. 货币流通风险

央行数字货币流通与互联网基础设施、电信运营商等密切相关,这可能将颠覆"央行-商业银行"的传统金融模式,给央行数字货币流通带来新挑战。比如,虽然智能手机在国内已广泛普及,但还有许多中老年人、儿童等不会使用智能手机上网;一些贫困地区的网络基础设施落后,智能终端普及率低,这些也影响着央行数字货币的推广普及。在央行数字货币使用中,公众需要学习数字货币保管技术,防止私钥流失和数字货币被盗等,这些也影响着央行数字货币的应用场景。此外,在现有金融体系中央行是"银行的银行",主要负责货币政策制定、商业银行监管等宏观问题,并不介入具体金融业务运作,但央行数字货币的推广,会使存款从商业银行转移至央行,可能会影响商业银行的信用创造能力。

4. 信用风险

就法律地位而言,我国央行计划发行的法定数字货币为基础货币 M0,法定数字货币将对流通中的现钞产生替代。这不仅会减少现金流通,更长远地是会影响到活期存款和准备金,并对基础货币、货币乘数、货币供给机制产生重大影响。在法定数字货币投入市场后,得益于使用的便利性与规模效应,储户可以将现钞按照币值直接转化为法定数字货币,但商业银行可以获得直接使用的现金存款将直接减少,商业银行可能通过提高存款利率的方式以减轻盈利能力受损的可能,导致实体经济出现信贷差异化明显,真正需要资金的主体无法获得优惠贷款,必须通过完善的顶层设计以减少预期风险。另外,必须予以重点考虑的是央行担负的信用风险。对央行而言,提供完整成熟的法定数字货币供应链,需要其在众多支付价值链中保持绝对领先与活跃。若市场对法定数字货币的需求加大,央行的资产负债表将会迅速扩大。如果出现任何可能危及该系统稳定的攻击或干扰,均可能伤害央行的货币信用并引发后续国际影响。

> **知识链接** 5-1
>
> **数字货币非法活动案例**[①]
>
> 案例一:2020 年 3 月,据微博网友爆料,近日该用户通过火币 OTC 出金五万人民币,第二天银行卡被冻结,而商家早已联系不上。用户向火币平台投诉多次无果,与客服沟通,态度敷衍,最后只能通过微博爆料,警示投资人慎用火币 OTC。而这已经不是火币 OTC 第一次交易涉黑和洗钱了。2018 年 11 月下旬,某高校教师遭遇电信诈骗,被骗 18 万元后报警。警方通过调查发现:该笔涉案资金与其他诈骗非法所得一起,通过一个名为"小宇宙秒付"的账户转入了火币全球站,并通过比特币交易完成洗钱。
>
> 案例二:2019 年 6 月,币圈最大资金盘 PlusToken 钱包被曝光跑路,许多投资者投进去的加密货币资产无法提现。PlusToken 钱包的资金池规模高达 200 多亿人民币,是目前币圈最大的跑路资金盘。而在 PlusToken 共计 920 万以太币中,PlusToken 的提款有超过 430 万是通过案例一中的火币交易所套现的,提现金额最多占到 50%。
>
> 案例三:2019 年 5 月,湖南衡阳公安机关破获一起以虚拟数字货币为幌子的网络诈骗案,

---

① 币界网.数字货币非法活动案例[EB/OL][2022-02-26].https://528btc.com/.

涉案金额达 3 亿余元。该名为"英雄链"的项目由两个团队完成,其中一个是以陈某为首的"超链公司"团队,这个团队负责技术、宣传、募集"以太坊"虚拟数字货币的工作,比如其发布了"英雄链"项目"白皮书",号召投资一种名叫"英雄币"的虚拟数字货币。另一个团队在柬埔寨,被称为英雄联盟公司,以白某辉为首,由杨某、杜某、李某等人组成。他们以柬埔寨博彩业为噱头,发行"英雄币",短短两个月时间,募集到近 4 万个"以太坊"虚拟数字货币,价值近 3.5 亿元人民币。在"英雄链"项目上线后,两个涉案团队将募集到的"以太坊"虚拟数字货币进行了瓜分。

案例四:2017 年 6 月,个别企业冒用央行名义,将相关数字产品冠以"中国人民银行授权发行",或是谎称央行发行数字货币推广团队,企图欺骗公众,借机牟取暴利。而时隔两年,此番现象再度重演,借由"央行数字货币"(DCEP)的热点,个别机构将相关产品冠以"DCEP"之名在资产交易平台进行交易。

借区块链技术的推广宣传,一些企业以"区块链创新"名义,在境内组织虚拟货币交易;以"区块链应用场景落地"等为由,发行"××币""××链"等形式的虚拟货币,发布白皮书,虚构使用生态,募集资金或比特币、以太坊等虚拟货币资产;为注册在境外的 ICO 项目、虚拟货币交易平台等提供宣传、引流、代理买卖服务等,甚至出现个别非法机构冒用人民银行名义发行或推广法定数字货币,打着"法定数字货币"噱头骗取投资人钱财……

单元二　数字货币政策监管的意义

通过上一单元的介绍我们已经知道数字货币带来的风险不仅十分繁多,而且还非常复杂,因此对数字货币进行有效监管具有十分重要的意义。

5.3　对私人数字货币进行政策监管的意义

私人数字货币是具有颠覆式创新的货币数字化转型的产物,其大规模流通必将挑战现有经济秩序,成为经济社会发展中一种重要的不稳定因素,因此对私人数字货币进行政策监管具有重大的现实意义。

1. 有利于打击技术进步推动的犯罪、洗钱和恐怖主义

从某种意义上来说,只要犯罪存在利益动机,其行为就可以通过货币的方式进行追踪,保证货币的可追踪可能是我们面对不断兴起的运用科技手段在全球搭建非法和犯罪网络的最后堡垒。如果我们放任基于加密技术的数字化货币游离于监管系统之外,所有的努力都将功亏一篑,因此基于数字货币的可追溯性对私人数字货币进行政策性监管可有效减少网络"技术暴力"。

举例来说,2017 年 5 月全球爆发的大规模 WannaCry(又称 Wanna Decryptor)勒索病毒:一种"网络武器"被匿名的黑客窃取,被窃取的网络武器流入到暗网从而再难被追踪,一个(或者几个)人以匿名的方式从暗网取得(或者购买了)该网络武器去攻击全球的电脑,并且勒索一定量的加密且难以被查清去向的数字货币,在一定程度上这种攻击失去了控制,以至于大量的公共设施成为被袭击的目标。试想一下,如果勒索的每一分钱都会被追踪,发起 WannaCry 勒索病毒的人是否还有足够的动力和勇气对全世界展开攻击?

2. 有利于保护消费者权益

私人数字货币往往由于法律性质和责任不清晰,监管主体不明确,消费者权益得不到保障。比如,比特币交易市场实行 24 小时连续开放,没有涨跌限制,价格容易被投机者操纵,剧烈波动,风险极大。同时,比特币交易市场处于自发状态,存在交易对手方风险、资金安全风险和清算结算风险等,消费者需要自行承担这些风险。所以如果能对私人数字货币进行有效的政策监管将大大提升消费者的权益保护能力。

3. 有利于保持金融市场的稳定

目前数字货币市场价值及交易额较小,金融机构极少参与,并未对金融稳定造成系统性影响。但 IMF 的报告曾强调,随着数字货币使用范围和规模的扩大,发生系统性风险的概率也将提升。Plassaras(2013)研究了从 IMF 角度如何应对比特币对全球货币市场的冲击。比特币在货币交换中的优势,比如匿名性和去特定中介化特性,可能使得它在国际货币交换体系中扮演越来越重要的角色。这将与 IMF 负责平衡汇率和应对国际货币危机的职能产生矛盾。所以有必要对比特币等私人数字货币采取行动,进行监管,防止货币投机。

4. 有利于降低央行声誉风险

欧洲央行(2012)指出,虚拟货币可能给中央银行带来声誉风险。当虚拟货币得到发展时,人们往往容易把虚拟货币价格上涨或者其他重大事件和中央银行没有很好管理法定货币联系起来。

5.4 对法定数字货币进行政策监管的意义

法定数字货币可以实现的作用巨大,但并非意味着法定数字货币是完美的。特别是在新基建的背景下,法定数字货币的发展必须在合理的法治框架内进行,且要对法定数字货币进行合理地政策监管,避免因发展技术引发新的系统性风险。

1. 有利于缩小央行的信用风险敞口

就法律地位而言,我国央行计划发行的法定数字货币为基础货币,法定数字货币将对流通中的现钞产生替代。这不仅会减少现金流通,更长远的是会影响到活期存款和准备金,并对基础货币、货币乘数、货币供给机制产生重大影响。

例如,在法定数字货币投入市场后,得益于使用的便利性与规模效应,储户可以将现钞按照币值直接转化为法定数字货币,但商业银行可以直接使用的现金存款将直接减少,此时商业银行可能通过提高存款利率的方式以减轻盈利能力受损的可能,导致实体经济出现信贷差异化明显,真正需要资金的主体将无法获得优惠贷款。

另外,必须予以重点考虑的是央行担负的信用风险。对于央行而言,提供完整成熟的法定数字货币供应链,需要其在众多支付价值链中保持绝对领先与活跃。若市场对法定数字货币的需求加大,央行的资产负债表将会迅速扩大。如果出现任何可能危及该系统稳定的攻击或干扰,均可能伤害央行的货币信用并引发后续国际影响。

基于以上两点,对法定数字货币进行政策监管,能使有关部门合理调配法定数字货币发行量,减少数字经济背景下实体经济出现的信贷差异化现象,避免市场失调情况的发生,从而缩小央行信用风险敞口。

2. 有利于新体系下的权利义务分配

法定数字货币体系的构建与使用,涉及规模宏大的系统工程,其牵涉的利益相关方众多且极为复杂,特别是牵涉到权利义务的重新分配。有种观点认为,互联网支付手段提高了支付结算的效率,但直接侵犯了个人用户的隐私,而这种侵犯绝大多数是在后台进行的,普通用户极难知悉、取证、索赔。而法定数字货币体系建成后,所有人的消费习惯、行踪轨迹甚至工作生活的方方面面都处于系统全时监控之下。因此,对法定数字货币进行政策监管能有效规范央行的权力和职责,使法定数字货币涉及的各方权利义务关系在现行规范下寻找到妥善对应的内容。

3. 有利于防范技术风险

伴随着人工智能等技术的发展,数字社会架构正在迅速生成,法定数字货币体系建成后,社会形态的改变将更加趋于向二维社会形态发展,即数字社会与传统的线下社会。包含法定数字货币在内的数字社会治理,已逐步被代码与算法渗透,任何个体均有可能被数据化。而在数字空间下,代码的架构体系相较法律规范更为完善,运行代码比执行法律更有效率,一旦设定了程序,就无需担心人为因素的干扰。鉴于代码的强大优势,实务界试图将法律编程,以使计算机直接运行法律。

人类已处于向更高技术水平层级跨越的关键性历史节点,对数字货币的政策监管必须跟上技术的迅猛发展现实,否则将引发各种问题。已有实践中,智能合约基于分类账的可信任性,实现合约的自动执行,在去中心化自治公司中,股权债务等公司治理事务以比特币等数字货币的形式实现控制。而修订法律,依据的不仅仅是商业效率的提高,更需要考虑系统工程相应的安全性、风险性,以及可能涉及的政治经济利益等多种复杂因素。

因此,法定数字货币在投入使用前,依靠法律对其体系和应用做好顶层规划和政策监管,有利于实现对法定数字货币的高效可控性,妥善达成法定数字货币的功能价值和战略意义。

单元三　数字货币的监管措施

数字货币作为金融科技领域的新事物,其监管既要有助于创业创新,又要把握监管时机和监管程度;既要注重防范风险,又要建立合法合规、创新友好的监管环境。结合我国具体国情,借鉴国际经验,我们给出对数字货币监管的一些建议。

5.5　国际监管现状

根据对区块链基本构成单元的不同认定,各国的监管政策也有所不同。一般认为,区块链可以分为底层区块链和基于其上的数字货币两个单元。我国政府目前认为,链和币是可以分离的,因此,"币链分离"是我国自上而下一以贯之的监管原则,即一方面依法严格监管数字货币的发展,并持续收紧对数字货币的监管,另一方面积极鼓励区块链技术发展。

而大多数海外国家则认为链和币是构成区块链不可分割的两个部分,所以其政策主要建立在对币的清晰监管之上,或将其定义为证券纳入现有监管体系,或专门制定法律监管数字货币的发行和交易,然后使区块链在市场中自由地发展。总体上,海外各国对加密货币的税收、反洗钱和稳定币风险予以了普遍性的重点关注。

1. 美国:对央行数字货币态度摇摆,强力监管 ICO 相关行为

从 2020 年起,美国重要政策中频繁出现的词汇主要有"(加密)货币""法案""监管""银行""稳定币""资产""交易""规则""法律"等。整体上,美国的监管政策将加密货币视为一种资产,在现有的法律监管体系内监管加密货币及其衍生品的发行与交易,其中,尤其重点监管 ICO (initial coim offering,首次公开发行货币)和稳定币银行托管。另外,美国也在积极讨论针对加密货币的税收可能。但美国政府对央行数字货币/数字美元的态度仍处摇摆状态。包括财政部、美联储、货币监理署、证券交易委员会、商品期货交易委员、纽约州金融服务部等多个重要部门都发布了相关领域的监管信息,这些领域主要涉及 ICO 与证券、反洗钱、牌照、税收、稳定币、衍生品交易、隐私保护等。

与其他国家和地区相比,美国对区块链行业的监管在两方面有比较明显的特色:一是从监管主体来看,参与监管的部门和机构较多;二是从监管的工具来看,更倾向将加密货币纳入现有的法律框架,而不是重建一个新的监管体系。就具体的监管内容而言,值得关注的动向如下。

(1)财政部:税收、反洗钱、稳定币托管。

金融犯罪执法网络(FinCEN)、税务总局(TIGTA)和货币监理署(OCC)是财政部监管数字货币的三大主要执行机构。FinCEN 主要关注反洗钱,最新拟议的规则要求想要将加密货币从中心化交易所转移到自己的私人钱包中的用户需要向交易所提供个人信息。这与要求虚拟资产服务提供商(VASP)实施 KYC 规则的总体监管趋势一致。TIGTA 则主要关注税收问题,纳税人被要求回答是否在 2020 年接收、出售、发送、交换或以其他方式获得过任何虚拟货币。2021 年,税务总局正在评估不同的加密货币征税方式,并有意加强对加密交易所的审查。

OCC 的主要监管内容是将加密货币的使用与传统银行业务进行合法构连。2021 年,OCC 的一项长期计划旨在向不提供存款服务的支付公司提供国家银行执照,并曾宣布允许美国国家银行和联邦储蓄协会托管加密货币,明确此类托管服务是一种与托管服务相关的、现代形式的传统银行活动,这为稳定币的发行提供了合法空间。OCC 的监管规则将使加密货币企业能够更多地使用银行服务。

(2)证券交易委员会:ICO 与证券。

证券交易委员会(SEC)是美国监管数字货币的主力机构,其执法依据主要是《证券法》。SEC 认为,ICO(含 IEO)发行可能涉及证券的发行和出售,因此必须遵守适用于根据联邦证券法发行的注册要求。2021 年以来,SEC 多次对 ICO 进行监管,比如起诉科技公司 Kik 的 1 亿美元 ICO 违反了《证券法》第 5 条的规定,在未提交注册声明或豁免注册的情况下提供和出售证券;起诉 John McAfee,称其在未透露报酬的情况下推广了 ICO,已涉嫌税务欺诈;指控 Ripple 进行了 13 亿美元的未经注册的证券出售。在未来,强力监管 ICO 的趋势可能还会得到加强。

(3)商品期货交易委员会:衍生品交易。

商品期货交易委员会(CFTC)已将全面的加密货币监管作为优先事项。在最近的指导方针中明确限制了"期货佣金商"(FCM)存放客户虚拟货币的规则。另外,CFTC 还就加密货币交易向公众提示风险。

(4) 美联储：央行数字货币/数字美元。

美联储在 2021 年重点关注了央行数字货币，但对其的态度比较摇摆，并不积极。美联储主席鲍威尔承认中央银行数字货币可能会改善美国的支付系统，全球约有 80% 的中央银行正在探索 CBDC 概念，但同时表示美联储不急于发行自己的 CBDC。鲍威尔认为围绕数字货币有许多问题需要回答，包括网络问题、隐私问题等，并且数字货币是否能保持货币可信的中心地位也仍然存疑。

2. 日本、韩国、新加坡等国家和中国香港地区：对央行数字货币态度积极，发行区块链相关牌照

日本、韩国、新加坡等国家和中国香港地区是亚洲地区除了中国大陆以外的几大重要市场。在这些国家和地区的监管政策中，"加密货币""区块链""CBDC""资产""技术""支付""交易""金融""监管""法案"等是高频词。总体而言，这些国家和地区对发行央行数字货币或参与央行数字货币研究和跨国合作方面的态度十分积极。日本、韩国和新加坡三国在数字货币发行和交易方面的监管逐渐明确，或纳入原有金融法案的监管范围，或制定专门的监管法案。另外，韩国和新加坡政府十分支持区块链技术的应用。

从监管机构来看，2020 年诸如韩国财政部、韩国金融服务委员会、日本金融厅、新加坡金融管理局、中国香港金融管理局、中国香港证监会等部门都发布了相关的监管规则，监管的内容主要包括反洗钱、牌照、税收、稳定币、衍生品交易等。其中比较值得关注的动向包括如下。

(1) 积极探索央行数字货币。

亚洲地区对央行数字货币的态度总体而言比较积极。2021 年，新加坡央行和新加坡金融管理局首席金融技术官表示，新加坡已准备好推出自己的央行数字货币（非零售型）。韩国央行称其已于 7 月完成了基于 CBDC 的设计或需求定义，及实施技术评审，并在此基础上开展第二阶段项目"CBDC 工作过程分析和外部咨询"，计划在 2021 年建立和测试 CBDC 试点系统。日本央行正为发行 CBDC 做准备，已成立了 CBDC 工作组，旨在推进整个结算系统的数字化及对 CBDC 的研究。

(2) 牌照与反洗钱。

韩国、新加坡和中国香港地区在 2021 年纷纷积极探索和落实监管牌照。香港证监会计划为合规交易所颁发牌照；韩国通过的《关于特定金融交易信息的报告与利用等法律（特别金融法）》中包含加密交易所牌照制度；新加坡金融管理局根据《支付服务法案》为支付服务提供商提供强制许可制度，服务提供商需要申请"货币兑换商"牌照、"标准支付机构"牌照、"主要支付机构"牌照中的一种。

另外，韩国和中国香港地区还特别强调了反洗钱。韩国金融服务委员会正在寻求法律修正案，强制要求虚拟资产服务提供商（VASP）上报其客户的姓名；香港特区政府财经事务及库务局发布咨询文件，修订香港法例第 615 章《打击洗钱及恐怖分子资金筹集条例》，规定持牌人须遵守《打击洗钱条例》附表 2 所制定的打击洗钱及恐怖分子资金筹集规定和其他旨在保障投资者的规管要求。

(3) 明确监管框架。

日本和新加坡政府明确了监管数字货币交易和服务的法律框架。日本包含虚拟货币相关规定的修订版资金结算法于 2021 年 5 月开始生效，加密保管服务提供商和加密衍生品业务现在分别受到《支付服务法案》《金融工具和交易法》和《资金结算法》的监管。新加坡《支付服务

法案》于2021年2月生效,新的《支付服务法案》是首个针对企业从事代币交易等活动的综合性监管规定。

(4)鼓励区块链技术应用。

韩国和新加坡政府格外强调区块链技术应用。韩国政府呼吁私营企业利用区块链潜力,出台"数字新政"投资200亿韩元培养AI和区块链人才;新加坡政府主导的区块链计划"乌敏岛项目"于2021年完成了测试工作,另外,企业、信息通信媒体发展局和国家研究基金会发起一项1200万新元(约合890万美元)的项目,以进一步加强新加坡的区块链生态系统。

3. 欧洲:立法以使数字货币获得合法地位,强调对稳定币的监管

2020年,包括法国、西班牙、德国、瑞士、意大利、瑞典、俄罗斯和葡萄牙等在内的多个欧洲国家都出台了相关的监管政策。在这些政策中,"(加密)货币""央行""资产""监管""稳定币""CBDC""银行""法案""金融""框架"等词出现的频率较高。

从监管机构来看,各国的央行、传统金融监管机构及相关行政部门都深度参与了区块链的监管。这些监管政策主要针对反洗钱、稳定币和央行数字货币。整体而言,欧洲各国对央行数字货币的态度比较积极,对反洗钱和稳定币的监管力度在加大。

(1)明确监管法案与监管创新。

欧洲多国在2021年更加明确了对数字货币的监管法案。比如,德国金融监管局已强制要求安装数字货币ATM机器时需获得该机构的许可,相关条款设置在德国银行法案之下;乌克兰数字转型部于2021年5月发布了一份新的虚拟资产草案,旨在确定加密资产的法律地位以及流通和发行规则;俄罗斯数字货币和区块链协会计划考虑起草一份新的数字货币法;另外,2021年俄罗斯总统普京签署了一份法案,明确允许加密货币进行交易但禁止作为支付手段的监管准则;葡萄牙则于2021年4月发布了监管沙箱框架,将测试包括区块链在内的新兴技术。

(2)对央行数字货币态度积极。

欧洲各国对央行数字货币的态度总体较为积极,其中,瑞典和立陶宛对央行数字货币的实践较为领先。立陶宛在2021年7月发行了2.4万枚由本国央行发行的数字货币LBCoin,虽然这只是一种纪念币,但其发行是国家级央行数字货币试点的一部分,同时这也是欧元区首个由中央银行发行的数字货币。瑞典央行也在2021年对瑞典克朗电子版的四种模式在本国市场的可行性进行了深入研究,并概述了不同模式如何符合其政策目标。

除此之外,法国、德国和意大利都在积极对接"数字欧元"。意大利银行业协会(ABI)已成立了一个工作组研究数字资产,希望通过参与相关项目和实验来帮助欧洲央行加快数字货币的实施;法国央行已选择包括汇丰银行、埃森哲和瑞士加密银行SEBA在内的八家合作伙伴测试CBDC;德国央行也表态支持央行之间的国际合作,认为有必要分析和评估CBDC,特别是在履行任务授权方面。

(3)关注稳定币风险。

2021年欧洲监管风向中明显的最重要变化在于,欧洲各国强调关注法币稳定币的风险。俄罗斯央行表态禁止私营企业提供由俄罗斯法定货币支撑的稳定币,而只能使用俄罗斯银行的数字卢布;法国央行认为,尽管稳定币为改善支付系统提供了机会,但也可能带来相当大的风险。

(4)反洗钱。

法国、西班牙和爱尔兰在今年重点强调了反洗钱的相关规定。法国财政部公布了对在该国运营并为该国提供服务的所有加密货币公司的全面KYC要求;爱尔兰内阁出台了《2020年洗钱和恐怖主义融资修正案法案》将市场参与者"义务实体"范围,从而使这些参与者受制于反洗钱和反恐融资要求;西班牙经济事务和数字转型部准备了一项法案草案以监管交易平台,法案将迫使在西班牙运营的加密交易所、钱包提供商和加密托管服务提供商遵守新的反洗钱和恐怖主义融资协议。

4. 西亚和中东:积极发展矿业,探索加密货币相关税收

在西亚和中东地区国家颁布的区块链相关政策中,"加密货币""法案""挖矿""央行""金融资产""银行""矿场""矿工"等词出现的频率较高。从中不难看出西亚和中东各国对矿业的积极态度,另外,这些国家央行对央行数字货币的态度也十分积极。总体而言,该地区的国家希望通过友好的政策环境促进区块链相关产业的发展,以利好本国经济。

西亚和中东各国的央行和经济发展部门积极参与了区块链行业的监管,其监管的主要领域包括矿业、税务和央行数字货币。

(1)允许并积极发展矿业及征收基于矿业的税收。

西亚和中东各国区块链产业的发展主要集中于矿业,这与该地区丰富的能源相关。伊朗、哈萨克斯坦、乌兹别克斯坦相继发文允许加密货币挖矿。伊朗政府向14个加密矿场颁发经营许可,高峰期电费可下调47%,并允许发电厂开采加密货币;哈萨克斯坦的法案在2020年时将挖矿定义为一个技术过程,将挖矿服务定义为一项企业活动,并计划在当年年底前将其数字货币挖矿投资增加一倍;而乌兹别克斯坦则更为积极,国家项目管理局计划建立国家采矿池,并配合合规的加密货币交易所,以便矿企能够向市场流通加密货币。

对矿业的积极态度主要是为了税收服务,伊朗、哈萨克斯坦和吉尔吉斯斯坦都在2021年表态(拟)对挖矿所得征税。伊朗要求除保税区外的挖矿实体遵守加密挖矿的关税规定;哈萨克斯坦计划对比特币挖矿征收15%的税;吉尔吉斯斯坦税法补充了第61章,其中规定对加密货币挖矿实行纳税制度。但是,乌兹别克斯是该地区的一个例外,其在2021年免除了对加密货币运营中获得的收入征税,明确与加密资产的流通有关的法人和个人的业务(包括由非居民进行的业务)不是征税对象。

(2)对央行数字货币态度积极。

阿联酋、沙特阿拉伯、哈萨克斯坦和黎巴嫩在2021年宣布了央行数字货币相关进展。黎巴嫩央行早在2021年就计划推出数字货币,以恢复人们对银行业的信心;哈萨克斯坦计划引入央行数字货币,正在对各种技术基础设施和监管办法进行分析,制定关于哈引入数字货币的场景方案报告;沙特阿拉伯和阿联酋联合宣布央行数字货币试运行取得成功,该项目旨在通过跨国联合 CBDC 结算两个辖区内商业银行之间的跨境交易。

5. 国际组织:考虑稳定币风险,协调全球监管框架

除了各个国家和地区以外,2021年,经合组织、G7、G20、欧盟、金融行动特别工作组(FATF)、国际货币基金组织(IMF)、国际货币金融机构官方论坛(OMFIF)和资本市场与技术协会(CMTA)等国际组织也在积极探索和协调区块链监管政策。

从相关政策的高频词来看,"数字货币""监管""稳定币""资产""框架""金融""欧元""标准""法律""央行""支付"等词较为常见。

对于 CBDC,欧盟是披露监管政策或监管意向最多的组织,其下属的欧盟委员会、欧洲央行、研究服务中心、证券及市场管理局等机构都在2021年积极参与国际区块链监管。从国际

组织关注的内容来看,稳定币、反洗钱和监管框架是主要三大主要内容。

其中格外值得注意的是国际组织对稳定币的监管态度。G7反对Libra这样的稳定币,强调此类支付服务必须得到适当的监管,以免破坏金融稳定、消费者保护、隐私、税收或网络安全;G20金融稳定委员会也强调了监管"全球稳定币"(global stablecoin,GSC)的建议,其希望在各国司法管辖区实施国际监管标准,其中包括有效的合作、协调和信息共享安排;欧盟五国(德国、法国、意大利、西班牙和荷兰)财长呼吁欧盟委员会监管稳定币以保护消费者并维护货币主权。

另外,国际组织在反洗钱和协调监管框架方面也做出了努力。G20将全面开始探讨防止洗钱等监管措施;金融行动特别工作组计划加强加密交易所全球监管框架,以协调和共享有关虚拟资产服务提供商(VASP)的信息;欧盟监管机构公布的三年内战略方针明确将为数字货币引入法律框架。

纵观全球主要国家和地区对区块链行业的监管,从监管主体来看,越来越多元的机构开始参与监管,不仅是国家内部,而且是国际间的;从监管工具来看,越来越多的国家明确了加密货币/虚拟货币/数字货币的法律地位,或将其纳入现有法律框架予以监管,或制定新的专门的法律予以监管;从监管的对象来看,已经涵盖了广泛的市场参与者,包括企业和个人。越来越明晰的监管规则可以规范行业朝着合法合规的方向继续发展。

5.6 国内监管现状

我国对待私人数字货币和法定数字货币的态度截然不同,对于私人数字货币,我国自从2013年以来发布的一系列文件体现出较为强硬的态度,禁止境内数字货币的发行、并禁止金融机构、支付机构参与数字货币的交易,同时严厉打击以销售和交易数字货币为名进行非法集资以及诈骗;而对于法定数字货币,我国一直保持着积极发展的态度。

首先是对于私人数字货币的态度:2013年中国的比特币市场极其狂热,利用比特币进行违法犯罪的网络平台不在少数,如曾号称"国内排名第四"的比特币网络交易平台"GBL"携款"跑路"。对此,2013年12月,中国人民银行联合其他五部门共同发布了《关于防范比特币风险的通知》(银发〔2013〕289号)(以下简称"《通知》")。该通知中规定,各金融机构和支付机构不得开展与比特币相关的业务,包括以比特币为产品或服务定价,买卖或作为中央对手买卖比特币,承保与比特币相关的保险业务或将比特币纳入保险责任范围,以及直接或间接为客户提供其他与比特币相关的服务。

2017年1月,中国人民银行等对数字货币交易平台进行实地检查;2017年9月,中国人民银行联合其他六部门共同发布了《关于防范代币发行融资风险的公告》(以下简称"《公告》"),指明ICO(首次代币发行)"本质上是一种未经批准非法公开融资的行为",重申数字货币"不具有与货币等同的法律地位,不能也不应作为货币在市场上流通使用";《公告》中将限制的范围扩大到以比特币为代表的所有数字货币上,规定任何组织和个人不得非法从事代币发行融资活动,且各金融机构和非银行支付机构不得开展与代币发行融资交易相关的业务。

2018年,包括比特币中国、OKcoin、消伪币和其他数字货币交易平台宣布将停止人民币充值业务并关闭交易平台,截止2018年4月,所有数字货币交易所宣布完全退出中国市场,与此同时,央行在扎实推进数字货币的研发,不断深入推动发行库转型,同年针对虚拟货币发布了

《关于防范以"虚拟货币""区块链"名义进行非法集资的风险提示》和《常抓不懈持续防范 ICO 和虚拟货币交易风险》两项虚拟货币政策。

2019 年,国家发改委发布《产业结构调整指导目录征求意见稿》,将虚拟货币"挖矿"列入淘汰类产业。

对私人数字货币的否定不代表着对区块链技术所有应用的否定,对于民间区块链产业的发展,我国秉持着鼓励的态度。2016 年 2 月,时任央行行长的周小川表示,数字货币须由央行发行,区块链是研发数字货币可选的技术之一。2016 年 12 月,国家将区块链技术纳入"十三五"国家信息化规划。2016 年 10 月,工信部发布了《2016 中国区块链技术和应用发展白皮书》。

对于法定数字货币而言,我国央行是世界上最早研究数字货币的央行之一,一直在积极探索法定数字货币的发行。早在 2014 年,央行就组建了法定数字货币研究小组,对数字货币的发行、流通、组织架构等问题展开了一系列研究。2016 年开始测试基于区块链技术的数字票据交易平台。2017 年正式成立数字货币研究所,并于 2018 年成功搭建贸易金融区块链平台。2019 年末,央行副行长范一飞称央行法定数字货币 DCEP 已经初步完成框架与标准设计、功能开发、联合测试等工作。2020 年 4 月,经过 6 年的研究和验证,与央行数字数币相关的专利已有百余件,同时央行数字货币也开始在广东深圳、江苏苏州、河北雄安和四川成都等城市进行内部封闭试点测试,且已经逐步放开面向公众测试。2021 年 2 月,央行数字货币研究所宣布与香港金管局、泰国央行和阿拉伯联合酋长国央行联合发起多边央行数字货币桥(m-CBDC Bridge)项目,探索央行数字货币在跨境支付中的应用。

从央行数字货币政策话语分析看,政策中出现的高频词包括"区块链""金融""技术""数字(货币)""应用""科技""产业""创新",从中不难看出我国的政策方向主要是:支持区块链产业快速发展,尤其重点关注区块链技术在金融领域的应用,将区块链技术作为科技创新的重要突破口。

2020 年,除了 21 个省在 2020 年政府工作报告中提及区块链以外,发改委、工信部、中国人民银行、银保监会、证监会等中央部委也出台了相关文件支持和规范区块链产业发展。从监管的主要内容来看,主要集中于扶持区块链技术及产业发展,另外包括央行数字货币试点、区块链标准制定、"监管沙盒"试点和数字货币风险提示。

不同的监管机构根据其职责对区块链技术所涉及之处出台了监管政策,其中值得关注动向有以下几点。

(1)中国人民银行:央行数字货币试点、金融风险管控。

中国人民银行在 2021 年重点推进了央行数字货币的研发和试点工作,中农工建等国有银行纷纷测试数字货币钱包,深圳和苏州等地开始实验数字货币应用场景,如数字人民币红包。

中国人民银行及其牵头联办的互金小组,其下的互金协会在今年多次提示了虚拟货币炒作风险。互金协发文《关于参与境外虚拟货币交易平台投机炒作的风险提示》,郑重提醒称,任何机构和个人都应严格遵守国家法律和监管规定,不参与虚拟货币交易活动及相关投机行为。互金整治领导小组和网贷整治领导小组联合召开了互联网金融和网络借贷风险专项整治工作电视电话会议,强调虚拟货币投机炒作、非法外汇交易等其他领域新增风险的监测,始终保持高压态势,全面贯彻落实"金融业务一定要持牌经营"的总体要求。人民银行办公厅下发《关于开展金融科技应用风险专项摸排工作的通知》要求对涉及区块链等新技术金融应用风险进行排摸。

(2) 地方政府：区块链产业扶持政策。

自 2019 年 10 月 24 日中央层面对区块链技术及产业发展的积极定调以后，我国各级地方政府都出台了相应的扶持政策。在 2020 年时，多地还出台了力度较大的财政补贴政策，比如，深圳福田支持区块链企业落户并最高奖励 300 万元、天津市将对区块链相关项目给予最高 500 万元支持、武汉市对入围全国区块链百强的企业一次性奖励 200 万元、苏州相城设立 10 亿元规模的区块链引导基金、杭州市下城区设立 10 亿元区块链产业创投基金等。

(3) 司法体系：比特币属性判定、惩治相关违法犯罪行为。

最高人民法院联合国家发展和改革委员会于 2020 年 7 月共同发布《关于为新时代加快完善社会主义市场经济体制提供司法服务和保障的意见》，要求加强对数字货币、网络虚拟财产、数据等新型权益的保护。上海市人民检察院在发布的《2019 年度上海金融检察白皮书》中明确"虚拟货币"作为一种特殊的虚拟商品，具有财产属性，但不具备货币的法律地位。另一方面，公安部国际合作局局长廖进荣在第九届中国支付清算论坛上表示，每年自境内流出涉赌资金超一万亿，部分涉赌团伙利用虚拟货币收集转移赌资，或将与金融部门共同整治虚拟货币转账。

地方公安多次对涉及虚拟货币犯罪的案件进行立案侦查，比如公安部指挥破获涉案金额超 400 亿元的特大跨国网络传销案 PlusToken 案；惠州警方侦破全国首例利用 USDT 经营跑分平台的案件；暴雷的交易所 FCoin 被湖南警方被刑事立案等。总体而言，我国对虚拟货币的司法监管态度主要是认定比特币不是法定货币但是一种虚拟商品，且国家禁止代币融资交易平台从事法定货币与代币、虚拟货币相互之间的兑换业务等活动。

(4) 其他部委：细分领域的监管。

在其他部委的监管政策中，最值得关注的是网信办持续推进区块链备案体系；工信部牵头制定多种区块链标准，如安全标准、金融应用标准、技术标准等；发改委明确区块链属于新基建范畴。

5.7 全球主要监管创新模式

过去五年中，全球范围内监管创新愈发普遍，主要有创新办公室、监管沙箱和监管科技三类模式。

1. 创新办公室

创新办公室主要接触到希望提供创新产品或服务的金融服务提供商（以下简称创新主体），并向后者做出相关监管说明。创新办公室主要目标是在创新环境中推进监管部门与创新主体的相互联系和学习。这种互动有助于监管部门识别新出现的问题或沟通相关政策进展，也可以帮助创新主体了解当地监管环境以及金融科技相关法规。

与其他监管举措相比，创新办公室较易实施，因为它不需要走冗长的法律或监管变更程序。监管部门可以从小处入手，仅仅给予创新主体在监管环境方面的指导，比如新型金融服务的相关监管举措或者发牌指导。

创新办公室可以帮助创新主体快速便捷地了解监管框架，从而降低准入和创新门槛，以及降低监管不确定性，促进金融服务市场的准入、资本化以及新兴企业的成长。在美国，监管不确定带来的成本问题很突出,研究适用的法律和法规对金融科技公司尤其重要,这些公司以技术类初创企业起步,员工人数和风险资本融资有限。一些金融科技初创企业称,复杂的法规流程会推迟创新产品和服务的发布,甚至不在美国发布,因为可能出现监管问题。与监管沙箱所支持的企业数量相比,从创新办公室得到帮助的企业的数量有明显优势。全球监管沙箱已经帮助大约100家企业。而荷兰的(AFM/DNB)联合创新中心已经向大约600家企业提供了监管说明;MAS金融科技与创新小组(FTIG)帮助了新加坡和海外的500多家企业。美国消费者金融保护局(BCFP)估计,通过开放对外办公时间和其他方式,BCFP每月为100多家创新企业提供服务。商品期货交易委员会在其开办创新办公室的第一年,接待并服务了200多家创新企业。

2. 监管沙箱

"沙箱"一词的核心要义是指在一定的监督和安全保障机制之下,允许市场机构向真实的客户测试其创新金融服务或商业模式。监管沙盒,通过提供一个安全空间,放宽监管规定,减少金融科技创新的障碍,企业可以在该安全空间范围内测试其创新金融产品、服务。监管沙盒为金融科技创新提供了实验室,既避免了监管过严对金融科技创新的扼杀,也避免了部分金融创新对经济和生活造成严重影响,兼顾金融创新与有效管控风险。

监管沙盒(regulatory sandbox)模式是英国在2015年首先提出并运用的。英国的金融行为监管局提出,金融科技、金融创新、金融产品可以在监管沙盒内运行,不用受到目前监管规则的约束。这是为了避免金融监管制度滞后性对金融创新造成阻碍的一种方式,旨在提供一个"安全空间",在不危害金融消费者合法权益的前提下鼓励金融创新,实现金融创新和金融安全的双赢模式。监管沙盒的本质是有弹性的差异性监管,通过在监管沙盒中测试、评估风险,决定该创新能否大面积使用。实施监管沙盒的前提是完备清晰的授权或许可的金融监管体系。目前,监管沙箱已经在世界范围内引起广泛关注,已有英国、中国香港等超过50多个国家和地区实施或计划实施监管沙箱项目。2019年俄罗斯在首都莫斯科、皮尔姆、卡卢加和加里宁格勒四个地区开展了针对数字货币的"监管沙盒"测试,允许在不违反法律的前提下开展数字货币试点,这体现了俄罗斯对金融创新和数字货币的激励和引导。澳大利亚联邦议会在2020年2月10日审议通过了《2019年财务法修正案》,该法案确定了更为宽松的监管环境,将金融科技监管沙盒的时间延长到24个月,为金融创新提供更为宽松包容的监管空间。针对法定数字货币,我国监管部门亦可以采用"监管沙盒"模式,改变过去强监管模式,采用柔性管理制度,增加监管的科技手段。事实上,我国也已经在深圳前海地区开展了"监管沙盒"试点工作,目前正在进一步细化试点方案。在此模式下,监管部门可以运用大数据、云计算等技术实时监控法定数字货币的产生、流转和运用,监测风险、规范行为,既保障金融创新,又保护金融消费者的合法权益。

监管沙箱目前主要有产品测试沙箱和政策测试沙箱两种明确的项目模式。产品测试沙箱,即通过沙箱计划创造一个安全的试点区域,允许创新的市场机构在获得正式许可或牌照之前,对新产品进行基于真实用户的测试。政策测试沙箱,主要功能是使用沙箱计划来评估法规和政策的有效性,测试其是否会对有益的新技术或商业模式形成阻碍。

此外,还有两种特殊目的的沙箱。一是多边沙箱,可以促进跨境监管协调,并使金融创新机构能够在区域或全球范围内实现规模发展。目前有两个正在运行的多边沙箱,即全球金融创新网络(GFIN)和应用程序接口交换(APIX)。二是专题沙箱,是直接或通过技术、服务间接支持普惠金融创新的一种方式。目前,已经有至少三个国家和地区开始着手探索关于产品或专用技术的专题沙箱。尽管现在量化监管沙箱项目对普惠金融的影响为时尚早,但众多监管沙箱实践案例已经为当前有意向启动沙箱的组织提供了许多经验教训:第一,监管沙箱耗用的监管资源可能比想象的要高;第二,沙箱项目需要进一步简化流程,减少审查和处理时间;第三,监管部门间的协调至关重要,尤其是在多方监管的地区。

3. 监管科技

"监管科技"一词涵盖了所有用于监管目的的技术。监管部门已开始考虑将监管科技作为一种跟踪金融服务市场重大变化的工具。第一,监管科技大大改进了监管数据收集和分析工作。例如,巴西央行(BCB)实施了一个基于网络的监管科技解决方案,允许监管部门和信息提供者之间方便安全地共享信息。该系统收集数据以评估风险控制,并通过报告生成来保障监视过程。第二,监管科技有助于改进 KYC(充分了解你的客户)的质量和效率。印度新的数字基础设施建设同样包括监管科技的部分。例如,一个政府运营的 KYC 程序使银行和其他金融机构认证潜在客户身份的成本大大降低。这有助于印度监管方满足 KYC 的要求,同时有利于政府建立国家身份系统的规划。第三,监管科技帮助监管部门改善监管金融服务市场的方式。监管部门可以通过监控发现系统性风险和损害消费者利益的情况,这些危害可能不仅仅局限于单一机构。同样,BCB 的监管科技解决方案有助于确定哪些机构需要最密切的监控,这可以节约有限的监管资源。第四,监管科技帮助监管部门更直接地与消费者接触,以确保他们得到适当的保护。美国消费者金融保护局(BCFP)开发了一个消费者投诉门户和数据库,使消费者更容易投诉和反映问题,并提供了更方便的消费者体验趋势公共可见性。反过来,数据获取也为更好进行机构监管提供了信息。例如 BSP 的聊天机器人解决方案,它有潜力通过更好监督企业应对消费者投诉的行为来促进消费者保护。

5.8 法定数字货币监管理念

1. 明确专门的虚拟货币风险监督机构

这个机构可能独立于央行,也可能隶属于央行,本着"如无必要非增实体"的组织法法理,可以将监管任务依法配置于一个现存的机构。其职责是监督虚拟货币发行和流通的合法进行,并对其间产生的技术问题、法律问题及时进行提醒和建议;面对发行流通中的风险,其建立之初就应以探知风险、控制风险为准则;机构成员应是具备金融、法律、数字技术复合知识的人才。

在监管对象上,应当以大趋势为首要任务,先完成 DCEP 的发行适用,DCEP 发行成功获得适用后,若条件允许,如私人虚拟货币不再被禁止,则防范系统性风险的任务则由这个虚拟货币风险监督机构承担,形成以 DCEP 普适为主,私人数字货币试点创新为辅的监管权力配置构架,在保障国家战略推行的同时依然为世界数字货币竞争提供良好的培养土壤。

2. 实施"分层匿名——可控审计机制"

分段监管,针对 DCEP 的"分层匿名-可控审计机制",不同的额度梯度对应不同的监管力度。举个例子,在纸币现金交易中,小额现金交易几乎不受监管,现金数额越大,造假、洗钱等风险越大,对应的监管就越严厉。DCEP 在监管程度上原则上可以类推适用纸币现金监管,央行仍然采取的是中心化策略,即央行仍然拥有 DCEP 的全量数据,因此仍然满足账户和交易审计的需求,但对于交易数据的查看需要规定明确的条件。

如小额的交易完全自由、完全匿名;而在技术支持的前提下,达到一定次数和一定数量的现金交易如果引起监督机构的警惕,则其有能力揭露交易人的真实面目,通过诸如大数据画像等技术手段对身份进行定位,以规制洗钱等违法犯罪行为。

3. 注重数据安全与隐私权的平衡

对法定数字货币的监管既要保障数据安全,也要保障金融消费者的隐私安全。以比特币为主的虚拟货币都有一个公钥和一个私钥。公开密钥对参与网络的每个人都是可见的,网络参与者可以跟踪每一笔交易,而私钥只有比特币的持有者知道。因此,交易链总是可以跟踪的,例如,由调查人员确定犯罪活动,如果在某个阶段与物理世界建立了链接,即使私钥没有公开,也可以链接到物理世界中的某个人。因此,比特币不是一个完全匿名的支付网络。但这种技术依然是去中心化的,有时会发生私钥被盗的情况,导致数字货币难以追偿,带来安全问题。法定数字货币能够完整地反映资金去向,提高经济活动透明度,方便监控资金用途,确保数据安全,实现特定的政策目的,降低逃税、洗钱、贪污、挪用等经济法犯罪行为。法定数字货币可以使决策者访问数字记录(假设央行管理分类账),将交易数据保存在中央银行内来保证付款的隐私性,但对数据安全性的担忧表明法定数字货币可能无法保证完全的匿名性,损害到人们的隐私。2020 年 2 月中国人民银行发布的《金融分布式账本技术安全规范》对隐私保护做了专门规定,提高了对金融消费者隐私权的保护。隐私信息是指在金融分布式账本系统中,单独或者与其他信息相结合能识别特定自然人身份或者反映特定自然人活动情况的各种信息,包括但不限于分布式账本系统中各方的账户信息、鉴别信息、交易信息、个人身份信息、财产信息及其他反映特定自然人活动的各种信息。法定数字货币具有较强的私法属性,在保障法定数字货币数据安全的前提下,强化对所有者的隐私权保护,在数字货币的身份信息读取机关、读取内容、读取条件、读取程序等方面进行法律限制性规定。

5.9 法定数字货币监管制度构建

1. 建立数字货币的有效监管机制

(1)利用监管沙盒进行有效的监管。

传统货币监管思路和方法显然已经无法满足数字货币的发展需求,监管部门也应寻求技术和方法上的创新,其中,2015 年 3 月英国金融行为管理局(FCA)的监管沙盒(regulatory sandbox)为数字货币提供了监管思路:监管当局可将不符合现有监管体系、难以在当前市场环境下判断其价值与风险的金融科技创新产物纳入一个可控的小范围内进行测试,通过不断地进行测试,总结经验教训,找到平衡点,并将其投放至更大的市场中运行。英国为了避免金融监管制度滞后性对金融创新造成阻碍,规定可以通过监管沙盒对金融科技、金融创新、金融产品等进行测试,实现金融创新和金融安全的双赢模式。这对我们的监管提供了一个思路:对于私人数字货币来说,其发行、交易、托管并没有形成一个稳定模式,尤其是私人数字货币 ICO 问题,法定数字货币也尚未成熟,其发行、流通、支付、结算、监管等方面流程也可能出现的问题也需要进一步的考察,比如法定数字货币的发行与流通对传统纸币和银行存款产生现金替代、支付替代、储蓄替代等不良影响,对公众的消费和投资行为产生的影响,以及对金融基础设施、货币政策传导、金融监管乃至未来数字经济社会发展产生的深远影响。因此,可以通过沙盒监管对关于数字货币各项风险和监管政策进行全面的分析与把握,使监管更为有效。

(2)将金融科技转化为监管科技。

监管机构可以建立针对数字虚拟货币交易的大数据监控平台,积极将区块链、大数据、云计算、人工智能等各种金融科技的底层技术转化为监管科技,对数字虚拟货币的市场进行持续跟踪研究和监测分析,把握其发展动态,了解其对现有金融体系的影响渠道,并建立相应的预警机制,从而及时有效地防范由数字虚拟货币引发的系统性金融风险。目前我国在货币清分与支付、大额现金流通监管等方面所探索的新型监管科技手段,就可以为数字虚拟货币的监管提供可借鉴的经验。未来,监管部门可以在实践探索中,利用监管科技快速、高效、精准等特点,对数字虚拟货币的流通进行穿透式监管;同时,结合大数据分析等手段,对数字虚拟货币的各个参与方进行有效监控。

监管部门对数字货币发展要时时保持密切的关注、当数字货币应用环境发生变化,监管法规也应跟上,监管部门要时刻关注环境变化,以便在监管措施方面保持灵活,在遇到新挑战时能够迅速灵活地解决问题。在设计监管方法时,监管部门应考虑应用数字货币的新商业模式。

(3)监管部门要审慎监管中介机构。

监管不仅需要解决反洗钱,反恐组织融资,反欺诈等市场行为问题,还需要解决中介机构的金融稳定问题。经营是否规范可能会影响数字货币用户的权益和支付系统的稳定性。

(4)加强对数字货币的价格监管。

数字货币价格变动大的背后往往是有团队在操纵价格,谋取非法利益,针对这点,可以效仿股票的每日涨跌幅限制,给数字货币的价格波动设置区间,以保护投资者的权益。

2. 建立数字货币使用者的权益保护机制

由于投资人存在信息不对称的问题,投资人属于弱势方,且监管机构的不确定性和数字货币缺乏透明度,在保护数字货币用户的权益方面存在重大漏洞,包括投机风险、数字货币系统、中介机构和服务提供商的风险,欺诈风险以及交易不可逆转所带来的风险,面对这些风险,有必要采取一些保护投资人的措施。

(1)建立健全市场准入机制。

对市场准入作出限制,在确保完全竞争基础之上把不合格的经营者排除在外,例如币圈的一些山寨币骗局,就是准入监管尚未到位的体现,因此,加强市场准入,对每个平台进行资格审查,是十分必要的。

(2)加强教育,提高投资者风险防范意识。

有关机构要注重宣传比特币等数字货币的风险,警告投资者采取预防措施,例如发表强调数字货币风险的声明,司法部门在法律上要明确数字货币的法律定位、制定监管范围,使监管体系与现有经济体制融合,完善争议解决机制、保护投资者的合法权益。

(3)加强信息披露。

建立数字虚拟货币服务机构的信息披露制度,并将数字虚拟货币服务平台的各个参与方纳入央行的征信体系,加强对金融消费者的保护。英国、美国、新加坡等国加强相关市场信息披露与市场处罚的监管政策可以带给我们一些启示:一方面要求数字虚拟货币服务机构披露主体资格与高管信息、资金托管情况、项目规划与实施进展,以解决信息不对称的问题,避免欺诈行为的发生。未经监管当局审核或注册登记的,则不准开展虚拟货币交易服务。市场上任何违反现有监管规定的行为,都必须接受监管机构的调查和惩处。

(4)倾斜保护投资者。

在现有法律框架内各有关部门要严格执法,对于诈骗如庞氏骗局、盗窃去中心化货币的行为应当及时依法追究;出台针对性的法律;完善投资者投诉机制,明确主管部门,必要时为缓解投资者的举证困难应协助举证,并研究制定有利于投资者的相关举证的细则,给于投资者适当的倾斜保护。

3. 加强国际间的交流与协作

针对数字货币在国际间进行流通,带来的洗钱、恐怖组织融资等违法犯罪交易,需要各国联合起来,加强国际间的交流与协作;另外,在国家边界仍然存在的现实世界中,主权货币框架仍然是各国的现实选择。货币一直是一个国家主权的重要象征,我国不仅要捍卫人民币货币地位,还必须持续关注全球数字货币的发展。当数字货币出现,是否会打破主权货币框架这一格局,形成跨国界的数字货币联盟,这将促使我们加强与其他国家的数字货币交流与协作;还有针对监管套利的行为也需要各国间加强关于监管的沟通与交流。

课后练习题

一、复习思考题

1. 什么是风险?什么是数字货币风险?
2. 数字货币的风险有哪些?
3. 数字货币监管的措施有哪些?

二、讨论题

1. 论述数字货币监管的意义。
2. 中国未来如何提高数字货币的使用普及率?
3. 数字人民币试点会对货币政策、金融监管、商业银行经营带来哪些改变?

模块六

数字货币的未来

本模块导读

2021年以来我国数字货币使用率正逐年增长。数字货币是数字信息时代的产物,是数字技术与金融体系结合后的产物,是为了满足新时代发展需求的产物,它代表着货币的未来发展方向。数字货币不同于虚拟世界中的虚拟货币,它可以被用于真实的商品与服务交易,它的出现为人们日常生活、工作提供了便捷。

引例思考

货币是人与人之间交易的重要形式,根据种类的不同,交易方式也不一样。以前流行纸币交易,但自从有了移动支付以后,大部分人选择出门带手机,打开第三方支付客户端就能完成付款。所以这促使了移动支付的崛起,但移动支付也并非交易的唯一方式,现金人民币尚未淘汰,而是迎来了"大升级"。现金人民币将以数字化的形式存储在智能手机等媒介上,变成数字人民币。数字人民币在概念相比外界都有所了解,和纸币一样,具有等额的货币价值,一样具备法偿性。数字人民币是移动支付时代下诞生的产物,而移动支付是在纸币的基础上,利用互联网优势崛起的。每一个时代都有不同的历史产物,移动支付的普及让不少ATM机关闭,用户也减少了使用现金的频率。一些人一年到头也用不了几次现金。现如今数字人民币时代即将到来,是否要和"纸币"说再见了?

请思考:(1)数字货币能不能取代支付宝、微信支付、银行卡,成为主要的电子化支付工具呢?

(2)数字货币未来有怎么样的发展趋势?

单元一 数字货币的发展愿景

随着科技的不断进步发展,各类数字货币争相竞争,其使用占比逐年增长,支付方式也在不断更新升级。在互联网金融体系之中,数字货币是最重要的组成部分,它处于金融行业的最深处,是适应时代发展的产物,凭借着互联网和金融平台推动着货币变更。数字货币能否正确的发展,这对人类的生存与发展有着深远影响。对数字货币进行相关研究可以更好地为社会的发展提供更为便利的条件,有利于提高人民的出行与生活的便利程度。

此外,数字货币的发展将赋能共同富裕。2021年是"十四五"时期的开局年,也是疫情过后我国经济逐步复苏的关键时期。在这样的背景下,"十四五"规划中提出了"持续增进民生福祉,扎实推动共同富裕"这一目标任务。中国进入共同富裕目标的实施与数字经济时代在时间上刚好吻合。随着中国逐步进入数字时代,未来共同富裕必然以数字经济为依托,二者有很强的契合度。首先,二者均坚持以人民为中心的发展理念。共享性是共同富裕的核心属性。那么数字化在发展过程中,无论在制定政策机制,推动平台技术开发或是降低公共服务领域技术使用新门槛,均是以保障不同的群体能够更好地共享数字红利为目的。在信息共享、服务、收入保障方面发挥着重要作用。其次,数字货币的发展将会夯实共同富裕的物质基础。数字货币将会为市场参与者带来新的发展机会,高效提升自主创新能力,扩大市场竞争优势;同时有利于降低不必要的损耗,以科技创新提升生产力,为绿色、循环经济发展作出贡献,在经济进程中构建出更富有创新力、竞争力的高质量发展模式。

货币的发展经过四个阶段:一般等价物阶段、一般等价物的代币阶段、信用货币阶段以及数字货币阶段。2009年,随着比特币的诞生数字货币开始被大家熟知,而后央行发行数字货币,数字货币得以迅速发展。现今的数字货币不仅种类繁多,其支付方式也是多种多样、与时俱进。

6.1 数字货币的发展方向

尽管在数字货币发展的初期阶段仍存在一定的问题,但其作用是不可估量的,更是无法阻挡的。数字货币的发展应当是积极的,未来是光明的,数字货币的发展方向与未来可以概括为以下几个方面。

6.1.1 数字货币替代纸币

货币演进史中最初的以物易物是一种完全无中介的安排。这种情形下的供需恰好相遇比较困难,交易效率低,极大地限制了人们的经济活动,也无法进行价值统一衡量。在市场推动下,出现了实物货币,并逐步过渡到金银等贵金属货币。金属货币存在携带不便、交易成本高等问题。容易出现以假乱真、以次充好、缺斤短两的现象。在这种条件下,纸币逐步发展和替代了金属货币。纸币的出现不仅节约了交易成本,更为重要的是发展了信用经济,促进了生产力的发展。进入21世纪,建立在互联网和数字技术基础之上的数字货币的发展如火如荼。点对点支付的数字货币从根本上不同于以往的转账支付的银行货币。与数字货币相似的是纸币。纸币支付并不适合信息社会的发展,其存在设计、制作、流通成本高,可以造假,容易损坏等问题。相反,数字货币具有电子化交易便捷的特征,不存在假币,可以面对面交易。数字货币可以进一步降低交易成本,并能在更广泛的领域内以更高效率加以应用,因此,数字货币对纸币的替代是一种趋势。

6.1.2 将数字货币打造成全球最佳央行数字货币

"打造全球最佳的央行数字货币,不仅有利于推进普惠金融,而且有利于在数字经济时代促进全球货币金融体系的均衡和协调,维护我国的货币主权,保护我国的金融安全。"10月23

日,中国互联网金融协会区块链研究组组长、中国银行原行长李礼辉在由《财经》杂志、《财经智库》主办的"2021全球财富管理论坛"上如此表示。打造全球最佳央行数字货币,是中国在全球化进程中争当主导地位的表现,使中国有机会在货币领域对美国实现弯道超车。去美元化,也是如今所有国家面临的一个重要的课题。那么我国区块链技术的出现,数字货币的逐步发展,将有望挑战以美元为中心的金融信用体系,从而改善或者打破全球以美元作为世界货币的支付环境。此外,打造全球最佳数字货币,也是为了防止当在全球范围内出现经济危机时,我国货币大幅贬值,使金融体系或国家经济状况处在被动位置上,维护我国的金融安全。

由央行推动发行数字货币势在必行,数字货币由央行发行的优势包括:

(1)通用性和标准化。央行数字货币以国家信用为保证,可以最大范围实现应用,有利于制定数字货币发行和流通的标准。

(2)公平公正。央行需要发行数字货币作为社会的公共品,避免货币使用时的消费者歧视,同时最大限度地提升交易便利性和安全性,提高交易效率。

(3)创新和监管协调发展。中央银行数字货币有助于充分应用先进的网络和信息安全等技术,确保技术的可靠性和前瞻性。由央行推动数字货币的发展可以降低创新和现有监管要求的冲突。

6.1.3 数字货币应用场景与展望

1. 数字货币应用场景

2022年北京冬奥会已全面作为数字货币试点落地,已顺利布设35.5万个冬奥场景,先后测试及使用了我200多项新兴技术。硬件钱包、数字人民币app等支持技术也正在顺利进行中,运动员可以自主使用数字货币进行商品支付,例如:无人售货车、无人超市等,并推出了支付手套、支付徽章等可穿戴设备。这标志着国家对数字货币的大力支持,也彰显了数字货币的稳定性及实用性。另一方面,同样彰显了数字货币在跨境支付领域具有巨大的潜力,可以直接实现点对点、端对端的支付结算。在未来,数字货币有望实现大规模推广,投入到大规模日常使用中,并且建立一个更加公平和先进的全球跨境数字货币支付体系。

首先,可以考虑利用数字货币明晰数据产权界定、强化数据产权保护。例如,通过搭载能确认数据资源最终归属的智能合约,确保数据要素的所有者能如数获得全部应得报酬。其次,可以考虑利用数字货币识别数据资产质量、对接数据资产定价。例如,通过搭载能溯源每笔交易信息的智能合约,甄别相关数据是否真实,为数据产品定价提供基准。由此可见,数字货币与数据商品生产、流通、定价、交易等各环节的深度耦合,可以在极大程度上推动数据资源向数据商品的转化,促进数字贸易发展。

2. 数字货币促进消费增长,打破支付壁垒

提及数字货币,一个被反复问及的问题是,它与现有的银行卡、微信、支付宝等电子支付工具有什么区别呢?大多数人之所以会对数字货币与电子支付之间的界限感到模糊,主要是由于二者都是以电子设备为载体的。但是需要指出的是,数字货币与现有的电子支付工具之间,还是有一个关键差别的,即价值转移对银行账户的依赖程度不同。具体而言,现有的电子支付工具都是账户紧耦合的,需要关联银行账户才能完成资金转移。DCEP则不然,它延续了实物现金账户松耦合的属性,只要手机上有数字钱包,就可以实现资金转移,而无需关联银行账户。

这就好比使用纸币购买商品时,把纸币直接交到另一个人手上,而无需经过银行一样。

由此一来,对于一些现有电子支付工具存在局限的场景,数字货币可以实现有效覆盖。一是双离线支付。在通信网络欠佳的情况下,电子支付由于依赖银行账户、需要连接网络,因而将难以实现。相反,数字货币由于脱离了银行账户限制、无需连接网络,因而在此类场景下也能顺利进行支付。二是匿名支付。电子支付对银行账户的依赖还意味着,它无法保证公众对一些合法支付出于隐私考虑的匿名需求。而数字人民币是支持可控匿名的,能在有效防范违法犯罪活动的前提下,满足公众对匿名支付的需求,保护个人隐私,保障信息安全。三是便捷支付。目前,大多数电子支付工具都配备了多种多样的功能,这虽然提升了电子支付的功能性,但也在一定程度上牺牲了易用性。例如,仅支付这一功能可能就需要经过联网、绑卡、扫码或出示付款码、认证等一系列操作。对于一些不熟悉电子设备操作的人而言,使用电子支付并不见得十分便利。另一方面,数字货币的支付流程则相对简便,既不需要联网和绑卡,也不需要过多操作,只需要安装数字钱包、将手机碰一碰,就可以完成转账或支付。以上分析表明,虽然数字货币在C端(用户端)会面临来自现有电子支付工具的激烈竞争,但在特定环境或特定人群中,它还是具有一定差异化优势的。一些研究也表明,支付方式的便利性和安全性可以加速消费决策、释放消费需求,从而可以对消费增长起到促进作用。

3. 数字货币赋能工业互联网高质量发展

回顾我国数字货币的试点进程可以发现,虽然随着研发测试工作的稳步推进,数字货币的试点场景不断丰富,但是总体来看,目前的试点场景仍只局限于C端。当然,此前也有相关信息提及,初期的DCEP设计主要针对小额零售场景。但长远来看,数字货币的应用场景延伸至B端(商户端)是一个不可避免的趋势。

一方面,数字货币在C端的市场空间总体有限。虽然如前所述,数字货币较电子支付具有支持双离线支付、匿名支付、便捷支付等优势,可以满足特定环境下、特定人群的特殊支付需求,但相对来说,这种优势可能并不足以为数字货币赢得绝对的C端竞争力。同时,数字货币的账户松耦合属性也意味着,持有它并不会产生利息收益。相反,以账户为基础的电子支付则或者可以为用户提供利息收益(如银行卡),或者可以通过金融创新为用户提供额外收益(如余额宝)。由于C端用户对此类收益会相对敏感,这种差异的存在有可能进一步削弱数字货币在C端的竞争力。正如当前流通中的实物现金越来越少一样,作为它的数字化替代,数字货币同样面临C端市场空间有限的问题。

另一方面,数字货币在B端的市场空间则充满更多可能。首先,数字货币只有延伸到B端,才能循环流动起来,从而真正实现货币节约交易次数、降低交易成本的本质职能。其次,与C端用户相比,B端商户持有资金的主要目的是满足日常生产经营需要,因此会更加关注资金的流动性,数字货币在收益上的劣势可能就不那么突出。最后,最为重要的一点是,数字货币的可编程性及内嵌智能合约的可能性,使得它可以在B端找到更多富有竞争力的应用场景。例如,对于一条供应链,如果在货币职能允许范围内,对数字货币进行适当编程,以确保中间企业在收到下游企业的付款后,会如数支付对上游企业的应付款项,那么在这条供应链上使用此类数字货币进行交易,就能够有效降低整条供应链的信用风险,极大地促进链上企业的发展。

当前,互联网正在由以消费互联网为主导的上半场进入以工业互联网为主导的下半场。由于工业互联网是互联网由C端向B端的延伸,因而如果数字货币不可避免地由C端延伸至B端,那么将会极大地赋能工业互联网高质量发展。而工业互联网作为工业经济转型升级的关键依托、重要途径、全新生态，其自身的高质量发展也将为激发数字经济活力、推动经济持续增长提供新的支点。

知识链接 6-1

在未来，数字货币的发展存在 4 个可能性的方向

一是数字货币成为一种全球性的数字资产和投资品，这也是目前数字货币在全球扮演的主要角色。

二是成为在特定场景下的金融工具。目前在全球范围内不同清算体系之间进行价值传输，时间长、成本高，而数字货币作为全球流动的媒介，可以很好地解决这一问题。

三是数字货币成为一种新型的支付网络，但由于新近的互联网金融公司已经分别将该产业进行升级和创新，因此支付网络的发展尚不明朗。目前国内已经有部分数字货币完成了支付手段的实现，比如福源币等。

四是创新范围更广、更具有想象力的一种发展趋势。数字货币及区块链技术成为一种创新的协议，可用于分布式交易、智能合约、去中心化系统、物联网等多个领域，帮助这些领域更快速地发展。

单元二 数字货币面临的挑战与机遇

6.2 数字货币面临的挑战

1. 数字货币可能加快金融风险传播速度

金融科技快速发展显著提高了金融服务便利化程度，但同时，金融科技的广泛运用也会加快金融风险传播速度，特别是在网络信息技术日益发达的背景下，局部性金融风险可能在金融科技的推动下快速扩散至整个金融系统，从而导致出现系统性金融动荡和风险。

2. 我国民众对数字人民币的疑虑将一定程度上影响数字人民币的实际使用

虽然我国数字人民币试点工作在消费端稳步推进，但民众对数字人民币的疑虑并未打消，担心数字人民币与私人数字货币类似，出现币值大幅波动，特别是担心数字人民币的大量发行会进一步提高市场流动性水平，导致货币购买力普遍下降。

3. 数字货币监管制度体系有待进一步完善

数字货币持续稳定发展与金融科技水平的不断提升密切相关，同时也给我国完善金融监管体系提出了新的要求。针对我国私人数字货币发展过程中出现的违法违规行为，2017 年 9 月中国人民银行等七部委联合发布《关于防范代币发行融资风险的公告》予以叫停，并进行清理整顿，有力维护了我国数字货币发展秩序，有效控制了金融风险扩散，但客观地看，适应我国未来数字货币发展需要的监管制度体系尚未完全建立，仍处于探索过程当中。

6.3 数字货币面临的机遇

1. 数字货币对共建"一带一路"的重要意义

近年来,中国数字经济蓬勃发展,移动支付培育了国内民众接受 CBDC 的土壤,也带动了境外人民币数字结算的发展。人民币数字货币对共建"一带一路"意义重大。

(1)以移动支付带动人民币国际化。

移动支付在沿线国家的快速发展,是"一带一路"倡议下数字经济迅速普及,为各国带来便捷、安全金融服务的缩影。在此基础上,中国可以利用支付宝、微信等平台扩大数字人民币在非洲、中东、东南亚等地的实际使用规模。这也将有效提升"一带一路"沿线国家对中国金融系统的信任。

(2)以金融基础设施建设带动企业走出去。

"一带一路"沿线国家金融基础设施建设潜力很大。在沿线国家投资销售终端、ATM 系统、手机 app 等金融基础设施,将为中国企业提供获得海外市场份额的先机。腾讯等中国公司目前已经在非洲和拉丁美洲占有相当大的市场份额。

(3)以数字货币化解金融风险。

推行人民币数字货币有助于降低跨境偷税漏税、贪污、非法交易风险。更重要的是,数字货币将有助于提升贷款、投资、援助和债务透明度,破解"债务陷阱论",降低欧盟、日本等国家同中国开展"第三方市场合作"的疑虑。数字货币是人民币国际化的关键领域,也是中国扩大经济和政治影响力的重要战略之一。

2. 后疫情时期中国法定数字货币新机遇

(1)疫情将提高大众对于法定数字货币的认知与接受程度。

在这一特殊时期,更多的人倾向于"网购"和使用"非接触"的电子支付手段,通过减少外出和集聚,减少纸币和硬币的使用,阻断疫情传播途径。根据人民银行发布的《支付体系运行总体情况》数据,2020 年第一季度我国移动支付业务量保持增长态势,网联平台处理的业务量达 884.41 亿笔,同比增长 16.65%;总金额 63.63 万亿元,同比增长 16.29%,并未受疫情显著影响。可以说,2013 年互联网金融崛起后各类第三方支付(微信支付、支付宝等)的普及,为此次"宅经济"的兴起提供了基础条件。

支付交易的线上化不仅仅便利了用户,也节省了金融机构的运营成本,移动支付的普及为法定数字货币的推广起到了培养用户习惯的作用。法定数字货币未来不仅能满足用户对于"非接触"支付的需求,国家信用的背书、较强的抗偷盗以及可追溯性使得它具有更强的安全性,而近乎零的交易成本、低延时性、广应用范围也使得法定数字货币具有更强的便捷性。

此外,中国有较好的接受法定数字货币的用户基础。2019 年 12 月末,我国网民规模达 9.35 亿人,全国互联网普及率达 64.5%,其中手机网民规模达 8.97 亿人,目前 99.3% 的网民通过手机端上网,中国已经进入移动互联时代,庞大的用户群体为推行法定数字货币提供了广阔的空间,海量的移动端应用也给法定数字货币提供了更多的下沉落地场景。

(2)法定数字货币可补齐现有支付体系短板,更好满足后疫情时代支付需求。

目前数字经济支付主要依靠支付宝和微信支付两大平台,它们已各自构建起多样化的生活服务生态，覆盖了用户大部分日常所需的交易场景，移动支付等非现金支付工具对现金的替代率越来越高。但是现在的第三方支付平台是公司化的支付体系而非法定的支付体系，用户需要承担手续费和扫码设备安装成本，平台间存在交易壁垒，不可避免存在盗号、欺诈等潜在金融风险。

同时，第三方支付不能完全满足公众对匿名支付的需求，而中央银行不同于商业机构，不会通过用户个人信息牟利，隐私泄露风险较小。法定数字货币具有可追溯的匿名性，不仅能满足匿名支付需求，还能在必要时进行监管，防范欺诈、洗钱等问题，更加尊重用户隐私。更重要的是，法定数字货币可以开启公司企业部门与政府部门的数字支付，开通数字支付的对公场景，弥补目前第三方支付等工具没有对公支付的空白。

此外，第三方支付依赖于网络通畅和支付设备的完好，此前出现过微信支付和支付宝系统崩溃影响用户进行正常支付的事件，并且现有技术只能支持第三方支付实现"单离线支付"，仅限于在联网交易场景使用。而法定数字货币基于特殊设计，通过数字钱包实现价值转移，除了可以像网上银行、微信支付、支付宝等一样进行联网收付以外，还可以不依赖于网络进行点对点的交易，实现像现金一样的"双离线支付"，能更好地满足数字经济未来的发展，也能更好地应对诸如疫情、自然灾害等突发事件下的支付需求。

(3) 疫情促使数字经济进一步发展，数字经济必将催生法定数字货币。

数字货币是数字时代最重要的金融基础设施，数字经济强国呼唤数字货币的诞生。据统计，我国数字经济规模 2019 年已达 35.8 万亿元，占 GDP 比重达 36.2%，成为全世界公认的数字经济大国。新冠肺炎疫情进一步加速了数字经济的发展，数字经济正成为国家经济发展的新引擎。

数字经济必将催生法定数字货币，而法定数字货币又将赋能数字经济行稳致远。法定数字货币可以对冲私有机构发行的虚拟货币和数字货币的干扰与冲击，有利于金融秩序的稳定，消除非法定数字货币给数字经济带来的负面影响。而且法定数字货币的便捷性、安全性、稳定性也与数字经济追求的快捷性、高效性相一致，可以推动数字经济与实体经济发展相融合，两者相辅相成、互为促进，推动经济高质量发展。

(4) 后疫情时期法定数字货币可以丰富货币政策手段，更好助力经济复苏。

后疫情时代，帮助经济尽快走出疫情阴霾，走上复苏道路已成为中央银行的重要任务。中央银行在法定数字货币的设计上将会采用大数据分析、人工智能等创新机制，将使货币创造、记账、流动等数据实时采集成为可能，通过大数据等技术手段进行深入分析，为货币投放、货币政策制定与实施提供更多参考，使存款准备金率、利率等政策的有效性加强，使我国货币政策传导过程更加通畅。

同时，法定数字货币发行后，便捷的网上结算、极低的支付成本、时尚的支付体验，定能促进消费冲动，从而拉动经济增长；还可以通过发挥其信息和技术优势，为广大的小微企业和个体商户提供门槛更低、成本更低、更加灵活的融资服务，以实实在在的"硬核"举措，促进复工复产复市，助力"六稳""六保"，加快经济复苏步伐。

(5) 后疫情时期世界经济发展期待便利的跨境支付工具，法定数字货币具备"世界货币所需的一切条件"。

中国中央银行发行的数字货币具有法定性、稳定性和锚定性，在诸多方面较私有企业发行的数字货币(如 Facebook 发行的 Libra)等支付工具有更多优势，尤其体现在其由中央银行发行和管理,由国家信用背书,违约风险低,是"真正的数字货币"。由于 DCEP 可以与人民币 1∶1 自由兑换,可以对接国际上各主权国家现有的货币体系,通过跨境支付可以进一步推动人民币国际化进程。

目前以美元为主导的国际货币体系仍存在许多弊端,超发的美元给世界上其他国家尤其是发展中国家带来了"负外部性",并且目前全球最主要的支付交易系统 SWIFT 也由美国主导,中国有必要也有能力建立一套新的支付系统网络,打破美元垄断地位,而法定数字货币将是人民币国际化"弯道超车"的重要法宝。可以借助"海淘"消费、"一带一路"国家的投资和借贷等渠道,打开海外市场,也可以考虑和已经从事跨境支付业务的企业(如支付宝等)合作,推广法定数字货币在海外市场的应用,助力人民币国际化。

(6)中央银行早已着手研发法定数字货币,具有先发优势。

中国是全球移动支付第一大市场,无论是移动支付用户的规模与交易规模,还是渗透率,都处于比较领先的地位。"刷卡支付"和"扫码支付"对现金的替代效应日趋明显。加快研究法定数字货币的步伐,防止诸如比特币、Libra 等"影子货币体系"对现有体系的冲击,提高支付体系的运行效率,推动经济数字化治理程度的提高。

中国人民银行 2014 年就开始了对法定数字货币的研究,2017 年 1 月中国人民银行数字货币研究所正式成立,截至 2020 年 4 月,已为数字货币及其相关内容提交 22 件、65 件、43 件专利申请,涵盖数字货币的发行、流通、应用的全流程,形成了完整的产业链,已完成技术储备,具备了落地条件。

单元三　数字货币发展的建议

数字货币总体上属于新生事物,未来我国数字货币的发展,需要综合考虑国内经济发展实际情况,在充分满足国内市场需求和适应民众消费习惯的基础上积极稳妥加以推进,同时也需要准确把握全球数字货币发展大势,有针对性地谋划总体发展战略思路并采取相应的政策举措。

1. 坚持风险可控,稳妥推进数字人民币落地应用

稳步扩大数字人民币试点城市范围。进一步拓展和丰富数字人民币应用场景,从小额、高频、零售业务领域逐步扩展至大额、批发业务领域以及从消费领域逐步扩大至生产领域。加强对数字人民币试点使用的动态监测,全面掌握数字人民币对我国货币政策传导机制、货币流通速度、金融体系稳定的影响,及时总结梳理数字人民币试点过程中的有益经验与不足,对风险性事件及时预警。着力提升数字人民币发行的透明度。

2. 加强监管,主动防范和应对私人数字货币风险

完善私人数字货币监管法律法规体系,对私人数字货币的发行、交易和使用范围进行严格限定。采取必要的风险隔离措施确保私人数字货币不进入实体经济和金融领域,避免私人数字货币风险外溢至银行、证券、保险等领域。对因违规交易导致风险性事件的私人数字货币平台采取严厉惩处乃至取缔等举措。加强与其他国家在私人数字货币领域的监管政策协调与合作,防止出现跨境监管制度套利。

3. 提升数字货币宣传的针对性和有效性

加大宣传力度,充分利用各类媒体渠道对数字货币的类别、彼此间的区别、数字人民币发行信息等进行宣传,提高数字货币信息透明度,减少居民对数字货币的疑虑。对市场上有关数字货币发展的一些不实信息,通过权威渠道予以说明和澄清,及时消除影响数字货币正常发展的不利因素。

4. 预先谋划数字人民币的国际使用

适时推进数字人民币国际使用的基础设施建设,主动与相关国家货币当局就数字人民币的跨境使用进行沟通与磋商,推动数字人民币跨境使用法律法规体系建设。推进数字人民币试点从国内业务向跨境业务延伸,探索在跨境交易中运用数字人民币进行支付结算。积极与其他主要经济体就央行数字货币在现行国际货币体系中的定位与作用进行探讨,条件成熟时推动将央行数字货币纳入国际货币体系改革议程。

数字货币的出现是必然的,它是货币进化史的一部分,是数字信息时代的产物、结晶。任何新兴事物的产生到发展都有一个过程,固然它仍存在部分问题,但数字货币带来的便捷是毋庸置疑的,我们不应当排斥或者抵制数字货币,而应该坦然面对。

目前数字货币正在突破地域、民族、文化、信用等的约束,在国际范围内推广使用。毫无疑问,数字货币代表了货币未来的发展方向。数字货币的交易效率与信任度将进一步提升,货币资金安全性能也将进一步提高,国家和地区对数字货币监管能力也将进一步加强,数字货币将实现全球化。

课后练习题

一、复习思考题

1. 数字货币的优势与存在的问题有哪些?
2. 后疫情时期我国法定数字货币面临哪些新机遇?
3. 如何看待全球数字货币的发展前景?
4. 我国数字货币发展面临着哪些风险和挑战?

二、讨论题

1. 法定数字货币的潜在好处是什么?
2. 法定数字货币存在的风险和问题是什么?
3. 讨论:在未来,数字货币的发展方向。

第二部分

实验篇

模块七

数字货币实验场景

本实验以数字货币的投资融资的交易为背景。案例中利用数字货币为平台提供投资融资资金划拨的支付结算途径,包含筹资人和投资人角色,通过开通相应的数字货币钱包来完成投资行为和筹资行为,如图7-1所示。

说明:为了还原真实的数字人民币场景,实验中使用的数字货币图案是与中国人民银行数字人民币一致的图案。

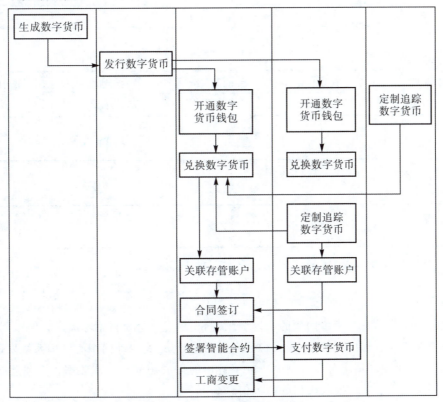

图7-1 实验案例整体流程

本实验预置 10 位投资人和一位筹资人,其中筹资人的筹资需求为 3000 万元,同时出让公司 20% 的股份用于融资。筹资人根据投资人的投资金额所在的比重,划分相应的股份份额,并完成相应的工商局变更。

筹资人是一家制造企业,名为北京科峰电器制造有限公司,法定代表人为王鹏,主要生产电风扇、加湿器、台灯等各类家用电器,是一家刚成立的制造企业,注册资本为 1000 万元,现因生产需要急需融资 3000 万元。

投资人以王小亮为例:
基本信息

姓名	王小亮	性别	男
年龄	28 岁	身份证号	340128199311301012
出生日期	1993 年 11 月 30 日	民族	汉
国籍	中国	血型	B 型
职业	IT 工程师	政治面貌	中共党员
学历	本科	专业	计算机专业
年薪	60 万	证书	无
婚姻状况	已婚	配偶	无收入
子女	1 人,2 岁	父母	53 岁
住房情况	有房(自主)有房贷		

金融资产信息

现金资产	股票	期货	基金	信托
1050 万元	150 万元	50 万元	300 万元	0 万元

投资经历

过去一年购买金融产品种类数量共 8 个
年交易额:100 万元

7.1 中国人民银行生成数字货币实验

1. 生成数字货币投放机构的标识信息

当央行数字货币有了货币面额的管理和限制,交易过程会显得不够灵活。所以,当数字货币投放系统在交易过程中,需要生成央行数字货币时,可以先主动向中心管理系统发送货币生成请求,通过货币生成请求可以控制央行数字货币的生成额度和生成频率。交易生成请求中的核心的信息是数字货币投放机构的标识信息。

实验的第一步是由数字货币投放系统的额度控制位生成请求模块进行标识信息的生成,所谓的标识信息是对数字货币投放系统添加唯一性的标识,通过该标识信息可快速确认信息来源方是数字货币投放系统,便于之后货币请求、额度控制位请求等信息的来源验证和快速检索。

数字货币投放机构的标识信息是由 SM3 算法对投放系统的第一私钥进行摘要计算,生成标识信息。SM3 国密标准商用密码,属于密码学哈希函数,负责计算摘要,由中国国家密码管理局在 2010 年发布,其名称是 SM3 密码杂凑算法。

【具体操作步骤】

第一步 复制【数字货币投放系统】的第一私钥,点击数字货币投放系统的公私钥模块,找到投放系统的第一私钥进行复制。如图 7-2 和图 7-3 所示。

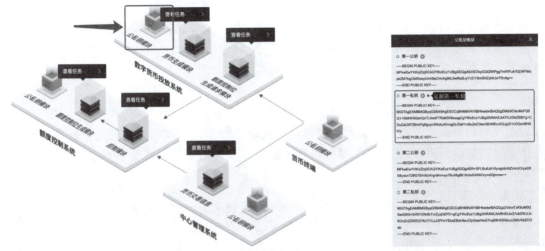

图 7-2 数字货币投放系统的公私钥模块　　　图 7-3 复制第一私钥

第二步 将复制的第一私钥粘贴在输入框中,单击【SM3 生成】功能按钮,生成标识信息。这一步使用到的是 SM3 算法,将私钥信息进行摘要计算,生成标识信息,如图 7-4 所示。

图 7-4 生成数字货币投放系统标识信息

第三步 将生成的摘要信息会回显到标识信息处,点击【完成】按钮即可完成本任务,如图 7-5 所示。

2. 发起货币生成请求

数字货币投放系统向中心管理系统发送货币生成请求以获取中心管理系统的签名。这样就形成了一套在交易中随时完成找零、兑零工作的货币管理体系,保证数字货币合法性和安全性。货币生成请求包含了生成金额、数字货币投放系统的标识信息,通过生成金额来确定本次

图7-5 标识信息

发行货币的多少额度;通过数字货币投放系统的标识信息可以确定需求的来源和生成的数字货币的归属。

对于央行发行数字人民币,定位的是电子现金,替代的是 M0。在发起货币生成请求时,具体的发行额度和数量,依据的是 GDP、CPI、失业率、进出口顺差、逆差等因素。本任务在不具体考虑这些宏观因素的前提下,确定本次的货币生成请求。

具体操作步骤

进入到【发起货币生成请求】的任务中,货币生成请求包含三个信息:货币金额、数字货币投放系统标识信息以及时间。货币金额标识了央行的数字货币投放系统的生成额度,根据任务的要求在货币金额栏进行填写,同时选择正确的数字货币投放系统标识信息。具体操作如图7-6所示。

序号	货币金额	数字货币投放系统标识信息	时间	操作
1	请输入货币金额	请选择		发送 清空

图7-6 货币生成请求

3.验证货币生成请求并签名

货币交易请求者为所述数字货币投放系统的情况下,货币交易信息需要收集到中心管理系统的签名信息,即需要经过中心管理系统的验证和签名。中心管理系统的签名信息是使用中心管理系统的第一私钥,对货币生成金额及数字货币系统的标识信息进行签名获得的。

对数字货币生成请求进行验证,验证的范围包括:数字货币投放系统设定的可用额度与货币生成额度的大小关系,即判断货币生成金额和投放系统可用额度的大小关系,如果小于则验证通过。在验证通过的情况下,完成中心管理系统的签名。

具体操作步骤

第一步 进入到【验证货币生成请求并签名】的任务中,对货币生成请求进行验证,验证的前提条件是假设数字货币投放系统的可用额度为无限大,在现实中是有一定额度限定的。单击【验证】按钮会显示出要验证的货币生成请求,如图7-7所示。

第二步 单击【验证】按钮对验证规则进行设计,验证规则是针对"当前数字货币投放系统的申请额度"和"数字货币投放系统内的可用额度"进行大小判断和设计,即必须满足申请额度小于等于可用额度,才能验证通过,如图7-8和图7-9所示。

第三步 在验证通过的情况下,中心管理系统对生成请求进行签名,以标识通过了验证,并且标识了验证者的身份。具体签名的公式:Sig=中心管理系统的第一私钥(货币生成金额+数字货币系统的标识信息),单击【签名】按钮将中心管理系统的第一私钥进行粘贴,利用私钥生成签名,如图7-10和图7-11所示。

模块七 数字货币实验场景 **145**

图 7-7 验证货币生成请求

图 7-8 单击【验证】按钮

图 7-9 验证规则设计

图 7-10 单击【签名】按钮

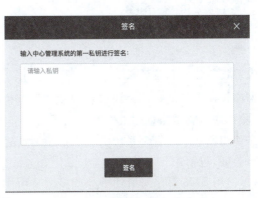

图 7-11 粘贴私钥进行签名

4. 生成额度控制位请求

央行投放数字人民币的流程与传统货币投放相似,在数字货币投放系统投放数字人民币前,需先向额度控制系统发送额度控制位生成请求。如果要理解额度控制位请求,首先要弄清楚什么是额度控制位,我们可以这么理解额度控制位,在数字人民币时代每一个货币也有相应的货币面值,如:1元、2元、5元等面值。这些面值就是由额度控制位决定的,我们先理解到这一层即可。那么,额度控制位生成请求是生成额度控制位的前提条件,根据请求中包含的内容来分配相应的额度控制位,同时根据请求可以进行再次的业务核查和额度控制。

额度控制位生成请求由数字货币投放系统的额度控制位生成请求模块向额度控制系统的控制模块发送,该请求中包括了货币交易信息、一个或多个货币生成金额以及数字货币投放系统的标识信息。

具体操作步骤

生成额度控制位请求:进入到【生成额度控制位请求】任务中,单击【生成】按钮,显示出额度控制位请求的组成字段中。包括:数字货币投放系统的标识信息、货币生成金额和货币交易信息。其中数字货币投放系统的标识信息指示了数字人民币生成的需求来源,通过该标识信息可快速定位到数字人民币的生成机构,便于之后数字人民币在流转过程中的追踪;货币生成金额指示了本次生成需求的金额大小以及额度的组成;货币交易信息指示了中心管理系统的签名信息,即通过中心管理系统的签名信息可验证生成需求是否经过了验证和同意,并且可以验证来源需求的身份。

将数字货币投放系统的标识信息、货币生成金额、中心管理系统签名信息填写到对应的字段中,单击【生成】按钮即可生成额度控制位请求,如图7-12和图7-13所示。

图7-12 单击【生成】按钮

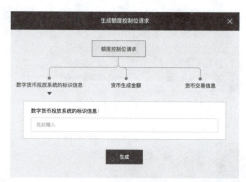

图7-13 填写字段信息

5. 验证额度控制位请求

额度控制系统的控制模块接收到额度控制位生成以后,需要对额度控制位生成请求进行验证,验证的核心是信息的正确性。利用的是摘要信息的比对一致性来验证信息是否被篡改,具体是使用所述中心管理系统的签名信息对所述货币生成金额和数字货币投放系统的标识信息进行验证,包括:

(1)使用SM3算法对所述一个或多个货币生成金额、数字货币投放系统的标识信息进行运算,生成摘要信息;

（2）使用 SM2 算法，以所述中心管理系统的第一公钥对所述中心管理系统的签名信息进行解密，获取摘要明文；

（3）判断所述摘要信息与所述摘要明文是否一致，若一致，则验证通过。

具体操作步骤

第一步　对接收的额度控制位生成请求进行摘要。额度控制位生成请求中包括货币金额和数字货币标识信息，对接收的信息进行摘要，生成摘要信息 H1。此摘要信息是作为要验证的目标信息，也是控制模块接收到的生成请求，如图 7-14 所示。

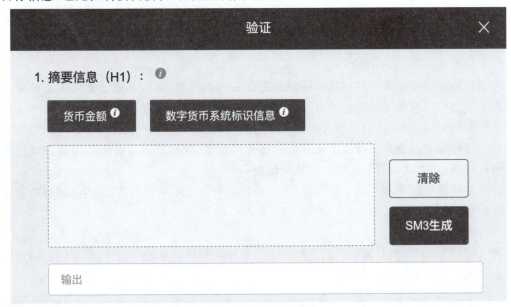

图 7-14　摘要信息 H1 生成

第二步　获取摘要明文，并生成摘要信息 H2。通过对中心管理系统的签名信息的解密验证，以获取货币金额和数字货币系统标识信息的明文。这个类似于一个加盖了中心管理系统印戳的信封，信封中保存有货币金额信息和数字货币投放系统的标识信息，通过验证印戳打开信封获取到里面的明文，然后利用该明文对接收的信息进行验证，如图 7-15 和图 7-16 所示。

图 7-15　解密签名信息

图 7-16　获取摘要信息 H2

第三步　验证信息的真假。通过对前面两步获取的摘要信息的一致性比对，以解密的明文摘要信息为目标源，以接收的信息摘要为验证源。通过两个摘要信息的对比，如果摘要信息一致,则证明接收到的信息无误,如果摘要信息比对不一致,则证明接收到的信息有误或者被篡改,需要拒绝该生成请求,回到上一任务重新发起。操作如图7-17所示。

图7-17 摘要信息比对

6. 发送额度控制位相关信息

控制模块对生成额度控制位请求的信息进行了真假的判定,接下来就是将生成额度控制位的相关信息。生成数字货币的关键是生成额度控制位,因为额度控制位标识了数字人民币的面值,同时也将数字人民币的管理权限、加密技术等加入到了数字人民币中。生成额度控制位的前提是将相关的信息进行收集和发送。发送的信息包括:货币生成金额和数字货币投放系统的标识信息,这两者对于生成额度控制位缺一不可。

在发送额度控制为相关信息之前,需要验证中心管理系统的签名信息,验证的目的是确认发送方的身份。

具体操作步骤

进入到【发送额度控制位相关信息】任务中,对接收到的信息进行发送,单击【发送】按钮即可发送,如图7-18所示。

序号	货币金额(元)	数字货币投放系统标识信息	时间	操作
1	100000000	fe9305a2cb251509e1eb066047b4899b4e894fd8a0e54f8c36f39fa177d04e84	2021-09-02 15:12:36	发送

图7-18 发送额度控制位相关信息

7. 生成交易标识

生成额度控制位的条件之一就是具备额度控制系统签名信息,在收集额度控制系统签名之前,需要生成交易标识。所谓交易标识,数字人民币的发行是以交易信息的形态传输的,这个交易信息中包含了发行总金额、发行来源系统。我们就需要给每一笔交易信息打上标签,即交易标识,通过交易标识可追踪每一分钱的流转和去向,并且在设备上进行可靠性验证,用于之后交易的追踪。

货币交易信息是从中心管理系统发出,而且是在包含了中心管理系统签名信息的情况下,需要使用SM3算法对一个或多个货币生成金额、数字货币投放系统的标识信息进行运算,生成交易标识。

货币交易信息是从一个或多个用户终端在数字货币投放系统所拥有的数字货币对应的一个或多个第二额度控制位的情况下,使用SM3算法对一个或多个第二额度控制位、一个或多个货币生成金额、数字货币投放系统的标识信息进行运算,生成交易标识。

当前的流程是央行生成数字人民币过程，还未涉及到用户提交货币兑换和货币交易的场景，所以货币交易信息是从中心管理系统发出的，那么交易标识的生成方法是由 SM3 算法对货币生成金额和数字货币投放系统的标识信息进行运算。

具体操作步骤

进入到【生成交易标识】的任务中，目前控制模块获取到的信息：货币生成金额和数字货币投放系统的标识信息。单击【生成】按钮可使用 SM3 对货币金额和数字货币投放系统的标识信息进行运算即可生成交易标识信息。如图 7-19、图 7-20 和图 7-21 所示。

序号	货币金额（元）	数字货币投放系统标识信息	交易标识	时间	操作
1	100000000	fe9305a2cb251509e1eb066047b4899b4e894fd8a0e54f8c36f39fa177d04e84	—	2021-09-01 09:52:34	生成

图 7-19　单击【生成】按钮

图 7-20　生成交易标识

图 7-21　交易标识

8. 生成额度控制系统签名信息

生成额度控制位的条件之一是具备额度控制系统的签名信息，获取额度控制系统的签名信息就代表了额度控制系统本身，通过该签名信息可验证来源者身份，也表示了其对额度控制位生成的通过态度。生成额度控制系统签名信息是控制额度控制位生成手段之一。

具体的实施手段是使用 SM3 算法对货币生成金额、数字货币投放系统的标识信息、交易标识进行运算，生成摘要信息。再使用 SM2 算法，通过利用额度控制系统的私钥对生成的摘要信息进行加密，生成额度控制系统的签名信息。通过实施手段我们可以总结出两步：第一步是生成摘要信息；第二步对摘要信息进行签名。其中第一步生成摘要信息的目的是保证明文信息的不可篡改，因为明文信息如果被篡改了，其输出的摘要信息会发生质的变化。同时，摘要信息即保证了信息的真实性也对信息进行了压缩，变成一个容量非常小的数据指纹。第二步的签名信息，用到了非对称加密技术 SM2，对摘要信息进行签名。因为摘要信息容量非常小，保证签名效率比较高，同时也能做到签名认证。

具体操作步骤

第一步　进入任务【生成额度控制系统签名信息】中，单击【生成】按钮对"货币生成金额"

"交易标识""数字货币系统标识信息"进行摘要运算,生成摘要信息。如图 7-22、图 7-23 和图 7-24 所示。

序号	货币金额（元）	数字货币投放系统标识信息	交易标识	额度控制系统签名信息	时间	操作
1	100000000	fe9305a2cb251509e1e b066047b4899b4e894 fd8a0e54f8c36f39fa17 7d04e84	aa68f87f69a70e26dae a0297444753a2c4d0a a4df7715219e63c0a39 491a8bc6	—	2021-09-01 09:52:34	生成

图 7-22　单击【生成】按钮

图 7-23　生成摘要信息

图 7-24　摘要信息

第二步　利用额度控制系统的私钥对生成的摘要信息进行签名,利用的是 SM2 非对称加密算法,通过私钥签名生成签名信息。单击【签名】按钮输入额度控制系统的私钥进行签名。如图 7-25 和图 7-26 所示。

图 7-25　单击【签名】按钮

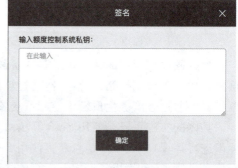

图 7-26　签名

9. 生成额度控制位

额度控制位是一个经过签名的字符串,是生成数字人民币的核心,额度控制位包含了加密唯一编号、数字货币投放系统的标识信息、货币生成金额、交易标识、额度控制系统签名信息。其中：

(1)加密唯一编号是对数字人民币进行唯一性的打标签,类似于纸币的冠字号,通过编号

可以快速识别和追踪数字人民币;

(2)数字货币投放系统的标识信息标识了数字人民币的发行方,可以通过该标识信息对发行方进行快速查询和识别;

(3)货币生成金额标识了一个或多个额度控制位,以及生成的数字人民币的金额大小和数量;

(4)交易标识标识交易信息的唯一性,通过交易标识可快速定位当前数字人民币的交易过程和流程环节;

(5)额度控制系统签名信息标识了额度控制系统的身份和交易标识信息的验证状态。

具体实施手段:

(1)使用 SM3 算法对所述交易标识、所述一个或多个货币生成金额、所述数字货币投放系统的标识信息以及时间戳、随机数进行加密,生成加密的唯一编号;

(2)根据交易标识、加密的唯一编号、一个或多个货币生成金额、数字货币投放系统的标识信息,以及时间戳、随机数生成所述额度控制系统的签名信息;

(3)根据一个或多个货币生成金额、数字货币投放系统的标识信息及交易标识、额度控制系统的签名信息生成一个或多个额度控制位。

具体操作步骤

第一步 进入到【生成额度控制位】的任务中,包括了加密的唯一编号、数字货币投放系统的标识信息、货币生成金额、交易标识、额度控制系统签名信息。切换到【加密的唯一编号】下,单击【生成】按钮显示出加密编码的界面,使用 SM3 算法对货币金额、交易标识、时间戳、随机数、数字货币系统标识信息进行摘要运算。如图 7-27 和图 7-28 所示。

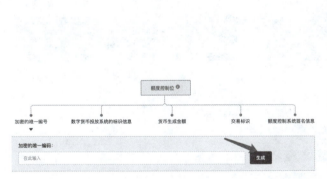

图 7-27 单击【生成】按钮

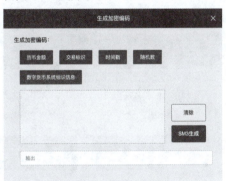

图 7-28 生成加密编码

第二步 时间戳是加密编码中的一个字段,通过时间戳可对当前额度控制位进行时间标记。可以单击【时间戳】按钮,设定当前时间。随机数也是加密编码的一个字段,随机数的加入是为了增加加密编码的安全性和防攻击性。我们可以把随机数想象成一个熵值,即随机的附加值,在破解明文的同时,需要将随机数也破解,随机数的大小会将破解难度呈指数级增加,保证了加密编码的安全性。可以单击【时间戳】按钮,设定相应位数的随机数。如图 7-29、图 7-30、图 7-31 和图 7-32 所示。

第三步 当【时间戳】【随机数】这两个按钮点亮后,使用 SM3 算法生成加密编码。如图 7-33 所示。

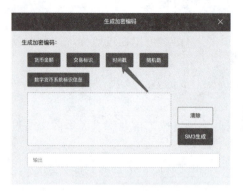

图 7-29　单击【时间戳】按钮

图 7-30　设定当前时间

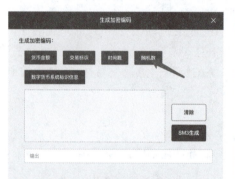

图 7-31　单击【随机数】按钮

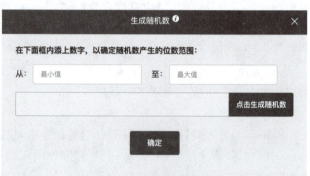

图 7-32　设定随机数

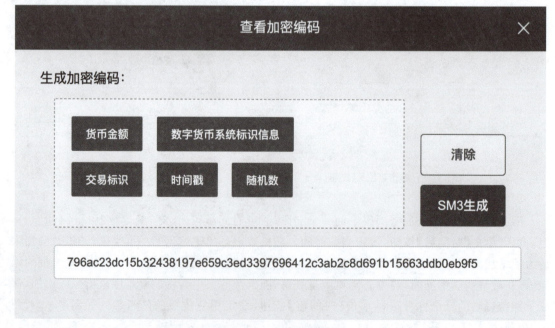

图 7-33　生成加密编码

第四步　单击【生成】按钮,生成额度控制位。如图 7-34 和图 7-35 所示。

图 7-34 生成额度控制位

图 7-35 额度控制位提示信息

10. 生成数字货币投放机构的签名信息

数字货币投放系统的签名信息是验证和保证数字货币真实性的关键。之前我们生成数字货币投放系统的标识信息是为了标识出钱的来源,此处的签名信息是为了保证数字货币的真实性和发行身份。在验证时,利用数字货币投放系统的数字证书进行验证,数字证书中包含了所有者的身份信息、私钥信息等关键数据,通过数字证书可证明数字货币的身份来源。

数字货币投放系统的签名信息的生成需要用到私钥进行加密,加密的字段为:额度控制位和数字货币所有者标识信息。其生成公式为:SM2(额度控制位+数字货币所有者标识信息)

具体操作步骤

第一步 生产数字货币投放机构的签名信息,本任务从上一任务中接收到流转的数据有:额度控制位、数字货币投放系统标识信息。其中额度控制位表示了唯一编号、生成金额、数字货币投放系统标识信息等多种数据字段,一个经过加密处理的字符串。单击【生成】按钮,弹窗显示私钥签名的输入框,如图 7-36、图 7-37 和图 7-38 所示。

序号	额度控制位	数字货币投放系统标识信息	数字货币投放系统签名信息	时间	操作
1	796100000000aa68ffe93 0MEUCIAloMF	fe9305a2cb251509e1eb066047b4899b4e894fd8a0e54f8c36f39fa177d04e84	—	2021-09-	生成

图 7-36 生成额度控制位

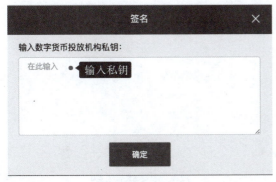

图 7-37 输入私钥

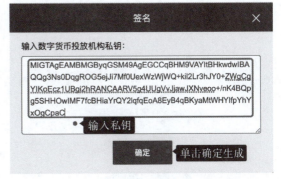

图 7-38 生成签名

11. 生成数字货币

生成的数字货币是一个加密的字符串,具有与实际流通中的面值一样的币值意义。其包含额度控制位、所有者标识、数字货币投放系统签名信息。其中,额度控制位用于标明数字货币金额的大小;所有者标识用于标明当前数字货币的归属人;数字货币投放系统签名信息用于验证数字货币的真假。

数字货币投放系统的货币生成模块根据"额度控制位""数字货币所有者的标识信息"和"数字货币投放系统的签名信息"来生成数字货币。数字货币所有者标识信息是标记了当前加密字符串的所有者和归属人,当前的数字货币生成是中央人民银行生成,由商业银行进行兑换。

具体操作步骤

第一步 添加数字货币所有者标识信息。央行生成的数字人民币是一个空白的加密字符串,未添加所有者的相关信息,可以理解成一张刚印刷出来的纸质人民币还未进入到流通环节。那么,添加数字货币所有者标识信息是为了标识当前生成的数字人民币的归属人。单击【添加】按钮,弹窗显示生成所有者标识信息的界面,如图7-39、图7-40和图7-41所示。

序号	额度控制位	数字货币所有者标识信息	数字货币投放系统签名信息	时间	操作
1	796100000000aa68ffe93 0MEUCIAloMF	添加 ← 单击添加	MEUCICS6kb6fkV4Aflj2/WshbClel hx9U8vcpV4SMZwe4go8AiEA2tj+ 00yr6/ns0bJ+1F7HRk+YLUwHrm ZZNuGW723TfE=	2021-09-01 09:52:34	

图7-39 添加数字货币所有者标识信息

图7-40 生成标识　　　　　　　　图7-41 添加标识

第二步 生成数字人民币。数字人民币包含:数字货币归属人、额度控制位、数字货币名、数字货币投放系统签名信息。数字货币归属人表示了当前数字人民币的所有者;额度控制位表示了当前数字人民币的面值;数字货币名标识了当前数字人民币的编号和唯一性;数字货币投放系统的签名信息标识了当前数字人民币发行方。具体如图7-42所示。

图7-42 数字人民币

7.2 中国人民银行发行数字货币实验

1. 发送数字货币发行请求

在传统的货币发行流程中,需要商业银行向央行提交货币发行的申请明细,通过申请明细来向央行兑换相应的现金额度。那么,对于数字人民币的发行过程也存在发行申请的步骤。即在央行发行数字货币之前,先由商业银行提交数字货币发行请求,数字货币的发行请求是由前置机发出的,将请求发给央行的数字货币发行系统。

那么,什么是前置机? 政务系统与外网是物理隔离的,如果要进行数据交换,其间就需要一个信息交换系统,这个就是前置机。前置机一般来说是一个物理系统,它主要起到一个网关的作用,以实现内外网的信息交换。

发行请求的数据来源于商业银行经办员汇总数字货币发行需求,形成申请发行计划,再由商业银行的审核员对申请发行计划进行审核。之后,商业银行将审核通过的申请发行计划提交至前置机,前置机根据申请发行计划生成数字货币发行请求,将发行请求发送至央行数字货币发行系统。

具体操作步骤

第一步 填写数字货币申请发行计划。申请发行计划包括:项目名称、货币类型、发行总量、发行时间。其中发行总量是根据申请发行计划进行汇总得来。如图7-43所示。

○ 数字货币申请发行计划

序号	项目名称	货币类型	发行总量	发行时间	操作
1	请输入项目名称	请选择货币类型	请输入发行总量	请选择时间	生成

图 7-43 数字货币申请发行计划

发行总量是商业银行向央行提交现金发行的总额度,依据商业银行提交的申请发行计划,该申请发行计划标明了数字人民币的发行需求,包含货币的用途、占比和使用用途,如图 7-44 所示。

第二步 生成数字货币申请发行计划。商业银行的前置机需要将申请方的标识、数字货币库标识,申请金额、申请明细、申请方数字签名以申请发行请求的方式发送给央行数字货币发行系统中。其中申请方标识表示了当前商业银行的唯一性,通过标识能快速检索和查找;数字货币库标识表示当前商业银行的数字货币库在央行库中的标识信息,通过该标识信息可快速检索到该商业银行的银行库;申请金额和申请明细表示了申请方向央行申请兑换数字人民币的额度;申请方的数字签名表示了申请者的身份。单击【生成】按钮,弹窗显示生成数字货币发行请求的界面,需要生成申请方标识以及申请方数字签名,如图 7-45 和图 7-46 所示。

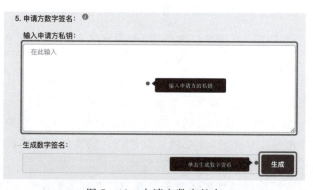

图 7-44 数字人民币发行需求

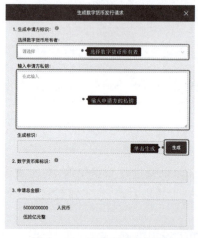

图 7-45 生成申请方标识

图 7-46 申请方数字签名

在生成申请方标识中,需要选择数字货币所有者,当前的任务流程是由商业银行向央行申请数字人民币。所以数字货币所有者为商业银行,那么,我们生成的就是商业银行的标识信息,利用的是商业银行的私钥来完成标识信息的生成。标识信息标记了申请方的唯一,通过标识信息可快速对申请方进行检索和查询。

数字货币库标识是申请方在央行发行库中存在的信息,通过库标识信息,可精准定位到当前商业银行的在央行发行库中的存储字段,是商业银行接收央行数字人民币的关键。人民币数字化以后货币的传递,不再是运钞的模式,而是数字化传输的形式,从央行的发行库到商业银行的银行库之间进行传递。那么,库的标识信息就在传输的过程中扮演核心的角色。

当前货币生成请求已经发送到中心管理系统,发给中心管理系统的关键是生成额度控制位的金额进行发送,以表明今后生成的数字货币额度。接下来进入到下一个任务"验证货币生成请求并签名"。

2. 接收数字货币发行请求

商业银行通过前置机将数字货币发行请求发送到了央行的数字货币发行系统,由发行系统的接收模块接收消息。即,一个系统中必然存在一个接收外部消息的模块,用于外部接收和内部传递。那么,接收模块就扮演这个角色,同时还扮演着审核签名的角色。

具体操作步骤

第一步　接收模块接收前置机发过来的数字货币发行请求,包括申请方标识、数字货币库标识、申请总金额、申请方数字签名。单击【接收】按钮,将信息回显到请求列表中。如图7-47所示。

○ 数字货币发行请求

序号	申请方标识	数字货币库标识	申请总金额	申请明细	申请方数字签名	操作
1	—	—	—	—	—	接收

图 7-47　接收数字货币发行请求

第二步　接收后的数字货币发行请求会回显出发送的数据,接下来单击【发送】按钮,对申请方数字签名进行核查,申请方数字签名代表了申请方的身份以及同意的态度,通过验证签名,来验证申请方的身份。如图7-48所示。

图 7-48　验证数字货币签名

3. 对数字货币发行请求进行业务核查

接收模块完成了信息的接收和身份的核查,表明当前申请请求符合签名策略,接下来接收模块将请求信息发送至业务核查模块,业务核查模块开始对请求中的每一个数据的真实性,业务核查主要包括:

(1) 根据申请方标识核查申请方是否开户；
(2) 根据数字货币公钥核查申请方的数字货币是否已经登记；
(3) 核查申请总金额与申请明细中的金额是否一致。

具体操作步骤

第一步　核查申请方是否开户。拿到申请方标识在央行申请方库中来完成标识的检索和查询，通过检索的结果来核查当前申请方是否已开户。如图7-49和图7-50所示。

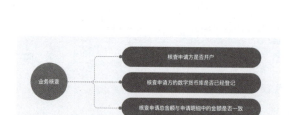

图7-49　业务核查

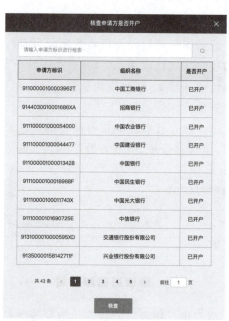

图7-50　核查申请方是否开户

搜索当前的申请方标识，如：91110105801717503Y，会检索出一条记录，通过该记录可查看当前申请方的具体信息以及是否开户的信息。依此来核查申请方的开户状态。

第二步　核查申请方的数字货币库是否已经登记。通过拿到申请方的数字货币库标识在央行数据库中进行检索，数字货币库标识和申请方标识的作用一样，都是用来检索时用作标记数据的。单击"核查申请方的数字货币库是否已经登记"会显示出一个模拟的数据库表，通过编写查询的SQL语句来进行查询，如图7-51所示。

通过查询数据库标识，如：DC342426，查询到该标识的数据记录，在该记录中可以看到登记状态一栏中的字段数据。通过该数据即可核查出当前申请方数字货币库是否登记。本教学任务是根据1或0来标识，不代表真实的标记状态。如果为1，则代表已经登记；如果为0，则代表未登记或登记失效。

第三步　核查申请总金额与申请明细中的金额是否一致。央行对商业银行核查的第三项是关键的一步，主要是判别商业银行提交的请求中的金额与明细中的一致性，依此来鉴别申请金额的真伪。单击"核查申请总金额与申请明细中的金额是否一致"，弹窗显示核查申请总金额的信息，通过对申请明细的计算得出明细的总金额与申请总金额之间进行比对来完成核查，如图7-52所示。

业务核查模块对申请请求进行业务核查，通过业务核查对商业银行的发行请求进行控制，

核查申请方数字货币库是否登记

central_bank_digital_money_bank　新建查询

id	library_id	applicant_identification	registration_status	create_time	update_time
1	DC368517	91100000100003962T	1	2021-04-12 17:21:03	2021-04-12 17:21:03
2	DC254023	9144030010001686XA	1	2021-04-12 17:21:03	2021-04-12 17:21:03
3	DC628591	911100001000054000	1	2021-04-12 17:21:03	2021-04-12 17:21:03
4	DC417522	911100001000044477	1	2021-04-12 17:21:03	2021-04-12 17:21:03
5	DC296109	911000001000013428	1	2021-04-12 17:21:03	2021-04-12 17:21:03
6	DC733511	91110000100018988F	1	2021-04-12 17:21:03	2021-04-12 17:21:03
7	DC985740	91110000100011743X	1	2021-04-12 17:21:03	2021-04-12 17:21:03
8	DC490891	91110000101690725E	1	2021-04-12 17:21:03	2021-04-12 17:21:03
9	DC780276	9131000010000595XD	1	2021-04-12 17:21:03	2021-04-12 17:21:03
10	DC809414	91350000158142711F	1	2021-04-12 17:21:03	2021-04-12 17:21:03

共 43 条　1 2 3 4 5　前往 1 页

核查

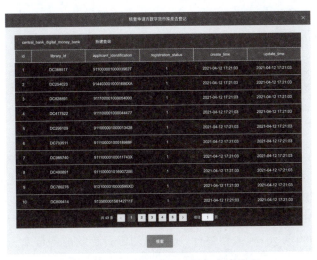

图 7-51　编写查询 SQL 语句完成核查

核查申请总金额

1. 申请总金额：5000000000元

2. 申请明细金额：请输入金额 元

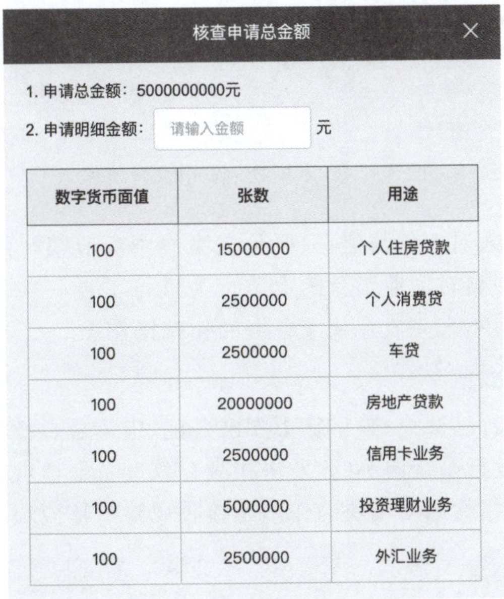

数字货币面值	张数	用途
100	15000000	个人住房贷款
100	2500000	个人消费贷
100	2500000	车贷
100	20000000	房地产贷款
100	2500000	信用卡业务
100	5000000	投资理财业务
100	2500000	外汇业务

图 7-52　申请金额与总金额一致性核查

三个方面的业务核查必须全部通过之后才能认为业务核查通过。核查通过之后将数字货币发行请求发送到下一模块，由风险审核模块进行接收。

4. 审核数字货币发行请求

数字货币发行系统的风险审核模块接收到来自业务核查模块发送的发行请求，进行进一步的风险审核，以降低货币发行的风险，提高数字货币发行流程的安全性，需要根据预设的风险控制规则对数字货币发行请求进行审核。

具体操作步骤

第一步　设定风险控制规则。从银行性质类型、存款准备金额度、申请发行频率等方面进行控制规则的设定。银行性质类型可以从国有银行、股份制银行、地方性银行等银行类型进行判断,央行会基于当前申请的商业银行进行类型判断,根据银行性质的不同,其存款准备金额度和申请发行频率不同。如图 7-53 所示。

图 7-53　设定风险控制规则

第二步　审核数字货币发行请求。基于上面步骤建立的风险控制规则,对当前商业银行的发行请求进行审核。判断当前商业银行的发行次数、申请发行额度、存款准备金是否符合规则。我们给的案例背景中的商业银行为"北京科技银行股份有限公司",其银行类型为股份制银行,注册资本 200 000 万元,为大型银行,所以它的银行存款准备金率为 11%,申请发行频率为 3~5 次,存款准备金为百分百缴纳,即 5 000 000 000 元。基于上面的分析我们可以在当前步骤完成审核数字货币发行请求的步骤。如图 7-54 所示。

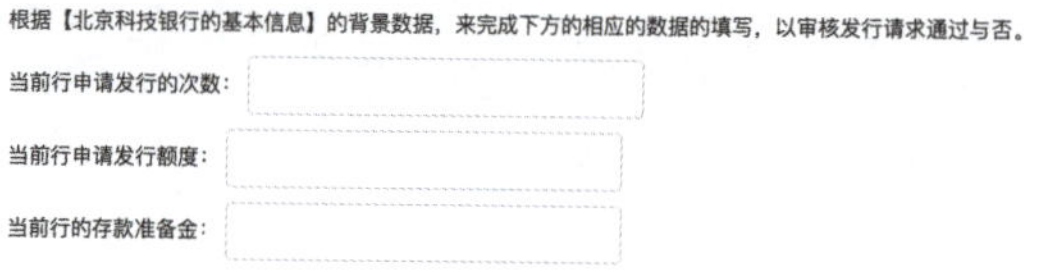

根据【北京科技银行的基本信息】的背景数据,来完成下方的相应的数据的填写,以审核发行请求通过与否。

当前行申请发行的次数：
当前行申请发行额度：
当前行的存款准备金：

图 7-54　审核数字货币发行请求

在上方的填写框中输入对应的数值,只要是在案例中商业银行的审核规则标准即可。审核通过的数字货币发行请求,对商业银行的申请行为进行了再一次的风险确认。接下来将发行请求发送到扣款通知模块,来完成存款准备金的扣减操作。

5. 发送扣减存款准备金请求

在核查结果为商业银行已开户、数字货币库已登记、申请总金额与申请明细中的金额总和一致的情况下,数字货币发行系统向 ACS 发送扣减存款准备金请求,以通知 ACS 系统扣减该商业银行的存款准备金。扣款通知模块的作用是接收风险审核模块的审核通知,向 ACS 系统发送扣款通知。

具体操作步骤

第一步　接收扣减存款准备金请求。扣款通知模块用于接收来自风险审核模块审核通过的数字货币发行请求,形成扣减存款准备金请求,请求中包含:交易编号、扣减机构、扣款金额。单击【发送】按钮形成交易编号,并选择扣减机构,形成扣减请求。如图 7-55 所示。

序号	申请方标识	数字货币库标识	申请总金额（元）	申请明细	操作
1	91110105801717503Y	DC342426	5000000000	查看	发送

图 7-55　扣减存款准备金请求

第二步　发送扣减存款准备金请求。单击【发送】按钮,将扣减请求中添加扣减机构和扣减金额,并形成相应的交易编号。其中交易编号标识了当前扣减交易的唯一性;扣减机构表示了要扣减存款准备金的机构,从商业银行中扣减存款准备金;扣减金额表示了要扣减的准备金金额的大小。这三个字段形成了存款准备的请求。如图7-56所示。

图7-56 发送扣减存款准备金请求

6. 扣减存款准备金

ACS根据扣款请求扣减申请方的存款准备金,并向数字货币发行系统反馈对于扣减存款准备金请求的应答。其中,应答可能是扣款成功应答,也可能是扣款失败应答。一般来说,存款准备金是指商业银行存在人民银行的超过法定存款准备金率的那部分存款,也可称为"超额准备金",或者"支付准备金"。

具体操作步骤

第一步 处理交易编号。ACS系统接收到扣款请求后,对商业银行进行百分之百扣减存款准备金。在本案例中我们模拟了ACS系统(不代表真实的ACS系统),假设商业银行在央行那里已经缴纳了足额的存款准备金。ACS系统直接进行存款准备金的扣减。点击待办任务下方的【交易编号】,进行该笔业务的处理,会在ACS系统中回显相应的账号和户名,单击【查询】按钮即可查询到当前商业银行的账户标识、账户名称等信息。如图7-57所示。

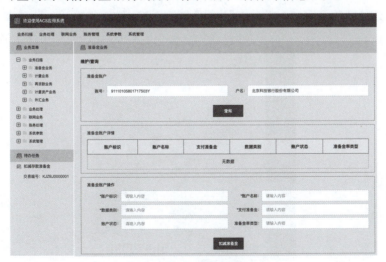

图7-57 处理交易编号

第二步　扣减准备金。通过扣款通知模块发来的扣款交易编号,可以查询到当前商业银行的账户标识、数据类别、账户状态、支付准备金等信息。接下来就可以对其进行准备金的扣减,单击【扣减准备金】按钮,完成扣减。如图 7-58 所示。

图 7-58　扣减准备金

7. 生产数字货币

ACS 系统对商业银行进行了存款准备金的扣减,接下来将同等额度的数字人民币进行生产,生产的核心是将央行的数字人民币字符串的归属人进行变更,变更为商业银行。这样我们才能认为这是商业银行的钱。具体实施时,数字货币发行系统可调用加密机或加密程序生产数字货币,并将生产的数字货币进行保存。

具体操作步骤

第一步　变更数字货币属主。生产模块根据接收的申请方标识、数字货币库标识、申请总金额将央行的数字人民币的原归属人进行变更,变更为商业银行的归属。我们通过归属的变更就可以追踪这笔钱的来源去向。单击【生产】按钮可以对数字人民币的归属人进行变更。如图 7-59 所示。

图 7-59　变更归属人

第二步 生产数字人民币。所谓的生产就类似于纸币的造币过程,根据申请额度对每一个面值的数字人民币进行生产,贴上商业银行的标识标签。如图7-60所示。

图7-60 生产数字人民币

8. 对生产的数字货币进行确权登记

央行生产的数字货币为锁定状态,即还不可使用需要进行确权登记,将发行给商业银行的数字货币的归属人、额度等进行登记。登记成功之后,变更的数字货币才可使用。这里面使用到了区块链的技术,即"确权链",通过区块链技术保证权属信息的正确性、不可篡改性以及追踪特性。

具体操作步骤

第一步 对生产的数字货币进行确权登记。单击【确权登记】按钮,进行权属的验证和信息上链,通过交易的方式将信息摘要上链。如图7-61所示。

图7-61 确权登记

第二步 更改数字货币的登记状态。将生产的数字货币在数据库中的登记状态设为可用,单击【更改状态】按钮,对生产的数字人民币进行状态的变更。如图7-62所示。

图7-62 更改登记状态

9. 将数字货币发送至前置机

登记模块将数字人民币进行了权属登记和登记状态的变更,需要将可用的数字人民币发送至商业银行,商业银行通过前置机接收央行发行的数字人民币。这个过程可以理解成纸币运钞的过程。具体的实施策略是将生产的数字货币携带在数字货币发行请求的应答报文中,通过 MQ 报文方式发送至前置机。

注:报文(message)是网络中交换与传输的数据单元,即站点一次性要发送的数据块。报文包含了将要发送的完整的数据信息,其长短很不一致,长度不限且可变。

具体操作步骤

第一步 生成报文。商业银行的前置机用于接收外部的消息和数据,接收完数字人民币之后传输到商业银行的内部的行内系统。或者前置机可将该应该报文保存在本地,商业银行操作人员可通过前置机界面查看数字货币情况。单击【生成报文】按钮,完成应答报文的生成由协议版本、状态码、描述组成,如图 7-63 所示。

图 7-63 生成报文

第二步 制作报文响应体。响应体中包含了报文传输的主要信息,在数字人民币传输中包含:申请方标识、数字货币库标识、申请总金额、申请方数字签名和数字货币名。以 json 字符串的方式组成。其中申请方标识为商业银行的标识信息,唯一代表了该商业银行;数字货币库标识,其作用同申请方标识,通过库标识信息可定位到商业银行在央行的信息表;申请总金额向商业银行传达了数字人民币金额;申请方数字签名表示了该笔资金的归属人;数字货币名表示了实际的可花费的资金。具体操作如图 7-64 所示。

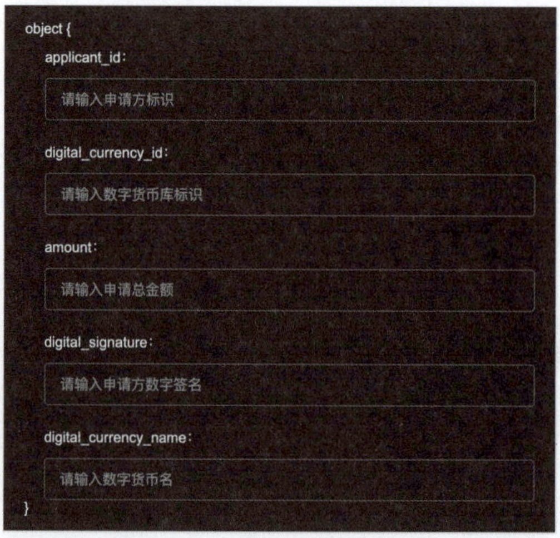

图 7-64 制作报文响应头

第三步 发送报文。将制作号的报文发送至商业银行的前置机,由前置机接收信息并将数字人民币存入行内系统。单击【发送报文】按钮,整个报文由响应行、响应头、响应体,发送给前置机。如图 7-65 所示。

图 7-65 发送报文

7.3 开通数字货币钱包

1. 发送开通数字货币钱包请求

用户如果要使用数字货币进行投资和筹资,本案例是以投融资为案例场景进行的。需先开通数字货币钱包,数字货币钱包相当于保管箱。银行根据与客户的约定权限管理保管箱,从而保留数字货币作为加密货币的所有属性,将来也可以利用这些属性灵活定制应用。首先由用户在用户客户端发起开通请求,将请求发送至钱包的终端。

具体操作步骤

第一步 身份认证。在开通数字货币钱包时,需要先进行身份的认证,根据注册用户的身份,来判定不同类型的数字货币钱包以提供不同的服务,发送开通请求中携带有用户标识。这里用户的身份包含:法人身份、企业身份、普通用户身份等,不同的用户身份对应不同的应用标识,钱包终端根据用户标识来开通对应的数字人民币钱包。本任务以投资人用户"王小亮",是一个普通用户的身份进行钱包的开通,单击【创建数字货币钱包】进行身份认证,如图 7-66 和图 7-67 所示。

第二步 生成用户标识。用户标识在本任务中也是申请方标识,通过标识信息可以确定用户的身份类别以及追踪该用户。在本任务中进行自主设置用户标识,可以设置成"DCEPLL00001"(不代表真实的用户标识,在本任务只做知识点教学)。

用户通过用户客户端完成了身份的认证,并设置了用户的标识,组成开通的请求发送给钱包终端进行信息的确认和公私钥的生成。

2. 确认用户访问信息合法性并发送开通请求

数字货币钱包终端会接收用户通过键盘输入的登录信息,这些登录信息将会被登录模块验证,如果使用的是指定的用户名与密码,则允许程序登陆,否则将用户拒之门外,这个过程就

图 7-66　创建钱包　　　　图 7-67　身份认证

是验证用户访问信息合法性的过程。这个过程相当于用户进行客户端登录的过程,通过登录的信息与注册的信息进行核对,一致则进入程序。

具体操作步骤

第一步　验证用户访问信息合法性。用户在钱包界面中输入登录信息,完成登录信息与注册信息的核验。单击【验证】按钮,输入用户名和登录密码,当前任务的用户名和密码是在本实验的第一步进行身份认证阶段设置的用户名和密码,如图 7-68 所示。

图 7-68　输入登录信息

第二步　发送开通请求。钱包终端完成用户登录信息的合法性验证之后,将开通钱包的请求发送至钱包服务商。单击【发送】按钮,将开通请求发送至钱包服务商。如图 7-69 所示。

由此我们可以看出,对于钱包的开通中是由钱包终端完成身份的合法性验证,由钱包客户端与用户进行直接的交互,获取用户的身份数据的。那么,接下来钱包终端与钱包服务商交互完成开通钱包中需要的核心数据。

序号	用户标识	登录用户名	登录密码	操作
1	DCEPXL00001	王小亮	admin123	查看 发送

图 7-69 发送开通请求

3. 发送生成秘钥对请求

钱包服务商收到钱包终端发来的开通请求后,会再次确认用户账户信息是否具有合法性,合法性通过之后,则将生成秘钥对的请求发送至数字货币钱包终端。如果验证出用户访问信息或者用户账户信息不具有合法性,则停止数字货币钱包开通的操作。对用户的身份安全性进行多重的保证,以增加钱包的账户安全。

确认用户信息是否具有合法性的操作同数字货币钱包终端的验证过程,此任务不再重复赘述,直接完成秘钥对生成请求的操作。

具体操作步骤

本任务默认数字货币钱包已确认用户访问信息具有合法性,接下来将生成秘钥对的请求发送给数字货币钱包终端。单击【发送】按钮,将合法性核查通过的身份信息发送给钱包终端,依次表示身份合法,可以完成秘钥对的生成。对于钱包服务商来说,秘钥对请求是一个消息指令的作用,该指令标明了生成秘钥对的行为。如图 7-70 所示。

序号	用户标识	登录用户名	登录密码	操作
1	DCEPXL00001	王小亮	admin123	发送

图 7-70 发送秘钥对生成请求

4. 生成秘钥对并发送公钥

数字货币钱包终端根据收到的生成秘钥对的请求生成秘钥对,并将秘钥对中的公钥发送给钱包服务商。生成的秘钥对是与注册用户进行一一匹配的。本任务主要解决了用户通过钱包进行转账、支付、兑换等交易时的加密、解密、签名等问题。公私钥对的生成是钱包账户体系中的基础也是核心。对于数字人民币钱包来说生成公私钥对使用的算法是非对称加密算法——SM2 国密算法生成的。

具体操作步骤

第一步 创建秘钥对。生成公私钥对的第一步是创建秘钥对,分为公钥串和私钥串。通过公钥串我们可以生成公钥,通过私钥串可以生成私钥。生成公私钥串的核心在于传入用户的标识作为的初始化参数,可以理解成 SM2 算法需要一个初始值进行计算,也可以是空值,依次运算生成公私钥串。本任务使用的是用户标识,用户标识具有唯一性,其次生成的公私钥可以和用户进行一一匹配。先在输入框中输入用户标识,再单击【SM2 生成】按钮,即可生成公私钥串。具体操作如图 7-71 所示。

第二步 生成公私钥。生成的公私钥串是作为公私钥生成的参数,通过解析生成公钥和私钥,这一步生成公私钥才是用户真正使用的公私钥对。在输入框中分别输入公钥串和私钥串,单击【SM2 生成】按钮,生成对应的公私钥。具体操作如图 7-72 和图 7-73 所示。

图 7-71　生成公私钥串

图 7-72　生成公钥 　　　　　　　　图 7-73　生成私钥

　　第三步　发送公钥。将生成的公钥发送给钱包服务商,钱包服务商通过公钥得到钱包标识。单击【发送】按钮即可,如图 7-74 所示。

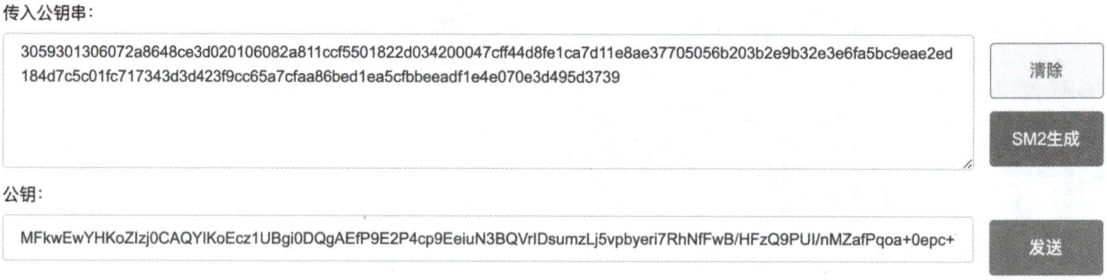

图 7-74　发送公钥

5. 接收公钥生成钱包标识,将公钥和钱包标识发送

　　数字货币钱包服务商从钱包终端那里接收到用户的公钥,以公钥为参数来生成当前用户的钱包标识。利用公钥生成钱包标识可以做到钱包与用户的一一匹配,因为公钥与私钥是成对存在的,可以用用户的私钥与公钥进行相互验证,从而证明钱包的身份。

　　钱包标识是数字货币钱包的唯一标签,通过钱包标识可进行转账、兑换等业务操作。那么,标识的生成来自用户的公钥,因为公钥是唯一存在的,那么,钱包标识也是唯一的。

具体操作步骤

　　生成钱包标识。本实验任务是从用户公钥中进行部分截取来形成的,我们可以从专利里解读到由公钥来生成钱包标识。生成钱包标识的途径有很多种,具体央行是采取的哪一种不得而知,本实验只是使用其中一种可能的方式来说明。无论哪种方式生成的钱包标识,我们可以得知两点:第一,标识是由公钥得来,是公开的;第二,钱包标识不是钱包编码,但是是由钱包标识推导出的钱包编码,两者一一对应。单击【截取】按钮,选择公钥中的一部分作为钱包标识即可。如图 7-75 所示。

图 7-75　获取钱包标识

6. 生成数字证书

数字货币发行登记机构接收钱包服务商的公钥和钱包标识,利用公钥和钱包标识生成数字证书,将公钥和钱包标识放入数字证书的目的是之后的身份验证和信息篡改验证。数字证书的生成目的是标识用户的身份,也是验证身份的关键文件。

拓展:数字证书是指在互联网通讯中标志通讯各方身份信息的一个数字认证,人们可以在网上用它来识别对方身份。

具体操作步骤

第一步　生成摘要信息。在生成数字证书之前先生成相关信息的散列值,以达到信息的验证、防伪等目的,保证数字证书中包含的信息是未篡改的。具体包含:证书序列号、颁发者公钥、证书有效期等信息,通过 SM3 国密算法进行运算所得。其中用户公钥为当前申请者的公钥;钱包标识为通过公钥计算得来的;颁发者公钥即当前登记机构的公钥。具体操作如图 7-76 所示。

图 7-76　生成摘要信息

第二步　生成认证机构签名。通过认证机构的私钥对证书中的信息进行签名,以标明认证机构的身份。单击【生成】按钮,粘贴认证机构的私钥完成签名。具体操作如图 7-77 所示。

第三步　生成数字证书。单击【生成】按钮,生成数字证书。具体操作如图 7-78 所示。

图 7-77　生成数字签名　　　　　图 7-78　生成数字证书

数字货币发行登记机构生成数字证书构成了数字货币钱包安装的基本条件,生成了证书就代表获取了登记机构的同意,接下来钱包服务商即可安装数字人民币钱包。

7. 生成安装指令并发送

数字货币钱包服务商接收到了用户公钥、钱包标识和数字证书,并且钱包服务商存储有钱包服务协议,具备了生成安装指令的条件。安装指令是获取数字货币钱包终端开通钱包请求的前提条件,只有拿到钱包终端的开通请求,才能创建数字货币钱包。

具体操作步骤

第一步　生成钱包合约属性信息。安装指令包括钱包服务协议、钱包合约属性信息。钱包服务商在生成安装指令时获取存储的钱包服务协议,进而生成包括钱包服务协议和钱包合约属性信息的安装指令。合约属性信息显示的是当前用户的钱包类型,以及钱包权限。单击【生成】按钮,通过采集用户的钱包标识以及数字证书生成当前钱包的属性信息。属性信息的生成通过合约代码进行的执行来完成。具体操作如图 7-79 和图 7-80 所示。

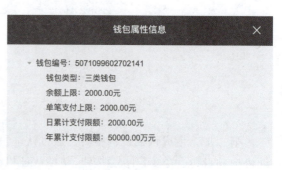

图 7-79　生成钱包合约属性信息　　　　　图 7-80　钱包属性信息

第二步　生成安装指令。安装指令也可以理解成计算机执行安装操作的命令,在安装指令中包含了数字货币钱包服务协议和钱包合约属性信息。单击【生成安装指令】按钮进行安装指令的生成。如图 7-81 所示。

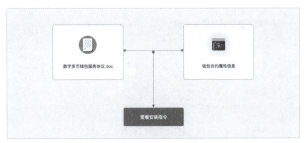

图 7-81　生成安装指令

8. 签名安装指令

数字货币钱包终端对接收到的安装指令进行签名,以生成签名的安装指令,并将签名的安装指令返回至钱包服务商。收集钱包终端的签名,是为了实现终端同意的目的,便于之后钱包开通请求的生成。

具体操作步骤

签名安装指令。单击【签名安装指令】,通过数字货币钱包终端的私钥完成签名操作。具体操作如图 7-82 和图 7-83 所示。

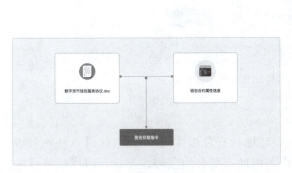

图 7-82　签名安装指令

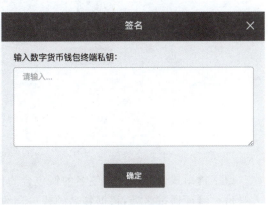

图 7-83　输入私钥签名

9. 验证签名合法性,签名合约代码地址和属性信息

数字货币钱包服务商确认签名的安装指令具有合法性,签名验证通过之后,对钱包合约代码地址和钱包合约属性信息进行签名。其中代码地址和合约属性信息解读如下。

(1)钱包合约代码地址:供数字货币钱包终端进行下载合约代码,校验合约代码的真实性,是决定终端是否发送开通请求的条件之一。

(2)钱包合约属性信息:经过钱包服务商签名和钱包终端签名,来收集两方签名,是决定终端是否发送开通请求的另外一个条件。

具体操作步骤

第一步　验证安装指令签名的合法性。利用数字货币钱包终端的公钥进行签名的验证,验证的目的是安装指令的发送方身份。单击【签名信息】进行验证,输入钱包终端的公钥进行验证,如图7-84所示。

图7-84 验证签名

第二步 签名合约代码地址和合约属性信息。安装指令的合法性验证通过之后,需要利用数字货币钱包服务商的私钥对合约代码地址和合约属性信息进行签名。签名的目的是为了标识发送的信息所属人身份,便于接收方进行验证和确权。单击【签名】按钮,利用钱包服务商的私钥完成签名,如图7-85所示。

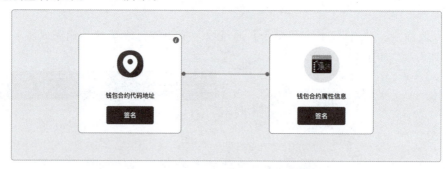

图7-85 签名合约代码地址和合约属性信息

10. 验证合约地址合法性并下载合约代码

数字货币钱包终端确认签名的钱包合约代码地址具有合法性,验证合约代码地址的发送人身份。验证通过之后,根据签名的钱包合约代码地址下载合约代码。下载合约代码的目的是校验合约代码的完整性。钱包合约代码是否部署,是数字货币钱包能否使用的关键。

在这一步将完成合约代码的下载,这是数字人民币钱包区别于其他传统支付工具的关键,通过合约代码可自主完成身份的校验、支付的记账、加密等多种业务操作。

具体操作步骤

第一步 验证合约代码合法性。利用数字货币钱包服务商的公钥进行签名的验证,单击【验证】按钮,输入数字货币钱包服务商的公钥进行验证其身份。具体操作如图7-86所示。

第二步 下载合约代码。本步骤是通过钱包合约代码地址进行检索合约代码。然后将合约代码下载到本地。目的是为了之后验证下载的合约代码是否被篡改过。在地址输入框中输入合约代码地址,这个地址在本任务中只做形式上的展示教学,不代表真实的合约地址。如:www.zhilian.com。如图7-87所示。

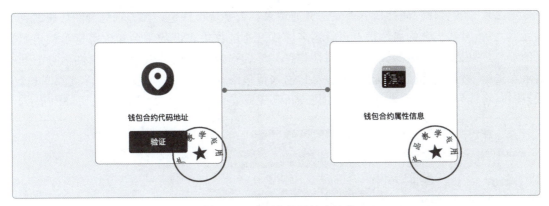

图 7-86 验证合约地址合法性

请在下方输入搜索框中输入钱包合约代码地址，进行合约代码的下载

请输入合约代码地址搜索　　　　　　　　　　　　　搜索

图 7-87 下载合约代码

11. 验证合约代码完整性并签名发送

数字货币钱包终端通过合约代码地址下载的合约代码,无法保证其真实性,即是否被篡改。需要验证下载的合约代码的完整性,验证的方式是通过合约哈希的比对来进行。合约代码的完整性公式:

(1)H1=SM3(钱包合约代码);

(2)H2=钱包合约代码哈希值;

(3)H1=H2。

具体操作步骤

第一步　验证合约代码的完整性。哈希算法也叫散列算法,通过哈希值的比对来验证原文的完整性。本步骤先对下载的合约代码进行哈希生成 H1,然后拿着 H1 与之前任务中生成的 H2 进行比对,即 H1 为目标对象、H2 位源对象。具体操作如图 7-88 所示。

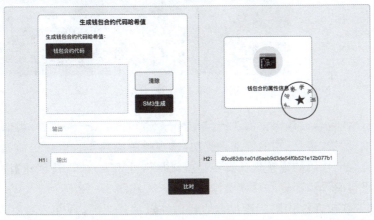

图 7-88 合约代码完整性验证

第二步　签名合约属性信息并发送开通请求。 数字货币钱包终端验证完合约代码的完整性无误之后,对钱包合约属性信息进行签名确认。通过收集自己的签名和数字货币钱包服务商的签名,形成双方签名的钱包合约属性信息。然后将携带签名的钱包合约属性信息的开通请求发送给钱包服务商。单击【签名】按钮,输入钱包终端的私钥完成签名操作,之后单击【发送】按钮,将钱包开通请求发送给钱包服务商,已完成安装钱包操作。具体如图 7-89 所示。

钱包合约属性信息	数字货币钱包服务商签名	数字货币钱包终端签名	操作
▼钱包编号:5071099602702141 钱包类型:三类钱包 余额上限:2000.00元 单笔支付上限:2000.00元 日累计支付限额:2000.00元 年累计支付限额:50000.00万元	MEQClCkNcD2tMLyC7FWdPld1fu4nsU4O/ XTgBGFGOkDRQ6YSAiBILUceTpWi/NaKA ZL+aOGYKT/KYu8m4DeAiqEHckQSjg==	签名	发送

图 7-89　发送开通请求

12. 创建数字货币钱包

数字货币钱包服务商利用双方的公钥验证签名信息的真实性和对身份进行确权。根据包括双方签名钱包合约属性信息创建数字货币钱包。由此可见,创建数字货币钱包需要得到钱包服务商和钱包终端双方的签名同意才能进行创建。

创建数字货币钱包的过程是执行和部署钱包合约代码的过程。数字货币钱包创建完成之后,向数字货币发行登记机构发送注册请求。

具体操作步骤

第一步　验证签名。 钱包服务商在创建数字货币钱包之前,先进行签名的验证,验证签名者的身份。利用签名双方的公钥完成身份确权。单击【验证签名】,输入签名者的公钥完成验证。具体操作如图 7-90 所示。

图 7-90　验证签名

第二步　编译钱包合约代码。 创建钱包是执行钱包合约代码的过程,类似于执行安装程序,将相应的数据、配置、信息、功能等部署成功,该步骤的成功与否取决于前面我们下载的合约代码,所以保证合约代码的完整性和真实性就显得格外重要。单击【创建】按钮执行合约代码,将合约代码进行编译和部署。具体操作如图 7-91 和图 7-92 所示。

第三步　部署钱包合约代码。 钱包合约代码经过编译之后,现在需要对合约代码部署。在部署的过程中需要给合约代码传入参数,所谓的参数就是合约执行的数据。这里我们传入

模块七 数字货币实验场景

钱包合约属性信息	数字货币钱包服务商签名	数字货币钱包终端签名	操作
钱包编号：5071099602702141 钱包类型：三类钱包 余额上限：2000.00元 单笔支付上限：2000.00元 日累计支付限额：2000.00元 年累计支付限额：50000.00万元	MEQCICkNcD2tMLyC7FWdPId1fu4nsU4 O/XTgBGFGOkDRQ6YSAiBILUceTpWi/ NaKAZL+aOGYKT/KYu8m4DeAiqEHck QSjg==	MEUCIQDrtfmoOCYxuyDPXWm/d2srZB NOnlPMYgrxpP1jNEKhgAlgTQo2lw4Fo2 6aEKmDdlaanzgNZdu/o4BXqt+Sgm75o zw=	创建

图 7-91 创建数字货币钱包

图 7-92 执行合约代码（模拟）

的参数为用户的账户信息，进而在开通数字货币钱包之后，可直接将账户中的数字货币转入钱包。部署的过程中需要传入数字货币钱包创建相关的参数，以达到安装的目的。初始化的参数包括：用户名、登录密码、真实姓名、身份证号、银行账号等。具体操作如图 7-93 所示。

图 7-93 部署合约代码

第四步　发送注册请求。数字货币钱包创建完成之后，向数字货币发行登记机构发送注册请求，需要数字货币发行登记机构对钱包标识、钱包证书进行登记注册。单击【发送】按钮即可，如图 7-94 所示。

钱包合约属性信息	数字货币钱包服务商签名	数字货币钱包终端签名	操作
钱包编号：5071099602702141 钱包类型：三类钱包 余额上限：2000.00元 单笔支付上限：2000.00元 日累计支付限额：2000.00元 年累计支付限额：50000.00万元	MEQCICkNcD2tMLyC7FWdPId1fu4nsU4 O/XTgBGFGOkDRQ6YSAiBILUceTpWi/ NaKAZL+aOGYKT/KYu8m4DeAiqEHck QSjg==	MEUCIQDrtfmoOCYxuyDPXWm/d2srZB NOnlPMYgrxpP1jNEKhgAlgTQo2lw4Fo2 6aEKmDdlaanzgNZdu/o4BXqt+Sgm75o zw=	发送

图 7-94 发送注册请求

钱包的创建,对于用户来说看似是一个下载安装的简单过程,但这背后涉及到了多重签名的技术思想、合约代码的业务参数传递、钱包安全协议等原理。每一个原理的背后都和具体的业务优化、业务方案、流程设计等密切相关,也和相应的岗位密切相关。

13. 登记注册

数字货币发行登记机构根据接收的注册请求对钱包标识、钱包证书进行登记注册。在进行登记之前,要确认接收的注册请求具有合法性,如果验证接收到的请求不具有合法性,则停止操作。在对钱包标识、钱包证书进行登记注册之后,通过钱包服务商将开通成功的通知发送给数字货币钱包终端。

具体操作步骤

登记注册的信息包括:用户登录名、用户标识、真实姓名、身份证号、钱包标识和钱包证书,在任务的输入端输入用户的钱包标识和钱包证书完成登记注册即可。具体操作如图7-95所示。

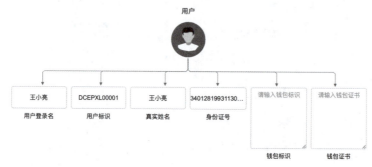

图 7-95　登记注册

14. 发送开通结果

数字货币钱包服务商接收登记机构的钱包开通成功的通知消息,将该开通成功的通知发送给数字货币钱包终端。本步骤只是一个消息传递的步骤,没有实际的教学操作。望各位明确其中的过程即可。

15. 设置钱包合约代码

目前的钱包合约代码已经进行了部署和参数的初始化,但其合约状态还处在初始化的状态,如果要使其运行,需要将其状态设置为可执行。数字货币钱包终端在接收到开通成功的通知以后,就需要将钱包的合约代码设置为可执行。同时将创建的钱包与用户的私钥进行绑定,使其可以进行身份确权和签名。

具体操作步骤

第一步　设置状态。当前安装的钱包合约代码为初始化状态,还不可用。需要将合约代码的状态变更为可用状态。单击【设置状态】按钮对合约代码的状态进行变更。具体操作如图7-96所示。

第二步　绑定私钥。单击【绑定】输入用户私钥即可。具体操作如图7-97所示。

图 7-96　设置状态

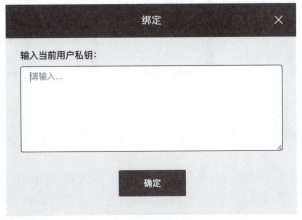

图 7-97　绑定私钥

7.4　向商业银行兑换数字货币

1. 绑定银行卡

在前面的任务中,我们创建了数字货币钱包并开通了钱包账户,此时的钱包账户余额为 0 元。需要向商业银行兑换一定额度的数字货币,那么,你首先要将该商业银行的银行卡绑定到数字货币钱包,通过银行卡向商业银行办理数字货币的兑换业务。

本任务以其中一个投资人——王小亮的身份来完成绑定银行卡的业务操作。具体王小亮的信息可在知链数字人民币学习平台中侧边栏功能中找到,也可以在本实验中的实验案例角色中找到。

具体操作步骤

进入到数字人民币钱包中,通过钱包中的【绑定账户】来完成银行卡的绑定操作,单击【绑定账户】→【添加银行账户】输入银行账号、银行预留手机号等信息完成银行卡绑定的操作。具体操作如图 7-98、图 7-99 和图 7-100 所示。

2. 发送取币信息

数字货币兑换的第一步是确定取币信息,后续的步骤根据取币的信息来生成相应的指令和数字货币。取币信息的获取是用户在数字货币钱包端进行的相应输入,所谓的取币信息就

图 7-98　绑定账户入口　　　图 7-99　添加银行账户　　　图 7-100　输入账户相关信息

是用户通过钱包客户端输入的兑换金额,对于计算机程序来说兑换金额是由取币指令进行传递的。

用户在数字货币钱包客户输入的取币信息包括:取币金额、取币用户的钱包标识和钱包关联账户的信息。

具体操作步骤

本任务需要将取币的金额在数字人民币钱包中完成存入操作,单击【存入钱包】→【输入重置金额】,即需要向钱包中重置的金额。具体操作见图 7-101 和图 7-102 所示。

图 7-101　存入钱包　　　　　　图 7-102　设置重置金额

3. 确定取币用户通过身份认证

数字货币钱包将取币的信息发送到了数字货币钱包终端,在生成取币指令之前,需要先由【本地安全模块】进行安全性的验证,主要是对取币用户的身份进行认证,确定该取币用户已通过了验证。

用户在申请数字货币钱包时,提交了用户相关的身份信息,并由数字货币发行登记机构进行了登记注册。

具体操作步骤

需要使用到钱包标识在身份认证数据中进行认证检索,以此来核查用户是否通过了身份认证。单击【检索】输入用户的钱包编码进行检索,如果检索出用户存储的记录并且认证状态为"已开户",则表明该用户通过了身份的认证。具体操作如图 7-103 所示。

钱包标识	用户姓名	是否认证
/HFzQ9PUI/nMZafPqoa+0epc+77q3x5OBw49SV03	王小亮	已开户
/HFzQ9PUI/nMZafPqoa+0epc+77q3x5OBw49SV03	北京科峰电器制造有限公司	已开户
/HFzQ9PUI/nMZafPqoa+0epc+77q3x5OBw49SV03	马一郎	已开户
/HFzQ9PUI/nMZafPqoa+0epc+77q3x5OBw49SV03	赵春	已开户
/HFzQ9PUI/nMZafPqoa+0epc+77q3x5OBw49SV03	赵玉胜	已开户
/HFzQ9PUI/nMZafPqoa+0epc+77q3x5OBw49SV03	李林	已开户
/HFzQ9PUI/nMZafPqoa+0epc+77q3x5OBw49SV03	李广文	已开户
/HFzQ9PUI/nMZafPqoa+0epc+77q3x5OBw49SV03	许峰	已开户
/HFzQ9PUI/nMZafPqoa+0epc+77q3x5OBw49SV03	范红	已开户
/HFzQ9PUI/nMZafPqoa+0epc+77q3x5OBw49SV03	范杰	已开户

图 7-103 核查用户是否身份认证

用户的钱包编码与用户的钱包标识是一一对应的关系,通过钱包编码就可以检索到对应的用户信息。

4. 生成未签名取币指令

本地安全模块对用户的身份认证进行确定,通过之后将取币信息发送到钱包服务终端。钱包服务终端会根据取币信息生成未签名的取币指令,当前模块无权限进行取币指令签名,只能生成取币指令。(指令:告诉计算机从事某一特殊运算的代码,计算机程序发给计算机处理器的命令就是指令(instruction))

钱包服务终端根据用户的取币信息生成取币指令,通过收集本地安全模块的签名,即得到本地安全模块的审核同意,才能给到钱包服务端进行资金的扣减和数字人民币的兑换。

具体操作步骤

本步骤根据取币信息生成取币指令,利用取币指令来运行取币的机器动作。单击【生成指令】按钮,根据指令的相关知识进行取币指令的结构设计,使用的是三地址指令:(Ad1)OP (Ad2)->(Ad3)。将取币金额、钱包标识、账户信息按照三地址的形式完成。具体操作如图 7-104 所示。

取币指令生成之后,此时的指令是未签名的状态,需要发送给本地安全模块进行签名的收集,只有拿到了签名,才能发送给钱包服务端。

5. 签名取币指令

钱包服务终端将生成的未签名的取币指令发送到了本地安全模块进行签名,以生成签名

图 7-104 取币指令

后的取币指令。数字货币钱包服务端会根据签名的取币指令来完成数字货币的兑换。这一步骤的签名动作和之前的签名算法是一致的,通过 SM2 国密算法,利用数字货币钱包终端的私钥完成取值指令的签名。

具体操作步骤

本步骤比较简单,单击【签名】按钮,输入数字货币钱包终端的私钥即可完成签名操作。具体操作如图 7-105 所示。

序号	取币金额	取币指令					签名	操作
1	10000	OP	取币金额	钱包标识	账户信息	显示	—	签名

图 7-105 签名取币指令

获得的签名信息为:

MEYCIQCmy4o3NSVa6moldfBci7OVhHMXs + Pe9iUa7Adz5wHpdwIhAK + g3XY4UUPLKCYhWXf9l0hft9TQtzL8p5fNyWSAHwp,这种签名也叫数字签名。将签名后的取币指令发送给数字货币钱包服务端完成扣款操作。

6. 扣减余额资金并匹配数字货币

钱包服务端收到来本地安全模块的已签名的取币指令,根据取币指令中的内容进行账户金额的资金扣减和数字货币的兑换。在这一步骤主要是数字货币兑换的准备阶段,根据预设的规则来进行数字货币的匹配,根据预设的转移策略来确定实际转移金额和找回金额。

这一过程也是生成数字货币的过程,根据取币的金额会匹配相应的数字人民币,这里面会涉及多种匹配情况,如:存在找零情况、存在等值情况等。同时,也涉及整取还是零取等情况。本任务核心是通过分析数字人民币的匹配的原则和过程,来深入分析数字人民币的存取原理。

具体操作步骤

第一步 扣减关联账户余额资金。从绑定的银行账户中扣减相应的取币金额。单击【扣减】按钮从商业银行(本案例中的商业银行是北京科技银行)的账户中扣减相应的金额。具体操作如图 7-106 和图 7-107 所示。

第二步 匹配数字货币。根据取币金额匹配数字货币,这里涉及两个概念,一个是取币金额,即用户要兑换的货币金额;另一个概念是待转移金额,即钱包根据转移策略从数字货币库中匹配的要转移的数字人民币,这个金额有可能比取币金额大,但会产生找零金额。单击【预设】选择转移策略,根据专利我们可以看出央行公布了 5 种转移策略,分别是整进整出、先进先

序号	取币指令					扣减账户余额资金	操作
1	OP	取币金额	钱包标识	账户信息	显示	—	扣减

图 7-106　单击【扣减】按钮

图 7-107　扣减取币金额

出、整进散出、最大可能策略、最大精准策略。对这 5 种转移策略的解读如下。

(1)整进整出策略:按照人民币的面值进行划分,分为整钱和零钱。在数字人民币转移的过程中优先整钱兑出、整钱兑入。

(2)先进先出策略:对数字人民币进入银行库的先后时间进行划分,在数字人民币转移的过程中按照时间在前的先进行兑出。

(3)整进散出策略:按照人民币的面值进行划分,分为整钱和零钱。在数字人民币转移的过程中优先零钱钱兑出、整钱兑入。

(4)最大可能策略:按照最大可能策略确定实际转移金额和找回金额。当取币金额与待转移金额一致时,则实际转移金额就是取币金额,找回金额为零。当取币金额与待转移金额不一致时,实际转移金额为取币金额与待转移金额二者之中的最小值。如果取币金额大于待转移金额,则找回金额为零;如果取币金额小于待转移金额,则找回金额为待转移金额与取币金额的差值。

(5)最大精准策略:按照最大精准策略确定实际转移金额和找回金额。当取币金额与待转移金额一致时,则实际转移金额就是取币金额,找回金额为零。当取币金额与待转移金额不一致时,如果取币金额小于待转移金额,则实际转移金额为取币金额,且找回金额为待转移金额与取币金额的差值;如果取币金额大于待转移金额,则实际转移金额和找回金额为零。

本任务我们可以选择任一转移策略作为本次取币金额的转移策略,如:整进整出策略。选择了整进整出策略后,我们能看到待转移的数字人民币都是整钱的面值。具体操作如图 7-108 和图 7-109 所示。

序号	转移策略	取币金额	待转移金额	操作
1	预设	10000	—	兑换

图 7-108　预设策略

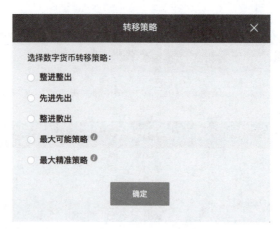

图 7-109　选择转移策略

第三步　兑换数字人民币。单击【兑换】数据库会根据转移策略生成对应的待转移金额。具体操作如图 7-110 所示。

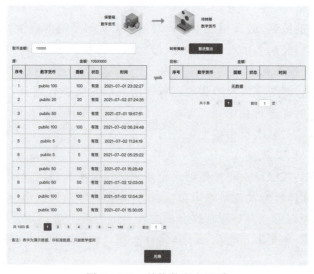

图 7-110　兑换数字人民币

7. 变更数字货币的属主

数字货币钱包服务端根据取币金额从保险箱中取出对应金额的数字货币，并将数字货币的状态变更为待转移状态。接下来就是数字货币发行端针对待转移的数字货币进行属主的变更，所谓属主就是变更货币的归属人。变更的属主包括：实际转移金额的属主和找回金额的属主。

待转移金额还不属于用户的钱，同时待转移金额和取币金额之间的大小关系需要进行判断，来确定是否存在找零币。

具体操作步骤

第一步　确定实际转移金额和找回金额。根据取币金额，判断取币金额与待转移金额是否一致。根据判断的结果，来确定实际转移金额和找回金额。单击【判断】按钮，输入待转移金额和取币金额,来判断找回金额和实际转移金额。如图 7-111 所示。

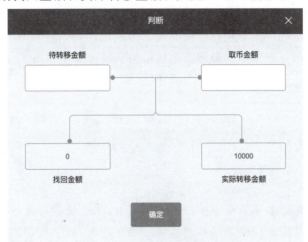

图 7-111　判断待转移金额

判断完成之后,原先的待转移金额的状态变更为作废状态,根据策略新生成找零币和去向币。由此可以看出,央行数字人民币的兑换过程其实是旧币作废,新币产生的过程。那么,基于这种方式,我们可以对数字人民币进行来源、去向的追踪。和传统的电子支付就有了本质的区别。

第二步　变更数字货币的属主。数字货币发行登记端将实际转移金额的属主变更为取币用户,将找回金额的数字货币属主变更为数字货币钱包服务商。属主的变更,是取币的核心,只有经过属主的变更才能判断钱的归属,才可使用。具体操作如图 7-112 所示。

图 7-112　变更数字货币的属主

8. 币串列表存入数字货币钱包

数字货币发行登记端将实际转移金额和找回金额的属主进行了变更,变更后的实际转移金额发送到数字货币钱包终端进行确认。只有经过终端确认过的数字货币字符串才能被存入到数字货币钱包中进行使用。

存入数字货币钱包的过程实际上是钱包终端将实际转移金额的数据,写入到用户的数字货币钱包中,这样用户才可以通过钱包客户端看到兑换的数字人民币。由此可以看出数字人民币的存在形式是以加密字串的形态存在,而且每一个字串都有相应的货币面值,和传统的纸币形式比较类似。和传统的电子支付金额区别巨大。

具体操作步骤

数字货币钱包终端确认实际转移金额的属主为取币用户,将币串列表存入数字货币钱包中。单击【存入】将数据写入用户的数字货币钱包中。具体操作如图 7-113 所示。

序号	实际转移金额	属主	操作
1	10000	王小亮	已存入

图 7-113 存入数字人民币

9. 数字货币余额展示

数字货币钱包终端将数字货币字串写入了钱包中,那么我们可以在数字货币钱包中进行查看。此步骤为数字货币钱包余额展示的步骤。截止到此,数字货币的兑换过程全部实验完成。具体展示的界面如图 7-114 所示。

图 7-114 余额展示

7.5 定制数字货币追踪方法

1. 发送追踪请求

在本案例中需要追踪数字货币的来源币所有者包括:投资人和监管机构。来源币的所有者可以包括交易链条中交易的原始发起方和后续参与方。来源币所有者的第一步就是向数字货币定制追踪系统发送追踪请求。

具体操作步骤

第一步 对于投资人来说,对数字人民币的追踪主要包括数字货币的资金流向、资金用途等方面。投资人作为来源币所有者,通过设置数字货币的追踪标识——数字货币名,来追踪数字人民币的来源币信息、去向币信息、后续参与方、使用用途和转账账户等信息,触发该追踪脚本的条件是数字货币证书和私钥证书。

这是投资人追踪数字人民币请求的具体信息和条件,可以根据业务的实际用途通过数字人民币的特定标识作为追踪标识,来查询具体的业务信息,同时可以对查询条件、触发条件进行设定,限制信息的范围。

第二步　对于监管机构来说,以资金监管的身份来追踪数字人民币的使用行为,主要包括数字货币的来源、去向、用途等方面。以数字货币名作为追踪标识,追踪数字人民币的来源币信息、去向币信息、后续参与方、使用金额和申请是否相符、转账账户监控等,触发该追踪脚本的条件是数字货币证书和查询私钥证书。

这是监管机构追踪数字人民币请求的具体信息和条件,区别于投资人的地方是其更侧重在转账账户的安全性、资金的使用行为。

第三步　发送追踪请求。将包含追踪请求的脚本,发送给数字货币定制追踪系统。具体操作如图 7-115 所示。

序号	追踪币	操作
1	10000	发送

图 7-115　发送追踪请求

2. 接收追踪请求

追踪请求首先是由追踪系统的接收模块进行接收,将接收的追踪请求发送到设置模块。接收模块作为数字货币定制追踪系统中从外部接收信息的入口,将接收的信息传输到内部系统中进行流转。会从投资人和监管机构处接收不同的追踪请求,包含对应的追踪脚本。

具体操作步骤

接收模块将接收的追踪请求发送至设置模块,对追踪请求进行处理。具体操作如图 7-116 所示。

序号	追踪人	追踪币	追踪脚本	操作
1	投资人,监管机构	10000	查看	发送

图 7-116　发送追踪请求

3. 设置追踪

设置模块接收到追踪请求,根据追踪请求向交易过程中产生的去向币中设置追踪,并保存去向币。设置追踪包括了开通追踪、授权追踪、关闭追踪。通过设置追踪,我们可以实现对数字货币追踪的信息、查看的权限、追踪的规则等目的,是整个追踪方法的核心。

具体操作步骤

第一步　开通追踪。数字人民币是由多种字段组成的,最初数字人民币只能满足最基础的支付功能,如果要基于数字人民币进行定制追踪需要在数字人民币的货币应用属性中,添加相应的追踪程序。具体是在数字货币字串中设置追踪脚本,并且在脚本中设置追踪标识,从而完成脚本的可执行。

在货币应用属性字段中单击【添加】按钮,将投资人脚本和监管机构的脚本添加到字段中。具体操作如图 7-117 所示。

对添加好的追踪脚本,进行设置追踪标识,将追踪标识添加到脚本中,完成脚本执行的触

图 7-117 添加追踪脚本

发条件以及查询条件。追踪标识通过定制追踪系统的公钥通过 SM3 国密算法生成。具体操作见图 7-118 和图 7-119 所示。

图 7-118 添加追踪标识

图 7-119 生成追踪标识

第二步 授权追踪。在追踪脚本中添加签名授权标识，进行授权追踪的各级主体都可依照该方式实现追踪授权。授权标识的实现由相应追踪人的公钥通过对称加密算法生成，将生成的授权标识添加到数字人民币追踪授权的集合中，存在集合中的授权标识就可以对数字人民币进行追踪，不在集合中的授权标识，对应的追踪人无法对数字人民币进行追踪。具体操作如图 7-120 和图 7-121 所示。

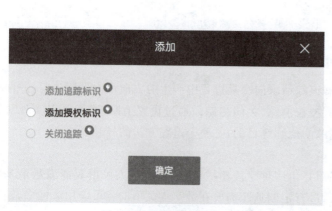

图 7-120 添加授权标识

图 7-121 生成授权标识

第三步 关闭追踪。数字人民币的设置模块同时可以对数字人民币的追踪过程进行关闭，交易的后续参与方收到数字货币字串之后，继续支付过程中不在追踪脚本添加签名授权标识。此任务，就不再设置关闭追踪了，我们后续需要追踪数字人民币的支付过程。

通过对数字人民币的一系列设置,我们可以看出数字人民币已经成为一种可编程的货币,基于数字人民币可授权追踪人、可设置追踪权限、可自定义追踪信息等。这种可编程特性,在实际的产业应用中将发挥巨大的作用。

4. 发送查询请求

数字货币定制追踪系统的设置模块完成了追踪的设置。追踪的开通、授权、关闭是业务逻辑,可以在数字货币字串上实现。追踪设置完毕之后,来源币所有者发送查询请求进行数字货币的追踪查看。查询请求包含来源币信息、交易信息、去向币信息等。

发送查询请求的过程,是调用智能合约查询数字人民币信息的过程。也可以理解成,查询请求是数字人民币追踪合约的触发条件。

具体操作步骤

第一步 投资人发送查询请求。当前的投资人以角色信息中的王小亮为例来实验查询请求的发送过程,该投资人为王小亮发送的查询请求来源币信息、交易信息等查询信息,同时针对查询请求进行私钥加密。查询请求需要使用来源币所有者或者后续的参与者的私钥进行加密,目的是为了确权和身份验证,具体操作如图 7-122 所示。

图 7-122 生成签名

第二步 监管机构发送查询请求:监管机构发送的查询请求来源币信息、交易信息等查询信息,同时针对查询请求进行私钥加密。具体操作同第一步,此处不再详细解读。

5. 验证来源币所有者身份

数字货币定制追踪系统的身份验证模块,主要是对查询请求的发起者身份进行验证,如果身份合法,则返回追踪链条。所谓的身份合法,就是确认查询主体是用于发起查询的数字货币的所有者或者查询者在追踪脚本的授权范围内。本步骤是对投资人、监管机构两方的查询请求进行身份的验证。

具体操作步骤

验证来源币所有者身份。通过来源币所有者的公钥解密该查询请求以验证查询主体的身份。单击【验证解密】输入签名者的公钥完成验证解密。具体操作如图 7-123 所示。

序号	请求发起者	加密信息	操作
1	投资人	MEQCIDYAxGy0xNbZAGNgViMP4uuLpL1XHzGtN9s+Vjmw8MkGAiBJsYau6t1YSPnHC4EgRUJtlB9xCzBD5S9nd5wS+T4FMg==	验证解密
2	监管机构	MEUCICYPI9U65t5Q+tJUTiBrq7PgTJfFcJTsIjFZ1w/wemsUAiEAna5W3pv3sXupqh7RBQMe9dg6AC06F8hbChESNXgnwfM=	验证解密

图 7-123 验证解密

6. 反映追踪链条

数字货币定制追踪系统的追踪模块在身份验证模块对身份验证通过之后,将数字货币的追踪信息反馈到查询请求的发起端。返回的是一个完整的追踪链条,包含了交易时间、交易金额、来源币、来源币所有者信息、去向币、去向币所有者信息。

具体操作步骤

反映追踪链条就是调用追踪脚本,拿到数字人民币的追踪标识以及查询条件,将查询的信息反映给追踪人。具体操作如图 7-124 所示。

序号	请求发起者	交易时间	交易金额	来源币	来源币所有者信息	去向币	去向币所有者信息	操作
1	投资人,监管机构	——	10000	——	王小亮	——	——	反映

图 7-124 反映追踪链条

7.6 关联存管账户

1. 开通存管账户

本实验是围绕着数字人民币钱包如何和存管账户关联。那么,对于案例中的角色需要拥有存管账户,所以本实验的第一步是在投资平台开通存管账户,通过存管账户对投资人和筹资人的资金进行管理。存管账户是银行提供的一项金融服务,这个存管账户并不是一个具体的账户,而是一种资金管理方式。存管账户亦称为客户交易结算资金簿记台账。

具体操作步骤

本任务是以其中一个投资人的身份为例来完成存管账户开通操作,该投资人为王小亮。在存管账户开通时,大概会分成三步完成。

第一步　实名认证。提供开通人的证件信息、身份信息、工作信息等,同时对相关存管账户的服务协议、授权协议等进行签署。具体操作如图 7-125 所示。

第二步　设置交易密码。实名认证通过之后,为该存管账户设置交易密码,作为接下来通过存管账户划拨资金的密码口令,一般 6 位数字的交易密码。具体操作如图 7-126 所示。

第三步　绑定银行卡。该银行卡的持卡人为投资人王小亮,在角色信息中找到王小亮的银行卡号,在绑定银行卡处完成绑定即可。具体操作如图 7-127 所示。

2. 发送关联账户查询指令

用户向数字货币钱包终端发送查询关联账户的指令,即用户通过用户客户端执行关联账户的操作,钱包终端接收到用户的操作会将关联账户的行为转化成关联请求。数字货币钱包终端接收查询请求通过签名向钱包服务机构进行查询,最终返回查询结果。在查询账户的指令中涉及钱包标识、账户余额等信息的查询需求。

具体操作步骤

发送关联账户查询指令。将查询的钱包编码、账户号、账户名等相关信息发送到钱包服务终端,由钱包服务终端反馈相关的指令列表。具体操作如图 7-128 所示。

图 7-125　实名认证　　　　图 7-126　设置交易密码　　　　图 7-127　绑定银行卡

序号	钱包编号	账户号	账户名	账户余额	操作
1	5071099602702141	6077***7361	王小亮	10000	发送

图 7-128　发送查询指令相关信息

3. 查询指令相关列表

数字货币钱包终端的合约功能执行模块向终端安全模块发送查询指令列表和用户的数字货币钱包概要信息。通过用户发送的钱包标识、账户号、账户名进行检索查询,把查询出的钱包概要信息发送给终端安全模块,同时执行钱包的合约将指令列表发送给安全模块。本步骤主要是拿到查询参数进行合约的执行,反馈出执行的结果。

具体操作步骤

查询指令列表。通过钱包编号查询用户钱包的身份信息,将钱包中存储的余额信息、钱包机构信息进行反馈;通过传输过来的账户号获取合约代码中的查询指令列表,包括:关联账户查询指令、交易明细查询指令和数字货币明细查询指令。具体操作如图 7-129 所示。

4. 发送账户查询指令

在用户发送账户查询指令的前一步是终端安全模块接收查询指令集,将指令集发送给用户,上一步只是一个信息传递的作用,在此介绍一下。用户接收到指令集以后对要发送的指令进行操作,账户查询指令是本实验的指令目标,接下来通过安全模块和钱包服务机构来完成结果的查询反馈。

具体操作步骤

发送账户查询指令。用户通过数字人民币钱包客户端中的查询指令列表选择要查询的指令,即发送给计算机要执行的行为。本任务选择的是【关联账户查询指令】,单击指令即可。具体操作如图 7-130 所示。

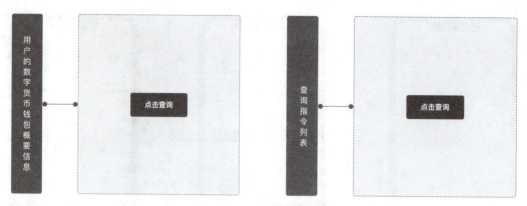

图 7-129 查询指令列表

图 7-130 发送查询指令

用户将账户查询指令发送到了数字货币钱包终端,由终端的安全模块进行接收,接收的目的是进行指令行为的安全核查,核查通过之后进行签名同意。

5. 私钥签名查询指令

本步骤是将用户的查询指令进行签名授权,相当于给查询指令进行了盖章,下面的模块验证盖章的真实性即可。签名的过程是数字货币钱包终端的安全模块接收来自用户的账户查询指令,利用钱包私钥对账户查询指令进行签名,生成一个数字签名。

具体操作步骤

私钥签名查询指令。接收的查询指令包括钱包标识、账户号、账户名称等信息。使用私钥对查询指令进行签名。单击【签名】按钮,输入数字货币钱包终端的私钥完成签名。具体操作如图 7-131 所示。

6. 验证查询指令

数字货币钱包终端合约功能模块利用数字货币钱包终端的证书对已签名的查询指令进行验证,验证通过之后将查询指令发送到钱包服务机构。钱包终端的证书中包含其公钥体系,和

模块七　数字货币实验场景　**191**

图 7-131　签名查询指令

私钥签名进行匹配来完成验证。

具体操作步骤

验证查询指令。终端钱包合约功能执行模块利用数字货币钱包终端的数字证书对终端签名进行验证，数字证书中包含了钱包终端的公私钥体系以及钱包标识。单击【验证】按钮，输入钱包终端的数字证书，进行签名验证。具体操作如图 7-132 所示。

图 7-132　验证查询指令

7. 验证签名指令

钱包服务系统接收来自钱包终端发送的查询指令，查询指令的结果查询是由账户核心系统进行的，在这之前需要由钱包服务系统先进行验证，是利用证书对已签名的关联账户查询指令的签名进行验证，验证通过后将已签名的关联账户查询指令发送到账户核心系统。

注：此步骤与上一步操作一致，所以在此不再进行实验操作，默认已验证通过，进入下一步。

8. 返回查询结果

账户核心系统是对指令结果进行执行并返回结果的组件。其本身会对指令进行验证，验证通过之后通过解析指令的查询参数进行查询以得到关联账户查询结果。然后将查询结果返回给钱包服务系统，最终返回到用户那里。

具体操作步骤

返回查询结果。账户核心系统通过用户的钱包编号在数据库中检索对应的用户信息，通过输入的账户名和密码进行身份的核对和查询授权，查询到用户的钱包标识以及钱包类型。依次返回对应的查询结果返回到用户客户端，通过使用私钥对查询结果进行签名，表明查询者的身份。具体操作如图 7-133 所示。

192 数字货币

图 7-133 返回查询结果

9. 发送查询结果

账户核心系统将查询结果返回到钱包服务系统,钱包服务系统作为一个传递的组件,将结果发送至钱包终端。本步骤只是一个接收查询结果和发送结果,比较简单。

具体操作步骤

发送查询结果。钱包服务系统将账户核心系统查询到的信息发送到用户客户端,查询到的结果包括:账户号、账户名、账户余额等信息。具体操作如图7-134所示。

序号	钱包编号	钱包类型	账户号	账户名	账户余额	钱包服务机构数字签名	操作
1	5071099602702141	一类钱包	6077487783257361	王小亮	10000	MEYCIQCPPjIGw6x0XbwqTi0nmFIYCbg93o39kRmDUeQPB1nK2wIhAKta3BsHPTuzaQVntBL37yURVomqGvTeK7kSGnqkHyk8	发送

图 7-134 发送查询结果

10. 展示查询结果

用户接收钱包终端返回的查询结果,最终将结果展示到用户的界面中进行呈现。

7.7 筹资人/投资人完成合同签订

1. 投资平台评估资信

个人资信评估是所有资信评估的重要组成部分,就是通过综合考察影响个人及其家庭的内外客观、微观环境,包括经济、金融、司法、社会、工商、财产等过程,使用科学严谨的分析方法,对个人及其家庭的资产状况、履行各种经济承诺的能力和信誉程度进行全面评价。

当前投资人在进行投资之前,需要进行个人资信的评估。评估的具体手段包括金融资产、投资经历、风险评测的评估,来决定当前投资人的投资条件和风险承受能力。

具体操作步骤

第一步 评估资产。评估资信的第一项是完成10位投资人的金融资产评估,通过金融资产的评估初步判断当前投资人的风险类型。评估项包括:现金资产、股票、期货等。具体操作如图 7-135 所示。

金融资产			
现金资产	现金资产比例	股票	股票资产比例
请输入…	请输入…	请输入…	请输入…
期货	期货资产比例	基金	基金资产比例
请输入…	请输入…	请输入…	请输入…
信托	信托资产比例	金融总资产	投资人风险类型
请输入…	请输入…	请输入…	请输入…

图 7-135　评估资产

第二步　填写风险评估报告。风险评估报告是任何一家投资性活动必须进行的测验，通过收集客户的投资经历、金融资产的组成，完成《投资者风险承受能力和风险偏好测试问卷》。从收入稳定、财富水平、风险水平、人生阶段、负债水平五个维度来衡量当前投资人的类型。具体操作如图 7-136 所示。

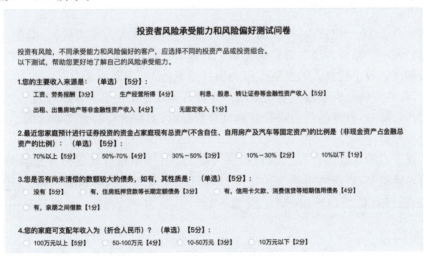

图 7-136　测试问卷

2. 筹资人进行融资信息填写

筹资人需要在投资平台进行融资以实现企业注册资金的变更。那么，就需要进行融资的信息填写。完成的融资信息最终会让所有的投资人进行查看，所以在填写的时候站在筹资人的角度尽可能提高公司的估值，减少融资份额，增加融资金额。本步骤需要学生仔细分析融资信息中的每一个信息的填写，利用给到的背景资料来完成。

具体操作步骤

筹资人进行融资信息填写。筹资人完成融资计划书的编写，从公司概况、财务状况、年销售收入、年税后利润、年末现金流量净额、年末 EBITDA 等角度完成计划书的填写。在填写的过程中要尽可能提高公司的竞争力和估值。具体操作如图 7-137 所示。

公司概况				
公司名称	北京科峰电器制造有限公司			
注册地址	北京市海淀区西二旗工业园			
注册资本	1000万	成立时间	1997-04-15	
员工人数	80人	所有制性质	私有	
联系人	王鹏	电话	010-66032617	电子邮件	edu@educhainx.com
所属行业	制造业			
主要股东情况	股东名称	出资额（元）	出资形式	股份比例（%）	股东单位性质
	王鹏	400万（元）		40%	
	余一丰	300万（元）		30%	
	张木	300万（元）		30%	
经营范围	经营范围包括生产笔、美术用品、文具等各类文教及办公用品			

图 7-137　融资计划书填写

3. 投资人在平台确认认购意向

本步骤一共是 10 个投资人，当前学生需要选择一个投资人为主投资人，其他 9 个投资人是投资团队。每一个投资人经过资信的评估之后都要自身特定的投资思考和投资需求来完成相应的投资额度。每个投资人的投资上限为融资金额的 15%，下限为 0。最终 10 个投资人的总额要满足 3000 万的融资总额。系统给每一个投资人设定了一套标准的投资模型，学生在扮演投资人进行投资时，投资的行为越符合其自身的标准，系统给与的偏离度越低。

具体操作步骤

投资人在平台确认认购意向。10 位投资人在上一任务中进行资信的评估，测算出了每一位投资人的风险类型，当前风险类型决定了该投资人的投资上限和投资下限，本任务是需要 10 位投资人填写自己的投资金额，使得总的投资总额为 3000 万。具体操作如图 7-138 所示。

图 7-138　确认认购意向

投资人完成认购意向,是需要依据风险评估的评测类型的。确认号投资金额之后,接下来要完成的就是按照注资金额进行合同的签订,签订成功后即可执行数字人民币的在线支付。

4. 投资人与筹资人签订网络合同

在前面的步骤中投资人和筹资人完成了初步的合作意向,基于双方的合作意向,在本步骤完成合同的签订。因为本案例涉及10位投资人的合同签订,每一个投资人的签订动作是一致的,本步骤从教学出发只做一个投资人与筹资人的签订操作即可,默认其他9位投资人的合同也签订完毕。

具体操作步骤

投资人与筹资人签订网络合同。本步骤是完成《股权投资协议》的签订,使其投资行为产生法律效力。主要包括甲方基本信息、股权投资、注资期限、责任与保证、违约责任等合同条款。具体操作见图7-139所示。

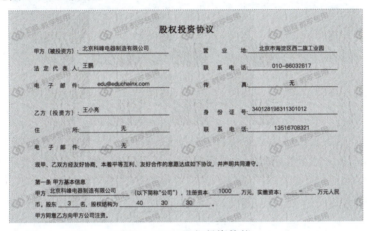

图7-139 股权投资协议

本实验在整个数字人民币案例中占据次中心的位置,通过本实验确定了合同相关的条款,为后续基于数字人民币做智能合约设置做了业务铺垫;本实验的注资金额的确定既考察了对投资相关知识的掌握同时也为接下来的对公转账的原理做了数据上的引导。

7.8 投资双方签署智能合约

1. 发布智能合约

在上一实验中投资双方完成了网络合同的签订,这种合同的签订需要中间人的背书和执行。数字人民币支持可编程化,就可以在数字人民币的基础之上进行智能合约的设计。本步骤是按照《股权投资协议》来进行合约的编写。包含两个实验操作。第一,将签订的网络合同中的规则、条款等编写成智能合约;第二,将编写好的智能合约部署到智能合约系统中。

具体操作步骤

第一步 编写智能合约。通过解读股权投资协议书可以将协议的内容划分为筹资人基本信息、筹资人的筹资请求、投资人的投资请求、双方签名、筹资人违约以及投资人违约情况,对每一部分进行需求的分析,如筹资人的筹资请求包括:股权转让比例、股东变更时间、融资金额、违约等。

第二步 部署智能合约。合约的部署过程分成编译和部署。编译就是将合约代码转化成二进制文件,这是一种计算机可读的文件。部署就是将编译好的二进制文件安装到智能合约平台。具体操作如图7-140所示。

图7-140 部署智能合约

2. 添加筹资请求信息

筹资人钱包应用装置在接收到智能合约以后,向智能合约中添加筹资请求信息。这一过程是给智能合约传入参数的过程,也是合约生效的必备环节。添加的筹资请求信息包括:筹资金额、筹资人数字签名和筹资人个人信息,这些信息当做参数传入到合约中,为后续的合约的执行作为的执行数据。

具体操作步骤

添加筹资请求信息。将编译好的智能合约进行部署,在部署的过程中涉及筹资请求信息的传入。这是一个传入参数的过程,因为合约在执行的过程中需要传入相关的数据,本步骤是将筹资请求相关的业务数据传入,其中传入数据包括:筹资总额、筹资人私钥、筹资机构名称、筹资人标识。筹资总额标明了当前融资的额度;筹资人私钥作为信息的签名和数据的解密;筹资机构名称和标识标明了筹资人的唯一性,作为合约执行过程中的唯一标签。如图7-141所示。

3. 验证并签名

投资平台接收到智能合约之后,从合约中获取筹资人的筹资请求进行验证,确认筹资请求中的信息无误之后进行签名确认。本步骤是由投资平台进行信息的验证和在合约中进行签名,表示认可筹资人的筹资信息。

具体操作步骤

验证并签名。通过股权投资协议书中的信息来判断下方的筹资请求信息的真假,并验证筹资人的签名,无误后通过私钥完成签名。具体操作如图7-142所示。

4. 添加投资请求信息

投资人钱包应用装置在接收到智能合约以后,向智能合约中添加投资请求信息。这一过程是给智能合约传入参数的过程,也是合约生效的必备环节。添加的投资请求信息包括:投资

图 7-141 传入合约参数

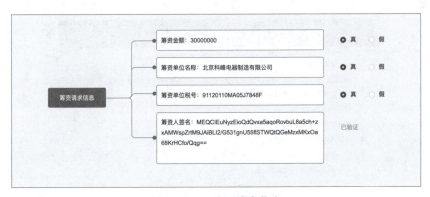

图 7-142 验证请求信息

金额、投资人数字签名和投资人个人信息,这些信息当做参数传入到合约中,作为后续合约执行的执行数据。

本步骤以投资人王小亮为例进行实验操作,其他投资的"添加投资请求信息"的操作一致,故本实验只操作了一位投资人。整个过程同本实验的第二步操作一致。

具体操作步骤

添加投资请求信息。本步骤是将投资请求相关的业务数据传入,其中传入数据包括:投资金额、投资人私钥、投资人姓名、投资人标识。如图 7-143 所示。

5. 智能合约生效

在智能合约系统进行智能合约生效之前,由投资平台完成投资请求的信息的验证和签名,因为和验证筹资请求的步骤一致,在这里就不再赘述。

那么,本步骤是投资平台在验证了双方请求都通过之后,对智能合约进行生效标记,也就是改变智能合约的状态,让其可以进行调用执行。

具体操作步骤

智能合约生效。其生效的原理与合同生效是一致的,需要双方签字确认即可生效,对于智

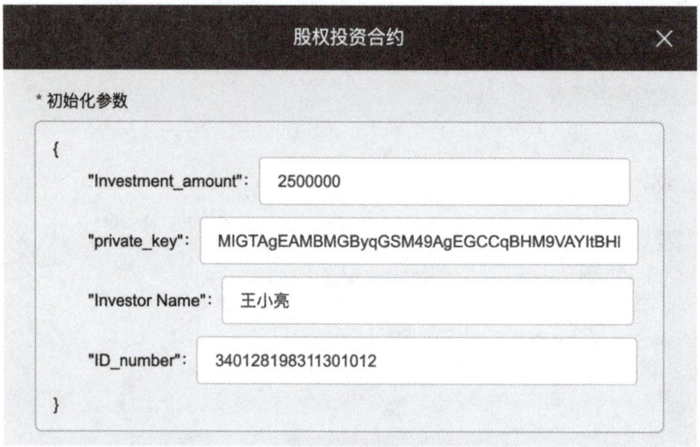

图 7-143　传入投资人请求信息

能合约生效也是如此需要收集投资双方的数字签名并验证其签名才可以生效。具体操作如图 7-144 所示。

图 7-144　智能合约生效

7.9　支付数字货币

1. 发送临时口令

本实验的第一步是筹资人发送临时口令，筹资人作为收款方，在传统的收款中自身的信息对服务机构、第三方等身份信息是公开的，本任务是要保证收款的身份信息的安全性和隐私性。

数字人民币不同于现有的电子账户中的电子金额，而是现金纸币的数字化，具有虚拟实体的特性，在交易过程中为了解决收款方的身份容易被付款方锁定的问题，也是为了解决交易双方身份隐私问题，在本实验中引入了匿名交易的技术手段。匿名交易的关键是临时口令，临时口令又称动态令牌、动态口令，是一种临时有效、动态更新的字符串或数字串。通过临时口令可以隐藏交易双方的账户信息，从而代替账户地址进行匿名交易。

模块七　数字货币实验场景

具体操作步骤

第一步　生成临时口令。钱包服务端存储有收款方临时口令,并存储有收款方临时口令与收款方账户之间的对应关系。客户端将当前有效的收款方临时口令进行发送,就可以代替收款方账户标识。临时口令的生成一般会采用一次验证码的技术,即我们经常遇到的短信验证码的场景,通过当前账户的账户名和密码进行生成。先生成 OTP 的密钥,再结合钱包编号生成扫描可用的字符串,将字符串转化成二维码,通过扫描二维码动态生成临时口令。具体操作如图 7-145 所示。

扫描二维码……
获取密钥：
Nsykd48B5R5BFTRhsljgtlrngOEpoXgJT299CMS5jYF0edS3tapphglEn8RbWls4
当前时间：2021-11-17 19:08:34
生成临时口令：904969

46s

图 7-145　生成临时口令

第二步　发送临时口令。将生成的口令发送到投资人钱包客户端,其中临时口令中标识了筹资人的登录信息、钱包编码等身份信息。单击【发送】按钮即可发送到投资人钱包客户端,如图 146 所示。

序号	登录账户	登录密码	钱包编号	OTP密钥	临时口令	操作
1	北京科峰电器制造有限公司	admin123	6574005124333011	Nsykd48B5R5BFTRhsljgtlrngOEpoXgJT299CMS5jYF0edS3tapphglEn8RbWls4	421277	发送

图 7-146　发送临时口令

2. 发送付款请求

本步骤是投资人钱包客户端向服务端发送付款请求的过程,其中由客户端接收付款需求,由服务端执行付款操作。投资人钱包客户端接收筹资人钱包的客户端的临时口令,通过对口令的解析来确定收款方账户。

具体操作步骤

第一步　发送付款请求。以其中一个投资人为例来完成付款请求的发送,将该投资人的付款钱包编号、付款金额以及收款方发送的临时口令发送到钱包的服务端。具体操作如图 7-147 所示。

序号	付款钱包编号	收款方临时口令	付款金额	合约状态	操作
1	请输入	421277	请输入	生效	发送

图 7-147　发送付款请求

第二步　发送支付合约。根据股权投资协议书的投资人付款条件以及完整的股权合约,将支付合约部分的内容一同发送到钱包服务端,这部分合约内容包括投资人投资请求和合同生效的合约部分,由钱包服务端支付请求的方式发送的数字货币支付系统。如图7-148所示。

图7-148 选择支付合约

从以上可以得出数字人民币支付的过程是合约代码调用执行的过程,通过请求中的金额、身份等作为执行的参数,来完成付款和收款。

3. 发送支付请求

投资人钱包服务端接收来自客户端的付款请求,然后针对付款请求生成支付请求,发送到数字货币系统完成支付。在支付请求中携带有数字货币的金额、付款方的钱包标识、交易金额、账户等信息。钱包服务端是与支付系统进行数据交互的端口,将支付相关信息发送到数字货币支付系统。

具体操作步骤

发送支付请求。钱包服务端接收客户端的数字货币交易请求,完成支付请求的发送。依据上一步骤的付款请求和当前投资人的数字货币钱包的货币列表来形成支付请求。此步骤的核心是将钱包中存储的数字人民币按照转移策略转移成待转移数字货币,即形成旧币作废的数据列表。具体操作如图7-149所示。

序号	付款钱包账户	付款方钱包编号	取币金额	收款方金额	付款方签名	操作
1	王小亮	7317644883339442	添加	2500000	MEUClQCjXrbtahFsv8AE/jwrQ5Xdh5CXmc4OCVl1lbcuZBnPywlgKMWr+Gzgg0WpE7CkRg0YxlXvMqy2opDzCMycQVhxAnA=	已发送

图7-149 发送支付请求

4. 保存支付合约

数字货币系统接收付款方发来的数字货币的支付请求然后通知收款方,以便付款方和收款方按照支付合约进行业务操作,所属付款操作请求包括收款方标识和支付合约匹配信息。

数字货币系统处理的第一步就是通过合约保存模块,来接收和支付操作相匹配的支付合约。

具体操作步骤

保存支付合约。由合约保存模块将支付合约进行接收和保存,在前面的任务中获取了支付合约相关的内容,接下来的支付操作按照支付合约的规则执行。如图 7-150 所示。

图 7-150　保存支付合约

5. 发送支付验证信息

付款启动模块接收付款方发来的支付请求,然后通知收款方,以便付款方和收款方按照支付合约进行业务操作。这些业务操作包括:付款的启动、支付信息的传递等。在业务操作之后会产生支付验证信息,将这些验证信息发送到信息校验模块进行验证。

具体操作步骤

发送支付验证信息。本步骤是正式进行数字货币支付前的准备工作,将待验证的信息准备好,包括:付款时间、付款金额、付款的钱包编号等传递到下一模块。单击【发送】按钮即可,具体操作如图 7-151 所示。

图 7-151　发送验证信息

6. 验证支付验证信息

信息验证模块接收付款启动模块发送的支付验证信息,此步骤将对支付验证信息进行验证。验证的过程是利用支付合约对信息进行验证,也可以叫做预执行。所谓的预执行,就是在未正式进行支付之前先对参数进行执行,查看执行结果的对错。

通过预执行对支付验证信息的验证是三个方面,第一,付款时间是否符合协议规定的时间;第二,付款金额和注资金额之间的大小关系;第三,钱包标识是否属于当前付款人。如果在预执行阶段存在业务问题,可以打回拒绝,从而保证账户安全和资金安全。通过预执行也能检测出代码的逻辑问题。

具体操作步骤

验证支付验证信息。对合约代码进行预编译执行，向合约中传入付款时间、付款金额、付款钱包编号等支付验证参数，通过对参数的执行判断相关合约规则。具体操作如图7-152所示。

图7-152　验证支付验证信息

7. 执行付款操作

信息校验模块验证通过之后的支付验证信息，将支付信息流转到付款执行模块。本步骤是付款执行模块对支付信息进行付款操作的过程，整个操作过程包括：销毁原数字货币，并生成与原数字货币金额相等的新的数字货币，然后将新的数字货币的所有者登记为收款方。这里的数字货币是加密字串，包括数字货币的金额、发行方标识和所有者标识。

具体操作步骤

第一步　销毁原数字货币并生成新数字货币。通过取币金额来确定待转移金额，将待转移金额销毁兑换为实际转移金额与找回金额，其中实际转移金额与取币金额保持一致，成为新的数字货币。同时将原先的待转移金额进行作废，生成的找回金额也是新的数字货币。由此可知，数字人民币的转账是待转移货币的作废，也叫旧币作废，实际转移金额和找回金额的生成，也叫新币生成。具体操作如图7-153所示。

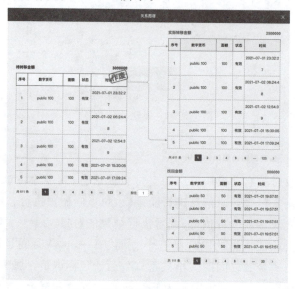

图7-153　旧币作废新币生成

第二步　变更数字货币的属主。将实际转移金额的属主变更为收款方,将找回金额的数字货币属主变更为付款方。对于生成的新币来说,包含去向币和找零币两部分,其中去向币是支付给对方的数字人民币,找零币是按照转移策略找回的数字人民币,此步骤的属主变更代表了数字人民币的归属,即给新币贴上了归属人的标签。单击【属主】列表选择去向币和找零币的归属人,对于本案例来说去向币就是筹资人——北京科峰电器制造有限公司,找零币的归属人是当前的投资人——王小亮,具体操作如图7-154所示。

实际转移金额				2500000	找回金额				500000
属主:	北京科峰电器制造有限公司				属主:	王小亮			
序号	数字货币	面额	状态	时间	序号	数字货币	面额	状态	时间
1	public 100	100	有效	2021-07-01 23:32:27	1	public 50	50	有效	2021-07-01 19:57:51
2	public 100	100	有效	2021-07-02 06:24:48	2	public 50	50	有效	2021-07-01 19:57:51
3	public 100	100	有效	2021-07-02 12:54:39	3	public 50	50	有效	2021-07-01 19:57:51
4	public 100	100	有效	2021-07-01 15:30:05	4	public 50	50	有效	2021-07-01 19:57:51
5	public 100	100	有效	2021-07-01 17:09:24	5	public 50	50	有效	2021-07-01 19:57:51

图7-154　变更数字货币的属主

8. 接收付款登记

在上一步骤中我们看到了原有数字货币的作废标识和新数字货币的属主变更,所有这些操作是由付款登记系统来完成。包括:作废旧币列表、生成新币列表、改变数字货币的登记状态并将登记成功的应答返回至交易双方。

本步骤是数字货币支付系统的付款执行模块将新的数字货币的所有者登记为收款方,向数字货币交易付款登记系统会同步发起付款登记的请求。由登记系统的接收模块来完成请求的接收。

具体操作步骤

接收付款登记。本步骤只是一个接收的操作。交易付款登记请求包括:作废旧币列表、生成的新币列表。由交易付款登记系统的接收模块从数字货币支付系统接收数字货币字串信息,将接收的信息传达给数字货币交易付款登记系统。接收的登记信息包括:作废的旧币列表、实际转移金额列表、找回金额列表等。单击【接收】即可,如图7-155所示。

序号	作废旧币列表	实际转移金额	找回金额	操作
1	2500000	2500000	500000	已接收

图7-155　接收付款登记

9. 数字货币登记

登记模块对接收的登记请求进行数字货币的状态登记。登记模块根据登记请求将旧数字货币的登记状态设为销毁,并对新的数字货币进行登记。登记的过程是一个记账的过程,将数字人民币登记为不同的使用状态。

对旧币和新币的登记,实质上是数据库中字段的变更。本步骤会涉及对数据库操作的知识点,从计算机的角度来看待数字货币登记。

具体操作步骤

数字货币登记。付款登记是交易的主要步骤,只有对数字货币的状态和属主进行登记之后,才能满足货币的流通。付款登记包括"旧币的作废登记"和"新币的状态登记"。

第一步　旧币的作废登记。所谓的旧币作废,其实就是在保存旧币的数据库中,改变旧币的状态字段。本实验假设生效状态为 1,作废状态为 0,在旧币数据库中来完成状态的变更。(注:此操作为数据库模拟操作,不代表真实的操作情况)具体操作如图 7-156 所示。

id	digital_id	quota	wallet_id	owner	state
1	Pcd544840…	100	7317644883339442	王小亮	0
2	Pcd544841…	100	7317644883339442	王小亮	0
3	Pcd544842…	100	7317644883339442	王小亮	0
4	Pcd544843…	100	7317644883339442	王小亮	0

图 7-156　旧币作废登记

第二步　登记新的数字货币。所谓登记新的数字货币就是将新生成的数字货币的属主变更为收款人,如果有找回的数字货币将找回的数字货币属主变更为付款人。在新币数据库中来完成属主的变更。(注:此操作为数据库模拟操作,不代表真实的操作情况)具体操作如图 7-157 所示。

id	digital_id	quota	wallet_id	owner	state
1	Pcd544840…	100	1723291516986663	北京科峰电器制造有限公司	1
2	Pcd544841…	100	1723291516986663	北京科峰电器制造有限公司	1
3	Pcd544842…	100	1723291516986663	北京科峰电器制造有限公司	1
4	Pcd544843…	100	1723291516986663	北京科峰电器制造有限公司	1

图 7-157　新币登记

到此,数字货币的登记就完成了,在旧币作废和新币登记的过程中已经把对应的属主在数据库中进行变更。从数字人民币在数据库中的存储的状态可以得出,数字人民币有对应的面额,本案例使用完整面额 100 元为例进行知识讲解,在现实中还会有零币面额,同时当前数字人民币的归属和存储在哪个钱包编码下都以数据的形式进行了标记。值得注意的是数字人民币的标识,也存储在数据库中,我们可以通过数字人民币的标识进行快速检索、查询追踪、变更等操作。

10. 确权登记

在向收款人和付款人发送付款结果之前，需要通过确权模块进行相关的确权登记操作。针对的是旧数字货币和新生成的数字货币。在确权登记的具体实现中，会预先设置确权登记表和交易登记表。其中，确权登记表用于记录确权登记情况，主要包括确权登记状态属性字段；交易登记表用于记录交易登记情况，其主要包括付款交易状态属性字段。确权登记成功之后将这两个字段的属性设置为成功，进入到下一步骤。

具体操作步骤

第一步　确权登记。所谓确权登记就是对登记的记录进行权属标识，也就是用私钥进行数据的签名。输入数字货币交易付款登记系统的私钥进行签名，如图 7-158 所示。

序号	作废旧币列表	实际转移金额	找回金额	确权签名	操作
1	2500000	2500000	500000	MEQCIGYH7RQ2kjzf5+LwZLfuabQz4gb7idqlhaRaMlhF6a+VAiBmzdoiMz8gYi54R0HNWl2Y9hAO8gMPgOSlqqloC1sdmw==	已接收

图 7-158　确权登记

第二步　登记状态的变更。确权登记成功之后，将确权的结果存储在确权登记表中。同时确权登记状态和交易登记状态进行设置，在确权登记表中修改确权登记状态，将确权登记状态修改为成功，表示当前交易中的新币归属登记完成；在交易登记表中修改付款交易状态，将交易状态变更为成功，表示当前交易的执行为成功。具体操作如图 7-159 所示。

确权登记表

标识	确权登记	确权登记状态	
1	MEQCIGYH7RQ2kjzf5+LwZLfuabQz4gb7idqlhaRaMlhF6a+VAiBmzdoiMz8gYi54R0HNWl2Y9hAO8gMPgOSlqqloC1sdmw==	● 成功	○ 失败

交易登记表

标识	交易记录	付款交易状态	
1	查看（实际转移金额） 查看（找回金额）	● 成功	○ 失败

图 7-159　修改登记状态

11. 发送付款结果

本步骤是发送模块将数字货币付款结果通过前置机发送给付款方和收款方。只是一个消息通知的步骤，没有额外的实验知识点操作。

具体操作步骤

发送付款结果。将付款结果发送数字货币交易付款登记系统的接收模块，如图 7-160 所示。

12. 存入收款方账户

筹资人接收付款人发送的数字货币，本实验是用一个投资人为例进行的操作，其他的投资人也使用同样的操作来完成数字货币支付。所以，本步骤查询账户余额为所有已签协议的投资人发来的数字货币。

图 7-160　发送付款结果

具体操作步骤

本步骤是一个结果展示的任务,以筹资人的身份查看投资方支付的所有的数字人民币,如图 7-161 所示。

图 7-161　展示查询结果

7.10　更新智能合约状态

1. 接收投资到账通知

在上一个实验中我们完成了投资人向筹资人的投资行为,通过数字货币的加密口令、支付合约的调用、支付请求的验证、货币的确权等多个环节。本实验的主要目的是智能合约的状态更新,通过支付消息作为触发条件来变更合约的状态。

本实验步骤是第一步,由筹资人的钱包应用装置接收投资到账通知,这个通知是由筹资人的银行账户发送的。

具体操作步骤

接收投资到账通知。本步骤是以投资人的数字货币到账为教学案例进行展示,头筹资人的钱包接收来自十位投资人的支付通知,单击【接收】按钮即可查看转账的详细信息。具体如图7－162所示。

图7－162　到账通知

2. 更新智能合约状态

投资人钱包应用装置接收到该通知后,向智能合约系统发送支付完成通知,智能合约系统根据支付完成通知更新智能合约的状态,如更新智能合约状态为"筹资人已收到投资人的投资"。

本步骤的更新智能合约的状态,其实是调用已经部署好的智能合约,将收款通知作为参数传入到合约中,来更新合约状态。

具体操作步骤

更新智能合约状态。数字人民币钱包中包含了完整的合约代码,而且支持第三方自主编程智能合约,我们可以进入到合约的界面查看钱包合约目前为生效状态,可以获取到合约的地址和智能合约的JSON接口,接口中包含账户地址、账户类型、支付金额、金额类型、账户状态等。

第一步　读取合约中的数据,单击【读取】按钮,从合约中读取账户数据,包括:钱包编码和账户金额。如图7－163所示。

图7－163　读取合约中的数据

第二步　调用合约。点击【调用】向合约中写入数据,输入合约执行的金额,本案例是筹资人的收到的金额(30 000 000元),如图7－164所示。

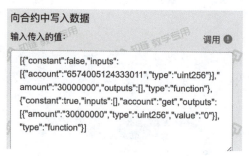

图7-164 调用合约

3. 接收支付完成通知

本实验步骤和"接收投资到账通知"的实验操作保持一致,由投资人的钱包应用装置接收支付完成通知,这个通知是由投资人的银行账户发送的。

具体操作步骤

接收支付完成通知。本实验步骤以投资人王小亮的数字货币支付成功为例来进行支付完成的通知接收。具体展示形式如图7-165所示。

图7-165 接收支付完成通知

4. 更新智能合约状态

投资人钱包应用装置接收到该通知后,向智能合约系统发送支付完成通知,智能合约系统根据支付完成通知更新智能合约的状态,如更新智能合约状态为"筹资人已收到投资人的投资"。

本步骤的更新智能合约的状态,其实是调用已经部署好的智能合约,将收款通知作为参数传入到合约中,来更新合约状态。

具体操作步骤

更新智能合约状态。数字人民币钱包中包含了完整的合约代码,而且支持第三方自主编程智能合约,我们可以进入到合约的界面查看钱包合约目前为生效状态,可以获取到合约的地址和智能合约的 JSON 接口,接口中包含账户地址、账户类型、支付金额、金额类型、账户状态等。

第一步　读取合约中的数据。单击【读取】按钮，从合约中读取账户数据，包括：钱包编码和账户金额，此时的钱包编码是投资人的钱包编码。如图 7-166 所示。

图 7-166　读取合约中的数据

第二步　调用合约。单击【调用】向合约中写入数据，输入合约执行的金额，本案例是筹资人的收到的金额（1 800 000 元），如图 7-167 所示。

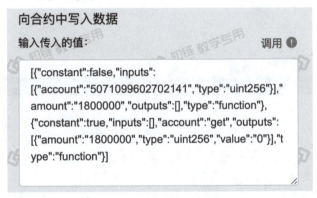

图 7-167　调用合约

调用的过程是合约执行的过程，调用成功之后合约的状态从"生效"状态变更为"筹资人已收到投资人的投资"状态，此时再次点击【读取】，可以从合约中读取存入的数据，呈现出支付资金 1 800 000 元的额度。由此可见，我们操作数字人民币钱包的过程，是合约代码不断读取数据、调用合约、变更数据、存储数据等的过程。同时，基于合约的接口，可以实现定制化的功能和规则，除了数字人民币基本的流通规则。

7.11　向工商局完成公司变更

1. 筹资人完成工商局变更

公司变更登记是指公司改变名称、住所、法定代表人、经营范围、企业类型、注册资本、营业期限、有限责任公司股东或者股份有限公司发起人的登记。

筹资人在投资平台集资完成，按照合同的条款规定，需进行企业股权变更。

具体操作步骤

筹资人完成工商局变更。进入到北京市市场监督管理局界面（仅作教学使用），单击【企业变更】，通过【法人服务】完成相关企业变更的流程。具体流程为：经办人信息登录（本案例为北京科峰电器制造有限公司的法人），登录后对【股东/注册资本】进行变更，将注册资本由原来的

1000 万元变更为 4000 万元，同时将 10 位投资人的股权，添加到股东栏中。具体操作如图 7-168、图 7-169 所示。

图 7-168　企业变更入口

图 7-169　股权变更

参考文献

[1] 姚前.数字货币初探[M].北京:中国金融出版社,2018.

[2] 任仲文.数字货币领导干部读本[M].北京:人民日报出版社,2019.

[3] 龙白滔.数字货币——从石板经济到数字经济的传承与创新[M].东方出版社,2020,4.

[4] 钟伟,魏伟,陈骁,等.数字货币——金融科技与货币重构[M].中信出版集团,2018,3.

[5] 谢平,石午光.数字货币新论[M].中国人民大学出版社,2019,04.

[6] 杨毅鹏.法定数字货币的风险分析与监管应对[J].对外经贸,2020,317(11):93-96.

[7] 佟帅.关于数字货币的发展方向与未来[J].时代金融,2019(26).

[8] 王思纯.数字货币:过去,现在和未来[J].中外企业家,2019,654(28):245-245.

[9] 姚前.数字货币的发展与监管[J].中国金融,2017(14):38-40.

[10] 卞志村.数字货币的风险与监管[J].群众,2017(4):43-44.

[11] 高旸.数字货币发展动态及监管政策选择[J].征信,2019,037(002):89-92.

[12] 夏诗园.数字货币风险及监管研究[J].区域金融研究,2020(9).

[13] 付蓉.数字货币监管的国际经验借鉴和启示[J].金融科技时代,2017,000(002):25-29.

[14] 董珊珊,孙琦,杜威.数字货币市场发展,风险防范及监管建议[J].中国物价,2019,362(06):45-48.

[15] 张磊.数字货币风险的防控与监管[D].华东师范大学,2017.

[16] 万兰兰.中国数字货币发展研究:现状与未来[J].大众投资指南,2020,361(17):26-28.

[17] 冯永琦,刘韧.货币职能,货币权力与数字货币的未来[J].经济学家,2020(4):99-109.

[18] 张城铭.数字货币——关于货币未来形式的大胆设想[J].价值工程,2012,031(003):115-117.

[19] 施婉蓉,王文涛,孟慧燕.数字货币发展概况、影响及前景展望[J].金融纵横,2016(7):25-32.

[20] 陈妍伶.未来数字货币的特点,前景及应对策略探讨[J].中国集体经济(1):2.

[21] 周润泽.数字货币现状及未来发展趋势研究[J].精品,2020,000(001):1-1.

[22] 高航,俞学劢,王毛路.区块链与新经济:数字货币2.0时代[M].电子工业出版社,2016.

[23] 姚前,汤莹玮,YAO,等.关于央行法定数字货币的若干思考[J].金融研究,2017,07(465,466):82-89.

[24] 李钧,孔华威.数字货币的崎岖进化[M].电子工业出版社,2014.

[25] 封思贤,杨靖.法定数字货币运行的国际实践及启示[J].改革,2020,315(05):68-79.

[26] 黄国平.数字货币风险管理与监管[J].银行家,2020,No.229(05):13-15.

[27] 李智,黄琳芳.数字货币监管的国际合作[J].电子科技大学学报(社科版),2020.

[28] 张翔.浅析数字货币现状及发展方向[J].时代金融,2020,No.778(24):142-143.

[29] 高峰,祝烈煌,丁凯,等.区块链稳定代币研究进展[J].南京信息工程大学学报(自然科学

版),2019,11(05):499-512.
[30] 刘格华.从比特币简识区块链[J].时代金融,2018(18):207-217.
[31] 周雷,陈善璐,鲍晶.数字人民币前沿研究综述与展望[J].无锡商业职业技术学院学报,2021,21(03):1-8.
[32] 李晴,周华森.央行数字货币发展与展望[J].河北企业,2021(06):5-8.
[33] 刘凯,郭明旭.央行数字货币的发行动机、设计方案及其对中国的启示[J].国际经济评论,2021(03):137-154+7.
[34] 宋清华,杨苌苌,李艳云.数字货币发展方略(下)[J].财政监督,2021(08):37-46.
[35] 李艳华,王立鹏.数字货币电子支付和区块链技术的应用推广对我国支付体系影响探究[J].甘肃金融,2021(04):12-15.
[36] 翟铭雪,卢阳,赵怡晨.Libra:数字货币的金融原理及对国家金融主权的挑战[J].当代经济,2021(04):28-31.
[37] 任麟祥,石丽娜.法定数字货币的影响分析与发展建议[J].时代金融,2021(10):49-51.
[38] 宋清华,杨苌苌,李艳云.数字货币发展方略(上)[J].财政监督,2021(07):26-37.
[39] 李拯,唐剑宇.比特币、Libra和央行数字货币的比较研究[J].中国市场,2021(07):13-17.
[40] 李诗林,李雪君.央行数字货币国际比较及数字人民币发展展望[J].新经济导刊,2021(01):21-26.
[41] 赵国华,赵子薇.DCEP和Libra两种数字货币的比较与发展前景探析[J].北方金融,2021(02):13-18.
[42] 张姝哲.数字人民币的体系架构及其发行对经济运行的影响[J].企业经济,2020,39(12):147-153.
[43] 巴曙松,张岱晁,朱元倩.全球数字货币的发展现状和趋势[J].金融发展研究,2020(11):3-9.
[44] 陈燕红,于建忠,李真.中国央行数字货币:系统架构、影响机制与治理路径[J].社会科学文摘,2020(11):49-51.
[45] 郭上铜,王瑞锦,张凤荔.区块链技术原理与应用综述[J].计算机科学,2021,48(02):271-281.
[46] 曾诗钦,霍如,黄韬,等.区块链技术研究综述:原理、进展与应用[J].通信学报,2020,41(01):134-151.
[47] 李文红,蒋则沈.分布式账户、区块链和数字货币的发展与监管研究[J].金融监管研究,2018(06):1-12.
[48] 刘凌晨,程宏宇.区块链金融理论与应用进展综述[J].管理现代化,2020,40(05):111-113.
[49] 黄震.数字人民币引领全球性变革[J].中国经济评论,2021(06):28-31.
[50] MD BORDO,LEVIN A T. Central Bank Digital Currency and the Future of Monetary Policy[J]. Economics Working Papers,2017.
[51] CHUEN D,DENG R,CHUEN D. Handbook of Digital Currency[M]. 2015.
[52] 夏杰长,刘诚.数字经济赋能共同富裕:作用路径与政策设计[J].经济与管理研究,

2021(09).

[53] 孙琼欢. 数字化改革与共同富裕的内在一致性[N/OL]. 宁波日报,(2022-02-17)[2022-02-20]. http://daily.cnnb.com.cn/nbrb/html/2022-02/17/content_1308155.htm?div=-1.

[54] 财经网. 李礼辉:要把数字人民币打造成全球最佳央行数字货币,以维护货币主权[R/OL].(2021-10-23)[2022-02-20]. https://baijiahao.baidu.com/s?id=1714457727506416080&wfr=spider&for=pc.

[55] 庄建成. 冬奥会带动数字货币加速落地,苏州等12个城市上架APP[N/OL]. 21世纪经济报,(2022-02-07)[2022-02-20]. http://js.ifeng.com/c/8DM8arjOwif.

[56] 王倩. 信息时代,数字货币究竟是"泡沫"还是改变世界的"杠杆"?[N/OL]. 商业周刊,(2017-05-19)[2022-02-25]. https://www.sohu.com/a/139412546_320672.

[57] 微特数字科技. Facebook加密稳定货币Libra是什么?[EB/OL].(2019-07-26)[2022-02-25]. https://www.sohu.com/a/329493917_120240583.2019-07-26.

[58] 七弋云科技. 数字货币未来发展趋势[EB/OL](2021-08-03)[2022-02-25]. https://www.163.com/dy/article/GGG6SUQ90552DLNR.html.

[59] 中文网. 回顾:2020年央行数字货币(CBDC)全球竞赛[EB/OL](2020-12-31)[2022-02-25]. https://www.sohu.com/a/441668498_538698.

[60] 姚前. 中国金融四十人看四十年[J]. 中国金融四十人论坛,2018.

[61] 迈克尔·G.哈吉米可拉齐斯,卡马·G.哈吉米可拉齐斯. 货币银行与金融市场[M]. 聂丹,译. 上海:上海人民出版社,2003.

[62] 比特币咨询. 现实世界第一笔比特币交易[EB/OL](2010-05-22)[2022-02-26]. https://bitcointalk.org.

[63] CSDN. pos共识机制_共识机制:权益证明机制(POS).[EB/OL](2021-01-17)[2022-02-26]. https://blog.csdn.net/weixin_39737224?type=blog.

[64] 范希文. 金融科技的赢家、输家和看家[J]. 金融博览,2017(11):44-45.

[65] 穆长春. DCEP以广义账户体系为基础,不会冲击现有移动支付格局[J]. 中国电子银行网,2020.

[66] GRIFFOLI T M, PERIA M M, AGUR I, et al. Casting Light on Central Bank Digital Currencies[J]. 2018.

[67] 梁雨山. 零售巨头沃尔玛或发行类似Libra的稳定币[EB/OL](2021-08-02)[2022-02-26]. https://finance.sina.cn/blockchain/2019-08-02/detail-ihytcitm6468119.d.html?oid=3816642494773003.

[68] 李重阳,胡志浩. 全球央行数字货币发展进展及其影响[J]. 银行家,2021(08):53-56.

[69] 币界网. 数字货币非法活动案例[EB/OL][2022-02-26]. https://528btc.com/.

[70] CSDN. 委托股权证明机制由来.[EB/OL](2018-03-30)[2022-02-26]. https://blog.csdn.net/.

[71] CSDN. 工作量证明.[EB/OL](2018-06-08)[2022-02-26].

说　明

　　区块链是一个复杂的多层次的技术系统,不只是单点技术的组成,其学习也需要多人配合和理实一体。为培养和提高学生对区块链金融实际应用部分的应用能力,促进高校积极开展区块链金融课程实践和应用技术人才培养,本教材在区块链理论部分,采用叙事、场景、实验的方式,通过多角度来帮助读者理解区块链技术。教材中的哈希、区块、区块链、时间戳、非对称加密、P2P网络、PoW、发行机制、智能合约等技术知识点都配有实操工具的二维码,读者可扫描相应二维码进行操作体验,加深对技术的理解。

　　在实验篇中,本书以实境演练的模式讲解了数字货币的具体应用场景和过程。目前,市面上尚无开源的数字货币教学系统或网站,为了让读者清晰理解数字货币的应用原理及过程,本教材使用了北京知链科技有限公司的数字货币创新实训平台中的应用场景。在教材中,我们对具体的应用案例采用了图释和说明的方式进行详细讲解,书中详细描述了每个案例的应用过程,使得教材内容全面、可读性强、通俗易懂。读者通过本书中相应案例的学习,无需实操,就能够体验数字货币技术在相关金融行业中的具体应用。之所以以该平台的案例来讲解,是希望通过其特定教学环境,可以加强学生对数字货币应用过程的理解,满足学校理实一体、工管结合的复合型人才培养需要。

　　本教材使用该平台只是为了讲解内容的需要。书中部分内容提供了视频讲解。读者若想进行实际操作体验,可自行联系该公司,其对教学使用提供有试用版本。

2022 年 7 月 21 日